Knaur.

Knaur.

Im Knaur Taschenbuch Verlag ist bereits folgendes Buch des Autors erschienen:
Das geheime Leben der Windsors

Über den Autor:
Helmut-Maria Glogger gilt als der beste Kenner des britischen Königshauses in der Schweiz. 23 Jahre lang war er in den Chefredaktionen von *Schweizer Illustrierte, Blick, SonntagsBlick* und *Glücks-Post* tätig; heute ist er Autor, Reporter und Ghostwriter. Er ist Moderator des wöchentlichen *Glogger-Talk* und von *StarReport* beim größten Schweizer Privatsender.

Helmut-Maria Glogger

Diana

Eine Frau sucht ihr Leben

Knaur Taschenbuch Verlag

Besuchen Sie uns im Internet:
www.knaur.de

Originalausgabe August 2007
Knaur Taschenbuch.

Ein Unternehmen der Droemerschen Verlagsanstalt
Th. Knaur Nachf. GmbH & Co. KG, München.

Redaktion: Martina Wielenberg
Umschlaggestaltung: ZERO Werbeagentur, München
Umschlagabbildung: RDZ Ringier-Bild-Archiv
Satz: Adobe InDesign im Verlag
Druck und Bindung: Clausen & Bosse, Leck
Printed in Germany
ISBN 978-3-426-78001-5

2 4 5 3 1

Inhalt

Vorwort

Was zählt noch an Werten, welche Währung gilt in unserer Wirklichkeit? Es tobt der Kampf um Seelen in unserer Medienwelt. Hier rücken Gesichter, Gesten, Mimik, Lachen, Trauern und die Tränen in den Vordergrund – für die Bedeutungslosigkeit des Augenblicks.

Dianas Gesicht hatte nie etwas Böses, sie strahlte jene Wärme aus, die unser Dasein verzaubert. Ihre Bewegungen verrieten Sexappeal und Weiblichkeit, garniert mit einem ironischen Lächeln im Mundwinkel.

Diana wollte als Persönlichkeit ernst genommen werden, auf ihre Art, durch ihr Sein – und ihren Schein. Wobei sie oft beides verwechselte – wie wir, ihre treusten Fans und Begleiter, auch.

Seit 27 Jahren beschäftige ich mich als Journalist und Mensch mit diesem Mädchen, das erst am Ende ihres Lebens zur Frau heranreifte. Warum? Diana war einerseits eine von uns geschaffene Medien-Ikone, berühmter als Madonna und Jackie Kennedy-Onassis im Doppelpack, und andererseits die verletzliche Seele, das ewige Spencer-Girl, das sich einst den Lebensunterhalt als Kindergärtnerin verdiente, bevor es in die mächtige »Firma« Windsor eintrat.

Charles, Camilla & Co hatten für Diana die Rolle der kleinen, ausgehaltenen Närrin vorgesehen, sozusagen eine »Lady de Luxe«, doch da machte Diana nicht mit. Nicht nur, weil sie erotischer, lebensnaher und intelligenter als Charles war, nein: Diana wollte sich ihr Märchen lange nicht zerstören lassen. Und kämpfte mit Mitteln, die ich hier erstmals aufzeige.

Diana hat mich von Anfang an berührt. Sie war die »Königin der Herzen«, und sie half, auch wenn sie selbst Hilfe brauchte.

Sie lebte ihre Gefühle aus, sie war eine von uns, dem Volk. Sie ist nicht mit Marilyn Monroe oder Elvis Presley zu vergleichen, denn diese hatten ihr Leben gelebt.

Diana hingegen befand sich erst am Anfang ihres Lebens, und diesen Weg ihrer Befreiung will ich nachvollziehen – bis zu ihrem gewaltsamen Tod, der diese Entwicklung viel zu früh beendete. Was hätte diese Frau noch alles bewirken können? Im Königshaus hat sie die Uhren auf Jetztzeit umgestellt, die Anti-Landminen-Kampagne wäre ohne sie im medialen Sumpf verendet, und wer weiß, vielleicht hätte sie wirklich dazu beitragen können, ein bisschen mehr Frieden zwischen England und Nordirland zu stiften? Wie sie es sich noch kurz vor ihrem Tod gewünscht hatte.

In diesem Buch werde ich Fragen stellen, die in England seit Jahren hinter vorgehaltener Hand diskutiert, aber nie offen ausgesprochen werden, darunter auch: Was geschah wirklich an Dianas letztem Lebenstag?

Begleiten Sie mich auf dem mit neusten Erkenntnissen nachgezeichneten Weg. Erleben wir, was die unvergessliche Prinzessin von Wales erlitt und erfreute, und gedenken wir ihrer, die in der Blüte ihres Lebens von uns ging. Und uns doch mehr hinterlassen hat, als viele in England bis heute offen zugeben können, wollen oder dürfen …

Helmut-Maria Glogger

Pilgerreise zur »Königin der Herzen«

Great Brington, Northampton. Die weiße Kerze steckt in der 1992er Faustino-V-Rioja-Flasche, die Wanduhr ist bei 8.44 Uhr stehen geblieben.

Über mir baumelt ein leerer Vogelkäfig, vor mir auf dem gescheuerten Tisch liegt ein hölzerner Platzteller mit dem Bild eines Jägers mit Pferd und sieben Hunden, der über einen kleinen Bach springt. Betty will von mir wissen, ob ich zum Guinness gegrillte Sardinen essen möchte, oder doch nur die Waldfrüchte für 3.25 Pfund.

Es ist Freitagnachmittag in Great Brington. Ich sitze mit feuchtem Jackett und durchnässten Schuhen im »Fox & Hound«, der einzigen Kneipe neben dem einzigen Postamt in der 180-Seelen-Idylle bei Northampton, und bin noch gefangen von den Eindrücken meines Besuchs auf Gut Althorp, Dianas letzter Ruhestätte.

Ich habe für den 17. Juli das Ticket Nr. 0431 – und das hat mich heute nach Zahlung von 21 Pfund berechtigt, das Spencer-Gut zu besuchen. Ich durfte zusammen mit 2499 weiteren Althorp-Interessierten zu Dianas Toteninsel pilgern.

Was so einfach nicht ist. Das Ticket bestellte ich letztes Jahr – im Internet. Per Luftpost kam es im Juni mit dezenter blauer Parkkarte, plus Brief mit dem neuen Designer-Emblem von Earl Spencer, dem Bruder der verstorbenen Prinzessin.

Und so machte ich mich auf den Weg von Zürich in die englische Parklandschaft, 120 Meilen nördlich von London. Erst mit Swiss Air nach Heathrow, dann im Leihwagen, ein

Vauxhall, nach Northampton. Wobei der Weg mit dem ungewohnten Linksverkehr mich erst nach Süden führt, bevor ich via M1 North gen Mitternacht das düstere Northampton und das trübe »Grand Hotel« erreiche.

Mein Zimmer hat Aussicht auf noch tristere Backsteinfassaden. Aber schließlich sind Besuche an Gräbern immer traurig. Nahtlos ins triste Bild passt der trübe Morgen: Es nieselt.

Es nieselt in Hopping Hill, nieselt in Harlestone, nieselt vor dem ersten Gitter der hohen, efeubewachsenen Mauer von Althorp, nieselt über den kleinen gelben Verbotshütchen, die auf den folgenden Meilen jedes Parken entlang der Mauer untersagen.

Plötzlich stehe ich vor einer Holzschranke: Die Main Street nach Great Brington ist gesperrt. Es bleibt nur die kleine Straße, den gelben Hütchen entlang, bevor man nach einem Schlagloch-Konzert den Eingang zu Dianas Elterngut entdeckt, von herrischen Wärtern aber sofort auf eine Wiese gewunken wird, wo ich in Reihe 8 im nassen britischen Grün parke.

Ich werde sofort als Ausländer enttarnt. Der echte Brite hat natürlich Regenschirm, Gummistiefel und wärmend Gestricktes dabei. Ich hingegen lächerliche italienische Schuhe, die den Nieselregen in besonderem Maße aufzusaugen scheinen.

Was soll's! Schließlich habe ich eine der begehrten Karten! Sind doch in der Regel alle Diana-Wallfahrten restlos ausverkauft.

Harold aus Glasgow nimmt mich unter seinem Schirm, vorbei an grasenden Schafen, wiederkäuenden Kühen und 36 frisch gepflanzten Eichen – für jedes Lebensjahr Dianas eine.

Längst steht mir das Wasser in den Schuhen, mir kleben Hemd und Hose am Körper, als ich die Toilettenhäuschen, die selbstverständlich erst nachträglich aufgestellt wurden, die

Eisbude und die vom Regen unbeeindruckten Picknicker erreiche, die den Eingang zu den einstigen Stallungen des Herrensitzes bevölkern.

Althorp House ist der gewaltige Stammsitz der Spencers, eine 450 Hektar große Parklandschaft, nur acht Meilen östlich von Northampton.

Im Innenhof des Gutes der Familie Spencer herrscht gedämpfte Stimmung. Unter weißen Zeltdächern harren Anhänger auf Einlass in die von Dianas Bruder zusammengestellten Ausstellungen. Von Spots beleuchtet und sanfter New-Age-Musik umspielt, liegen Devotionalien eines Kinderlebens hinter Glas: Dianas grüner Plüschfrosch, Dianas rotes Kinderauto, Dianas rote Schuluniform, Dianas Zeugnis vom 18. September 1973, Dianas blaue Kinderschreibmaschine.

Kurz bevor ich von den drängelnden Leuten hinter mir wieder in den Regen geschubst werde, wird ein Film von Diana gezeigt: in Windeln, bei ihrem ersten Geburtstag, auf einem Dreirad, im Kindermantel, beim Burgenbauen am Strand. Klein-Diana reitet auf einem Kamel, schwimmt, macht Kopfstand im Wasser, tanzt im Badeanzug vor Papas Hobbykamera.

Vor den zum Endlos-Streifen zusammengeschnittenen Schmalfilmen herrscht stille Einkehr: Die »Königin der Herzen« in Bildern unbeschwerten Glücks. Esther aus Cardiff kann es bis heute nicht fassen, dass »Diana in einem Pariser Tunnel an der Seite eines arabischen Playboys« starb.

Schon wieder stehe ich Schlange. Warte auf Einlass in den zweiten Ausstellungskomplex. Mit Dianas Hochzeitskleid (nicht weiß, sondern elfenbeinfarben), Dianas Designer-Garderobe von Catherine Walker, John Galliano, Dior, Karl Lagerfeld und Gianni Versace. Alle präsentiert von gesichts- bzw. kopflosen Schaufensterpuppen.

Donnerwetter. Diana hatte sogar einen Pass: »Her Royal

Highness Princess of Wales« steht handschriftlich auf Pass Nr. B 42 48 37.

Den Grusel- und Trauereffekt der ausstellerischen Beliebigkeit verarbeite ich bei Apple Pie und Kaffee im Innenhof, bevor ich mich im Souvenir-Shop über das »Rose Potpourri« (6 Pfund), »Candle in a Glass« (12.60 Pfund) und den herzförmigen Schlüsselring (5.50 Pfund) informiere.

Und wo ist Dianas Toteninsel? »Sind Sie behindert? Nein! Dann müssen Sie erst durch Althorp House«, weist mich ein müder Wärter an, der wohl auch nur eine Saison dabei ist.

Also schiebe ich mich in der Schlange an uralten Stühlen, grimmigen Spencers in Öl und düsteren Selbstbildnissen alter Holländer vorbei. Ich finde die Rosenmuster-Sofas im »South Drawing Room« gemütlich, entdecke im »Billard Room« Batterien von »Holsten Pils« in der Ecke – und an der Wand eine Uhr, die 11.35 Uhr zeigt. Obwohl es doch schon ein Uhr mittags ist.

Auch die Bibliothek scheint mir so zeitlos wie das »Flügel's Dictionary« darin oder wie die Standuhr, die irgendwann mal bei 18 Uhr einfach stehen blieb.

Kaum zu heizen ist im Winter wohl der »Marlborough«-Speisesaal mit seinen 28 Stühlen und der Kaminuhr, auf der wohl seit Jahren 12 Uhr Mittag herrscht.

Als ich durch den Salon an Flügel, Hollywoodtreppe, Bilder- und Ordensammlung vorbei wieder ins Freie britischer Gartenarchitektur trete, scheint doch tatsächlich die Sonne.

Über feine Kieselsteine hinweg bewege ich mich inmitten einer japanischen Pilgergruppe in Richtung Diana-Tempel. Schon taucht der ovale See mit seinen Wasserlilien und Seerosen auf.

Auf der kleinen Insel mit reichlich Wildwuchs leuchtet der weiße Mini-Obelisk mit der Urne, in der Dianas Asche ruht – was übrigens im »Fox & Hound« keiner glaubt. Sie halten dies für einen PR-Gag des von allen ungeliebten Bruder Dianas, der auch diesen Wallfahrtsort anlegen ließ. Sie alle glauben, dass es die sterblichen Überreste von Diana nie und nimmer bis zum kleinen See ihrer wirklichen Heimat Althorp geschafft haben. Entweder sind sie in einem geheimen Todessafe der Windsors – den es fraglos gibt – oder sie sind so verstümmelt, dass man sie unmöglich als Ganzes beerdigen kann. Die böseste Variante lautet: »Da liegt ein Hund begraben. Als Asche. Für uns wäre es das Beste, wenn es sich zumindest um einen Corgi der Queen handelt. Anders haben sie ja Diana auch nicht behandelt.«

Am anderen Ende des Sees steht der 126 Jahre alte Holztempel, um den Diana und ihre Geschwister in ihrer Kindheit tollten. Diesen Tempel ließ 1880 der 5. Earl Spencer am Ufer des ovalen Teichs errichten. Vorbei an dem Tempel gelangt man zum Tennisplatz, der heute noch verlassen, aber bespielbar mit rotem Sand und geputzten Linien auf sportliche Mädchen und Jungen wartet. Den berühmten Swimmingpool, von dem wunderbare Bilder mit Diana existieren, gibt es auch noch. Auch wenn er verlassen daliegt und irgendwie auf eine lachende, plantschende, vor Leben berstende Diana zu warten scheint.

Pro Saison pilgern täglich 2500 Besucher zum »Diana-Tempel«, in dem Diana heute als Scherenschnitt-Silhouette gen Süden blickt, flankiert von zwei Spruchtafeln. Auf der ersten stehen Auszüge aus der peinlichen Trauerrede ihres Bruders, auf der anderen ihr in Marmor gefasstes Vermächtnis: »Wer immer in Not ist, kann auf mich zählen.«

Die Zeit bleibt stehen vor dem Tempel mit seinem Teppich aus Gedichten und Sträußen.

Das hier ist eine Pilgerreise in die Vergangenheit einer Frau, die einen Großteil ihrer Kindheit an diesem Ort verbrachte, und die trotz der Schönheit der Landschaft nie wirklich glücklich war. Eine Idylle aus grünen Hügeln, grasenden Kühen und Schafen, fast wie ein Paradies, das dank der Eltern zum Alptraum wurde.

Als ich durch die lange Allee mit den herrlichen, aber brav gestutzten Bäumen schlendere, die angeblich Dianas Vater selbst gepflanzt hat (ein Medien-Märchen), beschleicht mich der Eindruck, dass hier niemand wirklich glücklich werden konnte und durfte: Althorp, ein Traum für einen reichen Landedelmann, hat mit seiner Geschichte und seinen Vorfahren den eher einfältigen Vater von Diana scheinbar nie dazu veranlasst, die Tradition fortzuführen. Es ist ein Ort, der in aller Herrschaftlichkeit etwas Trauriges, Tristes an sich hat: eine gigantische Wohnanlage, die Menschen einsperrt und nie wieder freilässt. Ich verstehe, dass Dianas Mutter lieber das Bett mit einem Tapeten-Millionär teilte, als ins feuchte Gemach eines gelangweilten Mannes zu schlüpfen, mit dem sie am Ende nicht mal mehr Whisky, Gin und weitere alkoholische Splitterbomben vereinten. Eine Ehe, in der nur mehr Kälte und Hass herrschte – zwei Gefühle, die die Kinder ihr Leben lang als »Erbgut« mit sich herumschleppen mussten.

Auf Althorp fehlt das Flair des nahen Londons, kulturell ist man hier eher in einer drögen Wüste als in einer Oase. Hier gibt es keinen Männerclub, keine Lady's Teas, keine Flirts, dafür aber eine Keimzelle für frustrierte Frauen und Männer. Die sich die Erfüllung ihrer Libido dann nicht im ehelichen Bett holten, sondern kurz, schnell und befriedigend auf der Zugfahrt nach oder von London; oder in einem Apartment eines verschwiegenen Millionärs.

Diana konnte als junges Mädchen noch nicht wissen, wer ihr wirklicher Vater war. Oder dass ihre Mutter nie von ihrem intellektuell rückständigen Ehemann geistig und sexuell befriedigt wurde. Um es ganz offen zu sagen: Dianas Mutter Frances erlebte wohl erst mit einem Liebhaber ihren ersten

Orgasmus – wie Diana selbst dies auch erst mit ihrem Reitlehrer James Hewitt genießen durfte. So vieles spielte sich fern von Althorp ab, doch die Wurzeln der tragischen Geschichte Dianas liegen hier – und in »Park House« auf Gut Sandringham, das die Familie bewohnte, bevor Dianas Vater in den siebziger Jahren als 8. Earl Spencer Althorp mit all seinen Kunstschätzen bezog.

Althorp bleibt Althorp, es hat sich hinter den niedlichen kleinen Fenstern seit Jahrzehnten nicht viel verändert, und das wird es wohl auch nicht, auch wenn es irgendwann vielleicht mal einem reichen Saudi oder einem Investmentbanker gehören sollte.

Als ich durch die Main Street von Great Brington schlendere, vorbei an Christine Whileys Post Office, stehe ich wieder vor dem gemütlichen Pub »Fox & Hound«, das im Jahr 1743 gegründet wurde und in dem ich mir jetzt ein Guinness, Sardinen und Waldbeeren bestelle.

Das »Fox & Hound« ist eine jener Institutionen, die es schon zu den Zeiten gab, als das Kind Diana auf dem Spencer-Gut zu Besuch beim Großvater war und mit einem perfekten Kopfsprung in den Pool sprang, vor den Pferden aus Angst davonrannte – und mit Prinz Charles eine legendäre Nacht erlebte: Da zerdepperten beide altes Porzellan. Doch leider nicht aus Freude über eine Liebesnacht – sie stritten sich und das gerade mal drei Monate nach ihrer Traumhochzeit.

Nein, Althorp hat die Familie Spencer und Diana nie wirklich Glück gebracht. Alle wollten trotz der Idylle nur eines: weg! Dianas Vater – später auch Dianas Stiefmutter Raine – verkaufte die teuersten Gemälde, um in London seinen Vergnügungen nachgehen zu können. Dianas Bruder floh bis nach Südafrika, um seinen Wurzeln zu entgehen. Dianas

Schwestern Sarah und Jane haben bis heute keinerlei emotionale Bindung an das kalte, von Architekt Henry Holland im 18. Jahrhundert errichtete Gebäude.

Alle, die hier leben mussten, wollten sich befreien. Und für Diana, zwischen deren Eltern eine Stimmung weit unter dem Gefrierpunkt herrschte, stand Althorp seit Teenagerzeiten für den Beginn einer Suche, die sie ihr ganzes Leben lang machte. Eine Suche nach Wärme, Liebe und Geborgenheit.

Paul Burrell, Dianas Butler, sagte einmal aus: »Wir, ihre Freunde, waren die Familie, die wichtig war. Ihre eigentliche Familie war eine von Eifersucht zerspaltene, mit virtuellen Fremden. Die Prinzessin hat mir oft gesagt: ›Dies ist alles, was ich jemals wollte – eine warme, liebevolle Familie.‹«

Das Fazit des Butlers: »Die Spencers empfanden Diana im Leben als störend. Aber nach ihrem Tod fanden sie es akzeptabel, 10,50 Pfund für eine Eintrittskarte für das Althorp-Museum zu nehmen.«

Dianas Mutter – Herkunft aus dem Bilderbuch

Es war ein kalter Tag, eisiger Wind trieb die tiefen Wolken über Park House auf dem königlichen Besitz von Sandringham in Norfolk, als die Ehrenwerte Frances Ruth Burke Roche am 20. Januar 1936 im Schlafzimmer ihrer Eltern das Licht der Welt erblickte. Es war der Tag, an dem nur wenige Meilen entfernt im Haupthaus von Sandringham König Georg V. (1865–1936) seine Augen für immer schloss.

Frances hat bei ihrer Geburt bereits eine ältere Schwester, Mary Cynthia, die zwei Jahre vor ihr in Park House geboren wurde. Ihr Bruder Edmund James Burke, der später der 5. Lord Fermoy wird, kommt am 20. März 1939 zur Welt – sechs Monate vor Ausbruch des Zweiten Weltkriegs.

Nach der Geburt der drei Kinder Edmund, Frances und Mary bot der König den Fermoys an, als seine Mieter Park House zu beziehen, ein Anwesen mit zwölf Schlafzimmern auf dem Gelände von Sandringham. Dieses Haus nutzten die Windsors für Jagdgäste und als Ferienhaus, doch es wurde ihnen zu viel, so dass sie sich auf Sandringham beschränkten und Park House mehr oder weniger leer stand.

Frances verlebte in Park House zunächst eine unbeschwerte Kindheit. Sie war »Daddy's little girl«. Als der Zweite Weltkrieg ausbrach, blieben die Fermoys in Park House. Die Kinder kümmerten sich um ihre Tiere wie Ponys, Hennen, Gänse und Hunde. Wobei auch die Fermoys versuchten, möglichst viel selbst anzubauen und mehr oder weniger Selbstversorger zu werden. Erzogen wurde Frances, wie später ihre Tochter Diana, von einem Kindermädchen, einer Nanny. Frances' Nanny war – natürlich – eine Schottin mit dem Namen Gertrude Allen, genannt »Ally«. Sie gab den Kindern ersten Unterricht, erzog sie aber auch dazu, selbst ihre Kleidung auszubessern, zu sticken, zu häkeln und zusammen mit anderen Kindern aus Sandringham für die Soldaten Socken zu stricken.

Man sieht, wie klein die Welt der Royals doch ist. In Park House traf Frances erstmals auf einen kleinen dunkelhaarigen Buben: Robert Fellowes, ihren zukünftigen Schwiegersohn.

Dieser, 1941 auf Sandringham geborene Robert ist der Sohn von Major William Fellowes und einer gewissen Jane Ferguson – der Tochter von Brigadegeneral Alfred Ferguson, dem Großvater von Sarah, besser bekannt als »Fergie«.

Fellowes wird später Lady Jane Spencer heiraten, die Tochter von Frances und die ältere Schwester von Diana. Außerdem wird er der Privatsekretär von Königin Elizabeth II. und einer der unerbittlichsten Feinde von Diana.

Fellowes, den Dianas Mutter noch in der Sandkiste erlebte, wird Diana an den Rand von Nervenzusammenbrüchen bringen und sie mit seiner eisigen, schneidigen Arroganz wie ein Nichts abkanzeln.

Klein Frances vergötterte ihren Vater. Auch wenn dieser sich während des Zweiten Weltkriegs meist in London aufhielt, um dort im Hauptquartier der Streitkräfte an der Seite von Premierminister Winston Churchill zu arbeiten. Das Verhältnis zu ihrer willensstarken Mutter Ruth aber wird ein Leben lang schwierig sein. Auch dies ist eine Parallele zum Leben von Diana: Auch ihr Verhältnis zu Mutter Frances wird bis zu ihrem Tod gestört bleiben.

Wie eng die Verflechtungen sind, zeigt ein weiteres Beispiel:

Als Frances elf Jahre alt ist, kommt sie zunächst in die Boarding School von Downham, dann auf die West Heath School in Kent. Dort findet Frances eine enge Freundin. Es ist Susan Wright, die Frau, die später Major Ferguson heiraten wird, die Mutter von Fergie wird, ihren Mann später mit dem argentinischen Poloreiter Barrantes betrügt und Mann und Tochter davonläuft.

Auch Frances wird den Vater von Diana wegen ihres Geliebten Peter Shand Kydd verlassen und mit diesem nach Australien ziehen.

Es sind Zufälle, wie sie nur das Leben selbst erfinden kann.

In der Schule war Frances, wie später ihre Tochter Diana, kein großes Licht. Dafür war sie eine exzellente Sportlerin. Kaum jemand weiß, dass Frances Burke Roche es 1952 sogar bis ins Hauptfeld des All England Tennis-Champions-Turnier in Wimbledon schaffte. Nur eine Blinddarmoperation beendete ihre frühe Karriere als Tennisstar.

So wie sie selbst später Diana erziehen wird, so wurde auch Frances erzogen: Geistige Beweglichkeit, Sprachen, Literatur, Wissen war nicht nötig für ein Mädchen der britischen Upperclass. So wurde auch Frances früh als Debütantin in die Gesellschaft eingeführt, um dort möglichst schnell einen Ehemann zu finden.

Natürlich half hier ihre Mutter Ruth zusammen mit Queen Mum, damals noch Queen Elizabeth, bestens nach. Ruth Fermoy wusste ihren Charme sehr genau einzusetzen. Sie wollte unter allen Umständen, dass ihr zwischenzeitlich an Krebs erkrankter Mann Maurice wenigstens noch die Hochzeit seiner Lieblingstochter Frances erlebte. So fiel das Auge von Ruth auf den jungen, gutmütigen Johnnie Spencer, der nach dem Krieg zum Stallmeister von George VI. ernannt wurde und besonders mit Prinzessin Elizabeth gut stand, deren Pferde Johnnie gerne versorgte.

Warum es genau dieser eher tumbe Johnnie Spencer war, auf den Ruths mütterliches Auge fiel, ist klar: Er stammte aus bestem Hause, seine Familie war sogar noch älter und ehrenwerter als die der Windsors. Mit dem 28-jährigen Johnnie wäre ihre 17-jährige Tochter Frances bestens versorgt, auch wenn Johnnies Vater Jack Spencer wenig bis nichts von dem Fermoy-Clan hielt. Am 1. Juni 1954 wurde in Anwesenheit der gesamten königlichen Familie in der Westminster Abbey geheiratet. Aus der Ehrenwerten Frances Ruth Burke Roche, Tochter des 4. Baron Fermoy, wurde die Frau von John Spencer, Viscount Althorp, dem späteren 8. Earl Spencer. Ihr Titel lautete Viscountess Althorp.

Als Maurice, der Vater von Frances, ein Jahr nach der Heirat seiner Tochter starb, bot Elizabeth – inzwischen Königinmutter – Ruth sofort eine feste Stellung am Hof an und ernannte sie zu ihrer Kammerfrau. Diese neue Rolle am Hof und die fortbestehende Freundschaft mit der Königinmutter bildeten für die nächsten Jahrzehnte Ruth Fermoys Lebensinhalt.

Auch sonst war Ruth das bindende Glied zwischen den Spencers und der königlichen Familie. Zwar stellte Jack Spencer seinem Sohn und dessen Frau ein Haus auf seinem Anwesen Althorp zur Verfügung – doch der Zwist zwischen Vater und Sohn hielt an. Schließlich kam Lady Ruth Fermoy ihrer Tochter und ihrem Schwiegersohn zu Hilfe: Sie bot ihnen an, ihren Wohnsitz Park House in Sandringham zu pachten. Außerdem stellte sie das gesamte Mobiliar zur Verfügung, da Jack nicht wollte, dass sein Sohn irgendetwas aus Althorp mitnahm.

Eigentlich hätte Dianas Mutter Ende der fünfziger Jahre glücklich sein müssen: 1955 wurde ihre Tochter Elizabeth Sarah Jane, genannt Sarah, geboren, neun Monate nach der spektakulären Hochzeit mit Johnnie Spencer. Zwei Jahre später (1957) kam Tochter Cynthia Jane zur Welt – zwei gesunde, niedliche Töchter. Doch damit begann die Leidenszeit der Frances Spencer, geborene Burke Roche.

Mädchen zählten damals in der britischen Aristokratie nichts bis wenig. Nur die Geburt eines Stammhalters war wichtig. Und den konnte Frances ihrem Johnnie auch beim zweiten Anlauf nicht bieten.

Dies führt uns zu ersten kritischen Fragen: Ist Frances dank ihres doch recht turbulenten Lebens auf Partys und Empfängen im vergnügungssüchtigen London der fünfziger Jahre überhaupt in der Lage, einen Stammhalter zu gebären? Ja – warum beschäftigt sich Frances eigentlich mehr mit ihrem Leben und ihrem Spaß als mit der Sorge um ihre Kinder und ihren Mann?

Eines muss man wissen: Frances konnte sich sehr wohl einen gehobenen Lebensstandard leisten. Sie hatte von ihren Eltern ein großes Vermögen geerbt, mit dem sie ihrem leider auch in Finanzfragen schwächlichen Mann Johnnie mehr als einmal aus der Patsche half. Denn Johnnies Finanzen entwickelten sich kläglich. Wenn er auch immer genug zum Leben hatte, eines hatte er zeit seines Lebens nicht: Ahnung von Geld. Wobei ihm selbst seine Freunde davon abrieten, ausgerechnet in der City, also dem Finanzplatz von London, sein Glück zu versuchen.

Stattdessen besuchte Johnnie den sogenannten »Gin-und-Tonic-Kurs« am Landwirtschafts-College von Cirencester. Hinterher sollte er 600 Morgen Land in der Nähe von Sandringham bewirtschaften, was ihm so gut gelang, dass seine junge Frau Frances ihm mit 20 000 Pfund mal wieder aus der Klemme half.

Der Wunsch nach einem Stammhalter wurde also immer stärker. Es war eine schreckliche Zeit für die gerade mal 21-jährige Frances. In Park House wuchs die Spannung zwischen Johnnie und seiner Frau auf der einen Seite und Frances und ihrer eigenen Mutter auf der anderen Seite.

Als Frances im Frühling 1959 wieder schwanger war, dankte sie Gott, obwohl sie damals noch nicht so religiös war wie später im Leben. Sie ging nicht mehr so viel auf Partys und ließ schon mal Einladungen in London sausen. Frances war so verunsichert, dass sie jeden Tag nur eines dachte: Bloß nichts falsch machen.

Ihre eigene Mutter, Lady Fermoy, verlor langsam die Geduld und fürchtete, dass ihre Tochter nichts als Mädchen zur Welt bringen konnte. »Jetzt wird es ein Junge«, sagte die Vertraute von Queen Mum.

Und wenn Lady Fermoy sich etwas einredete, dann war dies für sie auch die Wahrheit. Basta.

Im frühen Januar 1960 entschied Frances, diesmal nicht im Spital zu entbinden, sondern zu Hause in Park House. Dies war eine einfache Entscheidung für sie, da sie ihre beiden Mädchen ohne jede Komplikation bekommen hatte.

Doch als der Geburtstermin näher rückte, bat sie Doktoren aus dem Queen Elizabeth Maternity Hospital in King's Lynn, ihr beizustehen.

Am 12. Januar war es so weit. Endlich! Ein Junge! Für den längst ein Name gefunden war: Der Erbe musste natürlich John Spencer heißen.

Dann geschah aber etwas völlig Unerwartetes. Plötzlich standen die Doktoren und Krankenschwestern im Mittelpunkt, die alles, was in ihrer Macht stand, versuchten, um das Leben des Neugeborenen zu retten – um die geschockte Mutter kümmerte sich kein Mensch. Was sie hörte, waren nur Fetzen von Gesprächen ihres Mannes mit ihrer Mutter.

Selbst als das Kind in aller Eile auf die Kinderstation des Spitals gebracht wurde, informierte niemand Frances.

Trotz aller medizinischen Versuche lebte der kleine John Spencer nur zehn kurze Stunden lang.

Wer nun denkt, dass wenigstens in dieser Situation ihr Mann und ihre Mutter die unglückliche Frances getröstet hätten, der täuscht sich. Im Gegenteil: Die beiden machten Frances für den Tod des Jungen verantwortlich. Sie zwangen Frances dazu, dieses Kind einfach zu vergessen. Diese Herzlosigkeit würde Frances ihr Leben lang nicht überwinden: »Hätte ich eine weitere Tochter geboren und wäre die gestorben, wäre ihre Trauer nur halb so groß ausgefallen.«

Frances später: »Sie taten so, als wäre das Kind nie geboren worden. Aber ich trug es doch in mir, neun Monate lang. Es war mein Kind. Zwei Menschen zeugten das Kind, aber ich war die einzige Verantwortliche.«

Das Trauma von Johns Tod hat Frances ihr Leben lang nicht überwunden. Vielleicht ist dies eine Erklärung für das Leben, das Frances Spencer später führte, das sie zum Alkohol trieb und schließlich in eine äußerst strenge Religionsgemeinschaft auf der schottischen Insel Seil.

Um Frances noch tiefer ins Unglück zu stürzen, wurde ihr zugetragen, dass ihr Baby deformiert auf die Welt gekommen war. Dazu entschlossen sich ihr Mann und ihre Mutter, öffentlich bekannt zu machen, dass der kleine John Spencer an einer Unterfunktion der Lunge gestorben sei. Schließlich würde ein »deformiertes Kind« sofort Fragen nach den gesunden Genen der altehrwürdigen Familie Spencer aufwerfen – und auch die von Lady Fermoys Familie wären ins Gerede gekommen.

Um wenigstens beim nächsten Mal alles besser »im Griff zu haben«, musste Frances sich in London einer Reihe von Tests unterziehen. Dabei kam nur heraus, dass es die Gene des Vaters sind, die darüber entscheiden, ob das Kind ein Junge oder ein Mädchen wird – und nicht die Gene der Mutter.

Kann man das Leid einer Frau noch größer machen? Ja, wenn man sich als britischer Aristokrat für unfehlbar hält und die Schwiegermutter mit ihrem direkten Zugang zur Queen Mum auf seiner Seite hat.

Ehemann Johnnie begann fast jeden Tag mit der Frage: »Und? Bist du endlich schwanger?« Der Druck auf Frances, endlich einen Sohn zur Welt zu bringen, wurde unerträglich, zumal sich Johnnie immer häufiger nach London begab, um dort mit seinen Männerrunden fröhliche Partys zu feiern. Dort geriet er später auch in die Fänge von Raine, der Tochter von Bestseller-Autorin Barbara Cartland.

Eigentlich kam Johnnie nur aufs Land zurück, wenn sich eine »günstige Gelegenheit« ergab, seine Frau zu schwängern. Liebe nein, Sex ja.

Es war genau die Zeit, als sich der »Clermont Club« langsam formierte, als die Männer noch unter sich blieben und die Frauen zu nichts anderem da waren, um den Mann sexuell zu befriedigen oder ihm Söhne zu gebären.

So verschwieg Frances ihrem Ehemann und ihrer Mutter, dass sie wieder schwanger war. Sie spielte mit ihren Töchtern Sarah und Jane, hörte mit ihnen Musik – während ihr Mann wegen »dringender Geschäfte« in London weilte.

Als Frances dieses Kind nach vier Monaten verlor, wusste niemand davon. Sie erlitt die Fehlgeburt auch nicht in Park House, sondern in den Ferien in Devon, die sie mit Sarah und Jane verbrachte – ohne ihren Ehemann. Frances fiel, wie später ihre Tochter Diana, in tiefe Depressionen.

»Ja, sie war sehr niedergeschlagen, sie konnte sich kaum mehr aufraffen, sie war die ganze Zeit nur von einem Gedanken besessen: endlich wieder schwanger zu werden. Um ihrem Ehemann einen Sohn zu gebären«, verraten die beiden

Autoren Max Riddington und Gavan Naden in ihrem biographischen Abriss über »Princess Diana's Mother«.

Der Ehemann schien langsam jedes Interesse an seiner Frau zu verlieren. Die Ehe dümpelte dahin und war längst zur Farce verkommen. Ihr Ehemann und das Landleben langweilten Frances. Da sie selbst über Geld verfügte, konnte sie tun und lassen, was sie wollte und hielt sich öfter in London auf. Es war nur eine Frage der Zeit, bis sie jemanden kennen- und vielleicht sogar lieben lernte.

Auch kamen ihr Zweifel, ob ihr Ehemann überhaupt in der Lage war, einen männlichen Nachkommen zu zeugen. Konnte er überhaupt, nachdem es schon zweimal Töchter wurden? Und der einzige Sohn verkrüppelt zur Welt gekommen war? Wenn er nicht konnte? Was dann? Ihm ein mit einem anderen Herrn gezeugtes Kind unterschieben? Ein Kind, das wohl gesund wäre und diesmal hoffentlich ein Sohn.

In dieser für Frances ausweglosen Situation war dies wohl einen Gedanken wert.

Als am 20. Mai 1964 endlich der lang erwartete Stammhalter Charles Edward Maurice geboren wird, kann dies die zerrüttete Ehe von Frances und Johnnie nicht mehr retten.

Gleichzeitig entfernen sich die Spencers und die Windsors immer weiter voneinander. Warum? Es war etwas so ungemein Peinliches passiert, etwas, das die Windsors nie tolerieren: Dianas Vater Johnnie erwischte seine Frau Frances in flagranti mit einem anderen Mann – im Ehebett. Es war ihr Liebhaber, der Tapeten-Großhändler Peter Shand Kydd, der Millionen aus dem Verkauf des Papier-Imperiums seiner Eltern erbte. »Es war nicht Liebe auf den ersten Blick«, sagte Frances später. »Aber er brachte mich einfach wieder zum Lachen.«

Lord Spencer zeigte sich zunächst ganz britisch. Er schloss die Tür hinter sich und ging. Normalerweise ist es in adeligen

Kreisen üblich, dass jeder seiner Wege geht und sich mit dem- oder derjenigen vergnügt, die ihm gerade gefällt. Und wenn ein Kind aus dieser Beziehung entspringt – was soll's. Doch was dann folgte, sollte das gesellschaftliche Fundament der »Upperclass« bis in die Gemächer der Queen erschüttern. Denn keine Geringere als Königin Elizabeth II. war entsetzt über den Ehebruch von Lady Frances Spencer. Sie war empört über die Frau, zu deren Hochzeit sie doch 1954 persönlich erschienen war – und jetzt das!

Ach, es hätte alles schon viel besser ausgehen können mit den Windsors und den Spencers. Zum Beispiel an ebenjenem Julitag im Jahre 1954. Am Arm ihres Vaters Maurice schritt die junge Braut Frances Burke Roche ganz in Weiß auf ihren älteren Bräutigam, den Viscount of Spencer, am Altar zu.

Als letzter Gast setzte sich Königin Elizabeth, nach Prinz Philip und Queen Mum. Diese drei gehören zu den 1741 geladenen Gästen in der Westminister Abbey.

Mit Graf Spencer heiratete schließlich ein enger Vertrauter der Königsfamilie die Tochter der engsten Vertrauten der Königinmutter. Die Spencers gehören seit dem 16. Jahrhundert im besten Sinne des Wortes zu den bei Hofe angesehenen Adeligen, wurde doch einer ihrer Vorfahren von König Heinrich VIII. (1491–1547), dem »Blaubart«, zum Ritter geschlagen. Dessen Sohn wiederum führte den Vorsitz im Prozess gegen den Herzog von Norfolk, der angeklagt war, mit Maria Stuart gemeinsame Sache betrieben zu haben, um Elizabeth I., eine Vorfahrin der heutigen Königin Elizabeth II., vom Thron zu stürzen.

Auch wenn sich die Spencers meist geschickt aus der Schusslinie der sich streitenden Königsfamilie herauszuhalten wussten, so gibt es genügend Vorfahren, die ihrerseits Geschichte schrieben. Zum Beispiel der arrogante Schwerenöter Robert Graf Sunderland (1641–1702), ein Geldleiher von

König Charles II., der es verstand, zusammen mit Lord Essex und seinem Schwager Halifax das Land zu regieren – und sich dabei enorm bereicherte. Oder Sarah, die emanzipierte Herzogin von Marlborough (1660–1744), die bereits als 15-Jährige ihren Geliebten John Curchill vor die Wahl stellte: Entweder es würde geheiratet, oder er müsse auf sie verzichten. Die enorm reiche Sarah hatte am Ende ihres Lebens nur das Ziel, ihr Vermögen ihrem Lieblingsenkel Robert Spencer zu vermachen.

Hätte sich Prinz Charles näher mit der Geschichte der Spencers befasst, wäre er sicher auch über die wilde, zügellose Georgina, die Herzogin von Devonshire gestolpert, einer Vorfahrin von Diana. Georgina galt Ende des 18. Jahrhunderts als die bestgekleidete Frau Englands und war auch erotisch hoch anziehend.

Nach der Trauungszeremonie 1954 eilte Königinmutter Elizabeth auf die Braut Frances zu, drückte sie an sich und flüsterte ihr ins Ohr: »Ich werde die Patenschaft für euer erstes Kind übernehmen.« Die 18-jährige Frances Spencer errötete. Queen Mum hielt ihr Versprechen. Als Lady Sarah Spencer geboren wird, übernimmt sie die Patenschaft. Auch die zweitgeborene Tochter bekommt einen guten Paten: den Herzog von Kent. Und als 1964 endlich der Erbe der Spencer-Dynastie, Charles, geboren wird, übernimmt sogar die Königin von England selbst die Patenschaft. Nach der Scheidungsschlacht von Frances und Johnnie jedoch kühlt sich das Verhältnis ab. Zumal die Spencers – entgegen allen Ratschlägen der königlichen Familie – ihren »Rosenkrieg« in aller Öffentlichkeit ausfechten. Es war ein gnadenloser Scheidungsprozess, bei dem die Fetzen flogen – sehr zur Freude des nichtadeligen Publikums.

Nach britischem Recht muss bei einem Scheidungsprozess

der Grund der Scheidung genannt werden. Hart nannte ihn der ehrpusselige Lord vor Gericht: »Meine Frau betrügt mich mit Mister Peter Shand Kydd.«

Noch pikanter wurde es, als sich Janet Shand Kydd (geborene Munro Kerr), die Gattin des Liebhabers und die Mutter seiner drei Kinder, nun ebenfalls scheiden ließ. Janet gab ganz offiziell das Verhältnis ihres Mannes mit der dem Königshof so nahestehenden Lady Frances Spencer als Scheidungsgrund an.

Es war ein Skandal der besten Qualität, war doch der Bruder von Peter der berühmte Jockey und Papier-Millionär William »Bill« Shand Kydd. Alle kannten sich doch aus dem berühmt-berüchtigten »Clermont Club«, in dem man nicht gerade sehr streng mit den Gesetzen der Lust und der Liebe umging, sondern das »Bäumchen-Wechsel-Dich-Spiel« Tradition hatte.

Der Fabrikant bekannte sich zu dem Ehebruch, die Ehe wurde geschieden. Das war für Königin Elizabeth zu viel, zumal sie ja gerade erst den Ärger mit ihrer Schwester und dem in Scheidung lebenden Geliebten von Margaret, Peter Townsend, zu verdauen hatte. Auch im Fall Spencer zog Elizabeth II. die Notbremse. Sie trennte sich von dem Mann, der schon ihrem Vater als Adjutant gedient hatte, und der zwei Jahre lang ihr persönlicher Adjutant war: Edward John Spencer.

All diesem wurde aber die Krone dadurch aufgesetzt, dass dieser bürgerliche Peter Shand Kydd allen Ernstes die adelige Lady Spencer heiraten wollte – oder wohl eher musste. Diese ritterliche Haltung verschlechterte das Verhältnis zwischen den Windsors und den Spencers nachhaltig: fremdgehen – ja, Scheidung – wenn es denn unbedingt sein muss. Aber dann als Adelige einen dahergelaufenen Bürgerlichen zu heiraten, der nur Geld hatte und nicht mal einen winzigen kleinen Titel? Das ging doch zu weit!

»Scheidung?«, entsetzte sich seinerzeit Königin Elizabeth. »An so etwas denkt man, aber so etwas tut man nicht!«

Die Verbindung zu dem Nachbarhaus in Sandringham wurde abgebrochen. Der kleine Charles Spencer, Frances' Sohn, bekam zwar Geburtstagsgeschenke von seiner Patin Königin Elizabeth – aber sehen wollte die Königin die Spencers nicht mehr. Das sollte sich erst ändern, als sie einer Vermählung ihres ältesten Sohnes Charles mit Lady Diana Spencer zustimmte.

Doch was war zu der Zeit geschehen, bevor Frances' Liebelei mit Peter Shand Kydd ans Licht kam? Hatte die frustrierte Frances sich gar schon früher mit anderen Männern verlustiert? Und könnte es sein, dass ihre Tochter Diana väterlicherseits einem anderen Geschlecht als dem der Spencers entstammt?

Hier wagen wir uns auf sehr »heißes« Gebiet und verraten ein Gerücht, das seit der Geburt von Lady Diana Spencer durch die britischen Adelskreise geistert: Wer ist wohl der wahre Vater von Diana, der späteren Prinzessin von Wales, der Ehefrau des künftigen Königs? Ist es wirklich Johnnie Spencer, der Diana doch all seinen anderen Kindern vorzog? Andersrum müssen wir uns auch fragen, warum Frances ausgerechnet ihre Tochter Diana nicht ausstehen konnte und immer gegen sie opponierte? Und was ist mit Dianas Großmutter mütterlicherseits, Baroness Ruth Fermoy? Wusste sie alles – und schwenkte deshalb auf die Seite ihres Schwiegersohnes Johnnie ein, um ihre Tochter Frances ein für allemal im Regen stehen zu lassen?

Andererseits kann man vermuten, dass Baroness Ruth wie ein Grab geschwiegen hat, um ja keine Schande auf ihre Tochter fallen zu lassen. Schließlich war sie die beste Freundin von Queen Mum.

Aber werfen wir einen Blick auf die Tatsachen ...

Wer ist Dianas Vater?

Als das australische Magazin »New Idea« am 23. August 2004 mit der Meldung erschien, dass Prinzessin Diana und Milliardärstochter Jemima Khan Schwestern waren – da tauchten plötzlich die lange verschwiegenen Gerüchte über Dianas »wahren« Vater wieder auf. Laut dem am stärksten wachsenden Magazin Australiens hatten beide einen und denselben Vater: den Milliardär Sir James Goldsmith.

Nun könnte man dies als Gerücht zu den Akten legen. Nur, »New Idea« ist das älteste und seriöseste Frauenmagazin Australiens. Es wurde es 1902 gegründet und hat eine Auflage von über 400 000 Exemplaren wöchentlich mit weit über zwei Millionen Leserinnen und Lesern. Ich wäre dem Gerücht nicht nur wegen einer australischen Publikation nachgegangen – obwohl ich aus Erfahrung weiß, dass all das, was später das britische Königshaus erschüttert hat, zunächst in Australien veröffentlicht wurde. So zum Beispiel das legendäre Sex-Telefongespräch zwischen Charles und Camilla.

Doch ausgerechnet die wohl berühmteste Publizistin Englands, Tina Brown, legendäre Chefredakteurin von »Vanity Fair« sowie »New Yorker« und Freundin von Diana, hat sich ebenfalls dieses brisanten Falls angenommen und sagte in einem Interview ganz offen, dass sie sehr wohl glaube, dass nicht Johnnie Spencer, sondern eben Sir James Goldsmith der Vater von Diana war. Es ist faszinierend, dass ihr niemand widersprach, als sie dies veröffentlichte. Niemand. Wie auch? Auch ich kann hier keineswegs abstreiten, dass James Goldsmith nicht als Dianas Vater in Frage kommt. So machte ich mich also auf, das bereits zu den Akten gelegte Gerücht erneut einer kritischen Prüfung zu unterziehen. Mich faszinierte, dass kein anderes britisches Boulevardblatt wie die »Sun« oder selbst »News of the World« diese Nachricht weiter verfolgte. Lediglich in der »Daily Mail« erschien eine Meldung.

Man ließ diese Nachricht also einfach im Tagesgeschäft verpuffen. Warum? Eine gute Frage: Weil es hier um etwas ging, das kein Verleger anzurühren wagte: die Herkunft der königlichen Kinder oder die der angeheirateten Mädchen. Das würde zu einem Erdbeben führen. Plötzlich würde man die Herkunft von Sarah Ferguson und all ihre Liebschaften vor ihrer Ehe mit Andrew offenbaren. Plötzlich wären die Schleusen offen für die Frage, ob Charles nicht doch die eine oder andere seiner One-Night-Stands geschwängert hat – und die Damen irgendwie abgefunden wurden. Und wie steht es um die Kinder von Camilla? Sind sie wirklich alle vom braven Steigbügelhalter Andrew Parker Bowles? Der geradezu stolz darauf war, seine Frau mit dem Thronfolger teilen zu dürfen? Ja – warum verschwand Rittmeister James Hewitt so schnell vom Londoner Parkett und führt heute ein Leben, das er sich mit seinem kargen Lohn nie finanzieren könnte?

Um eines klar zu sagen: Die Ähnlichkeiten zwischen der 1961 geborenen Diana und der 1974 geborenen Jemima sind verblüffend. Beide sind gleich hoch aufgeschossen, beide haben den etwa gleichen Körperbau, beide haben Endlos-Beine, beide haben die absolut gleich geschnittene Goldsmith-Nase und beide haben diesen Blick von unten nach oben, der Diana so berühmt machte. Und der in den Spencer-Archiven nicht zu orten ist. Nimmt man dann noch ein Bild von James Goldsmith aus jungen Jahren zur Hand, ist man absolut verblüfft – und würde ohne mit der Wimper zu zucken behaupten: Diana kann nur das Kind genau dieses Lebemannes sein.

Doch zu einfach wollen wir es uns nicht machen, denn

allem voraus stellt sich die Frage: Wie kommt der französisch-britische Doppelbürger James Goldsmith, ein Nabob des Geldes, ein Charmeur des Kapitalismus, ein später Anti-Europäer zu Frances Spencer? Ein Playboy, der problemlos vier Frauen und acht Kinder gleichzeitig unterhielt? Der mit Selbstbräunungscreme (Man Tan), mit Diät-Zusätzen, Rasiercreme und gewagten Spekulationen Milliardär wurde?

Fast alle Biographien über James Goldsmith sind vom Markt verschwunden. Aufgekauft? Milton Glaser schrieb eine und wurde von Sally Bedell Smith in »Vanity Fair« im Mai 1997 zitiert: »Goldsmith wollte Menschen ändern, ihr Denken.« Geoffrey Wansell schrieb über Goldsmith: »Er war Polygamist.« Ihm wurde folgender Satz über die Heirat (wie oft er wirklich verheiratet war, bleibt sein Geheimnis, aber er hatte neben seinen Frauen jede Menge Gespielinnen) unterstellt: »Ich habe immer eine Stelle frei – für Frauen!« Nun stammt der Satz ursprünglich vom französischen Schriftsteller Sacha Guitry, den sich Sir James allerdings gerne aneignete.

Wie bereits erwähnt, war die Ehe zwischen Frances und ihrem Johnnie Mitte des Jahres 1960 eine Scheinehe, die nur noch auf dem Papier bestand. Er lebte meist mit seinen Freunden in London, sie war oft auf dem Land – aber eben nicht immer. Frances besaß flüssige Geldmittel, im Gegensatz zu ihrem Gatten. Außerdem hatte sie einen eisernen Willen – im Gegensatz zu ihrem labilen Mann. Längst hatte sich Frances eine häufige Krankheit grüner Witwen angewöhnt: das Trinken. Sie war äußert standfest, was die Drinks anging. Ihr Ehemann Johnnie hingegen fiel auch hier weitaus schneller aus dem Rennen.

Ein gemeinsamer Freund von Frances und Sir Goldsmith gab zu Protokoll: »Der Ehemann von Frances, also Johnnie, war damals ein wirklich starker Trinker. Und er behandelte seine Frau schlecht, ja schäbig. Sie kannte auch James Goldsmith, und wie es bei uns heißt: Sie hatten ›a brief fling‹, eine kurze Affäre. Wir müssen wissen, dass zu dieser Zeit Goldsmith ein wahrer Sex-Maniac war.« Oder um es mit den Worten von Goldsmith selbst zu sagen: »Eine Ehe ist doch nur ein Stück Papier.« Nun, das könnte man über die meiste Zeit des Lebens von Goldsmith sagen. Goldsmith ließ wirklich keine Gelegenheit aus, eine Frau zu vernaschen. Von ihm stammt auch der berühmte Satz: »Wenn du deine Geliebte heiratest, wird sofort ein neuer Job frei: der einer neuen Geliebten.«

Goldsmith wurde am 26. Februar 1933 in Paris geboren. Als Sohn des enorm reichen britischen Finanziers Frank Goldsmith, dem Abgeordneten der konservativen Partei. Die Mutter von James war die Französin Marcelle Moullier, eine junge, ungemein attraktive Frau, die sich sehr schnell an die schnellen Amouren ihres Mannes gewöhnte, auch wenn er nach außen hin immer stockseriös und stockkonservativ auftrat. In den fünfziger Jahren gehörte der junge James zur Gilde der wahren Playboys, die zwischen Paris und London pendelten. Als da waren: Profirio Rubirosa, der Aga Khan, brasilianische Industrielle wie Baby Pignatari oder auch FIAT-Erbe Gianni Agnelli. Schließlich traf man sich ja nicht umsonst im »Clermont Club«, wo nicht nur um Karten und Geld gespielt wurde, sondern schon mal um Frauen, und darum, wer wen »flachlegen« kann.

Die erste Frau von James Goldsmith war die 18-jährige Schönheit Maria Isabel Patiño. Die Tochter des enorm reichen Bolivianers Antenor Patiño and dessen erster Frau, der Duquesa de Dúrcal, einem Mitglied der spanischen Königsfamilie.

Zum Ärger der Familie schwängerte Goldsmith die junge Maria. Ihre Eltern verlangten eine Trennung – was mit einem

»Alpha-Tier« wie Goldsmith nicht zu machen war. Er heiratete das Gold-Töchterchen im Januar 1954. Doch die Ehe endete tragisch. Im siebten Monat schwanger, starb Maria im Mai 1954 an einer Gehirnblutung, die kleine Tochter Isabel konnte gerettet werden.

Goldsmiths zweite Frau war seine frühere französische Geliebte, die gerade mal 19 Jahre junge und scheue Ginette Léry, die er mal in Paris besuchte, mal nach London holte. Mit ihr zeugte er Sohn Manes (1959) und Tochter Alix (1964).

Noch während ihrer Ehe mit Goldsmith war Ginette mit zwei Geliebten konfrontiert. Die erste war Sally Crichton-Stuart, ein Chanel-Model, das Goldsmith für Aga Khan eintauschte. Die zweite war Lady Annabel Vane-Tempest-Stewart, die Tochter des 8. Marquess of Londonderry.

Erst 1978 heiratete James Goldsmith seine langjährige Geliebte Annabel. Zusammen haben sie drei Kinder: Jemima (1974), Zacharias (1975) und Benjamin (1980).

Nach diesen ehelichen Ausflügen zog es den rechtsradikalen Politiker und Groß-Finanzier wieder zu einer Geliebten. In diesem Fall zur französischen Aristokratin Laure Boulay de la Meurthe, mit der Goldsmith zwei weitere Kinder zeugte.

Uns interessiert aber die Frage, ob dieser notorische Frauenheld der Vater von Diana, einer geborenen Spencer, einer verheirateten Windsor, einer verstorbenen Spencer-Mountbatten sein kann?

Die erste Schwierigkeit liegt darin, dass alle schweigen. Obwohl viele sehr viel wissen – sie schweigen. Man glaube doch nicht, dass die berühmten Hofberichterstatter sich dieses Gerüchtes nie angenommen hätten? Sie haben, aber wie immer: Sie schweigen.

Es geht hier nicht um Wertung, sondern um eine schlichte journalistische Betrachtung:

- Warum schweigen die britischen Journalisten?
- Die doch sonst alles auspacken, wenn es um den »Tampon-Sex« von Charles mit Camilla oder dem »Onanier-Geflüster« zwischen Diana und James Gilbey geht – auch wenn sich die australischen Kollegen zuerst an den »heißen« Stoff wagen.

Ich muss mich auf drei Quellen verlassen, deren Namen mir bekannt sind, die ich jedoch aus Sicherheitsgründen nicht offenbaren darf, um diese Personen nicht zu gefährden. Das klingt nach Verschwörungstheorie, ist es aber nicht. Ich bin nur gewarnt durch das Schicksal des einstigen MI-6-Agenten Richard Tomlinson. Er war Spitzenagent im britischen Auslandsgeheimdienst, der sehr viel über einen geplanten Anschlag auf den einstigen serbischen Diktator Slobodan Milosevic wusste. Milosevic sollte in Genf mit einer sogenannten »Stroboskop-Lichtblitzkanone« getötet werden, damit alles später wie ein Unfall aussah. Tomlinson machte sein Wissen öffentlich und vermutete, dass auch Diana mit ebendieser Art getötet wurde. Zumal er »eine starke Präsenz« britischer Agenten vor und nach dem Tod der Prinzessin in Paris festgestellt hat. Was zweifelsfrei stimmt. Das kann heute kein Journalist, der sich mit Diana beschäftigt, verschweigen.

Richard Tomlinson ist in Frankreich zusammengeschlagen, in Haft genommen und dann nach Genf geschafft worden, um von dort erneut nach Frankreich gebracht zu werden. Als Tomlinson endlich aussagen durfte, interessierte sich niemand mehr für die Wahrheit. Auch wenn die Agenten des britischen Topermittlers Lord Stevens die Aussagen von Tomlinson überprüften und diese als »absolut zutreffend« bezeichneten.

Ein hochrangiger französischer Agent bestätigte mir, dass »Tomlinson die Wahrheit sagt«. Was am Ende bei allem herauskam: Lord Stevens wird in einem Gutachten hinweisen, dass »es für einen Mord keinerlei Beweise gibt«. Richard Tomlinson lebt heute unter fremdem Namen in Amerika.

Und noch eins: Das neue, geheim gehaltene französische Dossier »Histoire Secrète de la V. République« zeigt sehr genau, wer wann wie überwacht und getötet, ja ermordet wurde. Es ist sagenhaft, was da bislang gefälscht wurde, wer urplötzlich starb, und wie dieses Wissen bis heute unter Verschluss gehalten wird. Auch der plötzliche Tod von Sir James Goldsmith bleibt trotz aller medizinischer Befunde dubios.

Im Jahre 1960 lebte Dianas Mutter Frances die meiste Zeit in Park House in Sandringham – und versuchte langsam auch im Familiensitz Althorp Fuß zu fassen, das heißt, sie war nur wenig in London unterwegs.

»Frances verließ zu der Zeit kaum das Haus«, sagt eine Quelle. »Und doch versuchte sie, ihr eigenes Leben wiederzufinden. Obwohl sie wusste, dass ihr Ehemann nur eines von ihr verlangte: ihr endlich einen Erben zu schenken. Ihn endlich mit einem Sohn zu beglücken.«

Tatsächlich wurde Frances im Frühjahr 1960 wieder schwanger und erzählte niemanden davon, auch nicht das tragische Ereignis, dass sie ihr Kind nach vier Monaten wieder verlor.

Zum Vergleich dazu das Leben von James Goldsmith. Er war zwischenzeitlich Vater von zwei Kindern: Isabel, deren Mutter bei der Geburt starb, und Manes, einem Sohn von seiner Pariser Sekretärin und Geliebten Ginette. Er führte ein Playboy-Leben zwischen Paris, London und der Côte d'Azur, wo er keine Gelegenheit ausließ, Frauen zu treffen und sich seiner Potenz zu versichern.

»James war in seinem Element. Er lebte in London in einer Suite im Ritz und in Paris in seinem Haus mit Ginette. Und dazu ließ er nichts aus: besonders keine jungen und hübschen Mädchen«, schreibt sein Biograph Geoffrey Wansell. »James verlor nie den Appetit auf schöne Frauen, und er hatte keinerlei Gewissensbisse.«

Und Johnnie Spencer? Er kam ab und zu zum Tee nach Park House. In London besuchte er aber gerne Ginette Lery in ihrem Haus.

Passte nun Frances Spencer in das Beuteschema von Goldsmith? Nicht unbedingt. Sie war selbstbewusst erzogen worden und wusste, wer sie war. Frances war eine herbe Schönheit und mit einem enorm trockenen Witz gesegnet. Sie war die Frau, die Männer reizte, weil sie ahnten: Die bekomme ich nie! Dass Frances in ihrer Ehe mit Johnnie Spencer fast alles an Selbstbewusstsein eingebüßt hatte, wusste nur sie – nicht einmal ihre eigene Mutter wollte davon hören.

»Was James liebte, das war Sex, das war Exotik und eine gewisse Art von Gefahr«, sagt eine Quelle, die sowohl James Goldsmith als auch Frances Spencer kannte. Es klingt makaber: Aber genauso wie Diana sich von James Hewitt aufs Kreuz legen ließ, einem Burschen, der so gar nicht zu ihr passte, so mussten sich auch irgendwann die erotischen Wünsche von Frances offenbaren.

Frances liebte – wie später auch ihre Tochter Diana – Sex. Nur: Hatte Frances mit Johnnie je einen Orgasmus? Es ist kaum anzunehmen, dass sich jemand wie der ehrenwerte Viscount Spencer je Gedanken über die erotischen Gefühle seiner Gattin gemacht haben dürfte.

Dianas Mutter war also höchstwahrscheinlich weitaus mehr als nur sexuell frustriert. Und – das dürfen wir nicht vergessen – sie war jung! Sie hatte zwei Mädchen geboren. War's das für sie? Doch nicht für eine Fermoy, nicht für eine

Burke Roche, nicht für eine wie Frances. Um ihre Hemmungen zu überwinden, griff sie zu immer mehr enthemmenden Gläschen. Dann hatte sie Mut zu frechen Sprüchen, zu Flirts und irgendwann wohl auch zu mehr.

Sie suchte verzweifelt Hilfe, um endlich einen Sohn zu bekommen.

Zudem kannte sie James Goldsmith. Der spielte mit ihrem Mann und Lord Lucan im »Clermont Club« in London. Man kannte sich, man schätzte sich.

Als Frances schließlich mit Diana schwanger wurde, geschah dies zu exakt der Zeit, als James Goldsmith versuchte, eine Kette von 28 Apotheken unter seine Fittiche zu bekommen. Dazu musste er sehr viel in England herumreisen. Nicht nur mit dem Rolls-Royce, sondern auch mit dem Zug.

James düste also zwischen Paris und London hin und her, aber hielt sich ebenso in der britischen Provinz auf. Das genoss der Lebemann, wie Sally Bedell Smith in ihrem Artikel in »Vanity Fair« anklingen ließ. »Er war ein Hai. Mit dem großen, grinsenden Maul«, zitiert sie seinen Freund Richard Ingrams.

Hat James Frances bei einem seiner Provinz-Trips lieben gelernt? Oder war es bei einem der immer seltener werdenden Aufenthalte von Frances in London? Geschah die Zeugung von Diana etwa im Zug? Es muss ja nicht immer ein Bett sein, es könnte auch ein Zugabteil gewesen sein – das wird bis heute in den aristokratischen Zirkeln sehr wohl diskutiert. Wie schnell eine Zeugung gehen kann, wissen wir ja spätestens, seit der deutsche Tennisheld Boris Becker eine Russin in der Besenkammer eines Restaurants schwängerte!

Nochmals: Es war die Zeit, bevor die Beatles die »Sexuelle Revolution« einläuteten. In britischen Kreisen liebte man kreuz und quer, und alles blieb so, wie sich dies die englische Upperclass eigentlich auch heute noch wünscht: unter sich.

Da wurden Partys gefeiert, die Orgien waren – und von denen heute ältere Herren, die auf die 90 zugehen, nicht mal ihren Urenkeln erzählen können. Die würden es ihnen nämlich nicht glauben.

Partnertausch bei langweiligen Jagden in weitläufigen Schlössern – wen scherte es? Und wenn es mal an Damen fehlte, dann wurden junge »Callgirls« geladen, wie Christine Keeler oder Mandy Rice-Davis, die später im Mittelpunkt des ersten wirklich öffentlich gemachten Sexskandals Englands standen: der Affäre um Verteidigungsminister John Profumo. Der ebenso wie ein KGB-Offizier und andere auch an Christine naschte.

Wirklich Genaues wussten nur die Beteiligten, und die schweigen – oder sind tot.

Nun, dass sich Dianas Mutter erst in Park House, dann auf Althorp tödlich langweilte, wissen wir. Von Park House nach London ist es nur ein Sprung. Wer könnte es einer jungen Frau verdenken, wenn sie sich amüsieren will? In London? Oder mit einem Hausgast?

Nun, Frances war jung, und Jimmy war zu allen erotischen Schandtaten bereit. Er war jung, reich und hemmungslos, sie eine von ihrem Ehemann frustrierte junge Frau, die das hatte, was auch ihre Tochter Diana bis zu ihrem Lebensende ausstrahlte: eine kühne, kühle, aber abenteuerlustige Sexualität.

Wenn es um eine Frau ging, war Goldsmith kein Weg zu weit. Und Gewissensbisse kannte er nie – auch nicht, wenn es sich um Frauen von Freunden handeln sollte.

Kann also James Goldsmith der Vater von Diana sein?

Würde Lord Lucan noch leben oder heute auftauchen – er könnte es uns haargenau erzählen. Schließlich war er sowohl mit Goldsmith als auch mit den Spencers eng befreundet.

Auch noch sehr viel weiß William »Bill« Shand Kydd. Der

Mann, der einst als Jockey die Damenwelt verzückte, 1961 den Großteil seiner 1891 gegründeten Papierfabrik verkaufte und nach einem schweren Sturz vom Pferd heute als Gelähmter Geld für seine eigene Stiftung sammelt.

Dieser William Shand Kydd ist immerhin der Halbbruder genau des Mannes, den später Frances lieben wird.

»Es war William Shand Kydd, der Frances und James zusammenbrachte«, sagt eine mir bekannte Quelle. »Der wusste alles. Und der brachte die beiden wohl zusammen.«

Es klingt banal, ja geradezu kitschig und irgendwie unglaublich: Frances und James kannten sich durch die Freunde von James – durch Lord Lucan, John Aspinall, Bill Shand Kydd und Johnnie Spencer. Und sie kamen sich näher als nahe.

Ist das die Wahrheit? Dass Diana mit Jemima Kahn, der Tochter von James Goldsmith, verwandt ist? Dass die beiden Schwestern waren?

Wer die Bilder der beiden – und die Bilder des jungen Goldsmith sieht – mag daran kaum zweifeln.

Was für diese Vermutung spricht: Frances betrog ihren Mann im Ehebett nicht mit irgendjemand, sondern mit dem smarten Peter Shand Kydd, dem Bruder von jenem Bill Shand Kydd, dem reichen Inhaber einer Papierfabrik und dem vom Königshaus hochgeschätzten Jockey. Bill war der wohl beste Freund von James Goldsmith in den Tagen des »Clermont Clubs«. Und dass Mitglieder dieses Clubs die Frauen genießen und auch schon mal tauschen – das wissen wir.

Doch bis heute gelingt es den Windsors und den Spencers, viel hinter den dicken Mauern von Windsor und Althorp zurückzuhalten.

Wie auch immer: Spreche ich mit Freunden in London, dann lachen sie mich aus. Angeblich weiß jeder schon längst, dass das hier enthüllte Gerücht der Wahrheit entspricht. Nur schreiben würde keiner darüber! In den offiziellen Biographien über Sir James Goldsmith steckt zwar viel Zündstoff, doch die Lunte hat bis heute keiner so richtig gezündet.

Mit Sicherheit beweisen kann man nicht, dass Diana Spencer und Jemima Goldsmith Schwestern sind, doch die Möglichkeit ist nicht von der Hand zu weisen.

Beide fanden sich sofort, als sie sich erstmals trafen. Beide vereint die Liebe zu muslimischen Männern. Diana liebte den pakistanischen Herzchirurg in London, Dr. Hasnat Khan, Jemima war mit dem berühmtesten Kricketspieler und Kandidaten für das pakistanische Präsidentenamt verheiratet: Imran Khan.

Heute ist die wunderschöne Goldsmith-Tochter Jemima von Khan geschieden und war bis Ende Februar 2007 die Freundin von Schauspieler Hugh Grant. Wer sie je gesehen hat, der ahnt: Mit Diana verbindet sie über den Tod hinaus noch mehr – nicht nur das Vertrauen, das Diana zu Jemimas Mutter hatte. Allein der schüchterne Blick von unten nach oben, um die eigene Stärke innerhalb von Sekunden zu demonstrieren: Das ist nicht der Blick der Spencers, das ist der Blick der Goldsmiths. Aber natürlich können Informanten und Insider lügen. Bilder – so habe ich in langen Journalistenjahren gelernt – lügen nicht.

Schade, dass sich Diana und Jemima, sollten sie doch tatsächlich Schwestern sein, aufgrund der Umstände nie die liebevolle Unterstützung und Anerkennung geben konnten, die Diana so dringend gebraucht hätte.

Geprägt von einem Elternhaus, in dem herzliche Zuneigung und Liebe Mangelware waren, war sie von klein auf gewohnt, um Liebe kämpfen zu müssen – und sich unzulänglich zu fühlen. Wie tragisch, dass die junge Diana unter diesen Vorzeichen ausgerechnet an jemanden geriet, der selbst kaum wusste, was Liebe bedeutete: Thronfolger Prinz Charles.

Hätte der sich auch nur eine Sekunde wirklich für die junge Diana interessiert – der Absolvent eines »Geschichtsstudiums« hätte über seine Frau sehr viel erfahren. Und zwar nicht nur über die Spencers, die Fermoys, die Windsors, sondern auch über sich selbst.

Ich garantiere eines: Sobald Königin Elizabeth II. ihre Augen für immer geschlossen hat, wird ein Gewitter von Enthüllungen auf uns niederprasseln. Mit Details, von denen wir heute nicht mal ahnen, dass dies so und nicht anders gewesen ist. Es werden uneheliche Kinder auftauchen, es werden erotische Quer- und Seitentritte offenbart, gegen die der Profumo-Skandal oder das Tampon-Telefonat von Prinz Charles mit Camilla nur lausige Kleinkinder-Geschichten sind.

Die Fermoys und die Windsors

Es herrschte eine enge Freundschaft zwischen den Fermoys und den Windsors. Beide Familien wohnten in Norfolk, waren Nachbarn. Dabei waren beide Familien völlig unterschiedlich und zogen sich gerade deshalb gegenseitig so an.

Der berühmte Maurice Fermoy führte ein Leben wie später Ernest Hemingway: Frauen, Jagen, New York und die Wildnis. Als junger Bursche schoss er in den Rocky Mountains Bären und liebte die Jagd über alles. Die Jagd war ebenfalls die große Leidenschaft des Herzogs von York, der zwar auch ein erstklassischer Schütze war – doch leider war der Vater von Königin Elizabeth II. auch ein scheuer, stotternder Herzog. Der von der Welt träumte, die ihm sein Freund Maurice frei Haus lieferte.

Es war eine enge Freundschaft zwischen den Fermoys und den Windsors – bis Skandale sie erschütterten. Doch über lange Zeit hinweg war man sich in bester Nachbarschaft in Norfolk verbunden.

Entscheidend für die Freundschaft der beiden Familien war die Verbundenheit von Ruth Burke Roche, Baroness Fermoy, und Elizabeth, geborene Bowes Lyon, Gattin des Thronfolgers und künftigen Königs George VI. und Mutter der heutigen Königin Elizabeth II.

Beide Frauen kamen aus Schottland: Elizabeth wurde im Stammsitz der Bowes Lyon auf Schloss Galmis Castle erzogen – wo sie wirklich geboren wurde, bleibt bis heute ein royales Geheimnis. Ruth stammte aus Aberdeen. Die schottischen

Wurzeln verbanden die beiden Frauen, ganz besonders gegen die meist aus dem Süden Englands stammenden übrigen Höflinge.

Wir schreiben die dreißiger Jahre, die rückblickend für die britische Monarchie von enormer Bedeutung sind: Es ist das Jahrzehnt der politischen Diktatoren wie Hitler und Mussolini und von König Edward VIII., dessen Frau man nachsagt, die Geliebte von Reichsaußenminister Joachim Ribbentrop gewesen zu sein. Besonders eng hielten Elizabeth Bowes Lyon und Ruth Burke Roche zusammen, als 1936 in der britischen Aristokratie erhebliche Zweifel auftauchten, ob der Herzog von York überhaupt in der Lage sei, den Posten als König zu erfüllen – nachdem sein Bruder aus Liebe zu der zweifach geschiedenen Amerikanerin Wallis Simpson zurückgetreten war.

Doch auch die beiden Ehemänner, Maurice Fermoy und Albert, später König Georg VI., hielten zusammen, wobei Maurice dem künftigen Monarchen immer wieder half, indem er ihm beispielsweise beibrachte, langsam und deutlich zu sprechen, seinem Gegenüber in die Augen zu sehen und sich bei Reden nicht zu verhaspeln.

Die engen Bande zwischen den beiden schottischen Damen sind das Geheimnis, warum Dianas Mutter Frances sich am Ende ihres Lebens wieder als »Schottin« bezeichnen ließ, sie kehrte zu den Ursprüngen ihrer Mutter Ruth zurück.

Diese Familie Fermoy hatte es in sich. Wenn Diana auch nur einen Funken von Fermoyschem Temperament geerbt hatte, hätte Prinz Charles wissen müssen, dass er sich hier kein scheues Reh als Ehefrau einfing, sondern eine Frau, in deren Adern heißes Blut floss. Aber das alles war für Charles nebensächlich – Hauptsache, die Öffentlichkeit sah in ihm keinen »verkappten Schwulen« mehr, und er konnte seine Liebschaft mit Camilla Parker Bowles weiterführen. So hat er sich das wohl 1981 gedacht.

Ach, hätte er sich doch nur etwas in die Annalen der Familie Fermoy vertieft.

Die Spencers hatten zwar längst keinen Einfluss mehr in England, waren auch finanziell abgestiegen – doch zählte für sie nichts mehr als der Stammbaum einer Familie. Und so hatte auch Frances Burke Roche einen schweren Stand gegenüber Jack Spencer, dem Vater ihres Mannes Johnnie. Jack befand kurz und bündig, dass die Fermoys, aus deren Geschlecht Frances stammte, nichts waren als »irische Emporkömmlinge aus Amerika«.

Tatsächlich stammt Frances aus einer Familie, die sich nicht einen Deut hinter den Spencers zu verstecken braucht.

Die Fermoys stammen ursprünglich aus Irland, so dass Diana auch irisches Blut in ihren Adern hatte. Fermoy ist eine kleine Stadt im County Cork, am River Blackwater gelegen, im Süden Irlands.

Der glorreiche Name war, wie John Pearson in seiner Biographie über »Die Spencers« schreibt, bereits erloschen, als Edmund Burke Roche, ein Gutsherr und Politiker der Grafschaft Cork, zwischen 1850 und 1860 das Dorf übernahm. Unruhen machten diesem ersten Lord Fermoy schwer zu schaffen, und nachdem er seine Güter in Cork und Limerick verloren hatte, zog er nach London und wird dort Abgeordneter der Liberalen für Marylebone.

Glorreich war diese Karriere nicht. Doch noch weniger Glanz zeigt die Karriere seines Sohnes Edward Edmund Burke Roche. Dieser war ein unersättlicher Spieler, der es laut Biographien tatsächlich geschafft haben soll, sein Haus und Gut in nur einer einzigen Nacht am Spieltisch zu verlieren.

Die Fermoys waren also ruiniert. Ihr Ruf in London war keinen Pfifferling und damit auch keine Kredite mehr wert. Was macht man in dieser Situation? Man schifft sich nach

Amerika, in die Neue Welt ein, um dort zu Reichtum und Ansehen zu kommen.

Genau dies wagte James Burke Roche, der jüngere Bruder des Bankrotteurs, und ging auf Brautschau. James, genannt Jim, betörte die junge Frances Work mit unglaublichen Erzählungen aus dem weiten wilden Westen, bis sie ihm völlig verfiel. Wobei Jim eines genau wusste: Der Vater von Frances war der Börsenmakler der Familie Vanderbilt, die es allein mit ihrer »Michigan Central Railroad« und dem gewaltigen Immobilienbesitz zu sagenhaftem Reichtum gebracht hatte.

Doch der Vater von Frances Work, der kauzige Frank, wusste als ehemaliger Laufbursche in einem Kurzwarengeschäft genau, dass der junge Burke Roche nur hinter dem Geld seiner Tochter her war. Legendär ist Frank Works Fluch: »Internationale Ehen sollten mit dem Tod durch Erhängen bestraft werden.«

Da Liebe bekanntlich blind macht, heiratete 1881 Frances ihren armen britischen Adeligen in New York City – und wurde prompt enterbt.

Zumindest aber hatte Frances so viel, dass die beiden standesgemäß »First Class« von New York nach Southampton dampften, eine großzügig geschnittene Wohnung an der Pont Street in London bezogen und schnell Eltern der beiden Zwillinge Maurice und Francis wurden. Auf die ein Jahr später Tochter Cynthia folgte.

Auf Arbeit war das Leben von James jedoch immer noch nicht zugeschnitten. Er vergnügte sich in Clubs, zapfte immer häufiger die »eiserne Reserve« von Frances an. Bis die genug hatte, ihre drei Kinder nahm und zu Vater Frank nach New York zurückkehrte.

Bevor Sie sich jetzt fragen, was diese Geschichte mit Prinzessin Diana zu tun hat, möchte ich Sie daran erinnern: Wir sprechen hier von Dianas Urgroßmutter Frances, über deren Familie sehr wenig bekannt ist. Der Zwilling Maurice ist auch nicht irgendeiner – er ist Dianas leiblicher Großvater. Auch wenn sie ihn nie gesehen hat. Diana trug auch seine Gene in sich, zumindest wohl mehr als von allen Spencers zusammen.

Zurück in New York bei ihrem reichen Vater Frank, ergriff der sofort die Initiative: Innerhalb weniger Tage war seine Tochter Frances 1891 dank gütiger Hilfe der Vanderbilts und Thomas F. Bayard, dem späteren Außenminister Amerikas, von dem »britischen Spesenritter« geschieden.

Die drei Kinder wurden wieder ins Testament aufgenommen, allerdings mit einer beinharten Klausel: Nur wenn die drei Kinder Maurice, Francis und Cynthia als »gute Amerikaner in Amerika aufwachsen«, erhielten sie auch einen Teil des zwischenzeitlich gigantischen Vermögens des Börsenmaklers Frank Work.

Im Klartext: Sollten die drei Enkelkinder von Frank eines Tages nach Europa zurückkehren und ihre amerikanischen Staatsbürgerschaften aufgeben, dann gibt es keinen Penny. Enterbung!

Es gibt ein wunderbares Buch. Es heißt »Lilac Days« und beschreibt eine der schönsten Liebesgeschichten in Dianas Familie. Das Buch behandelt die größte Liebe ihres Großvaters Maurice Burke Roche. Und es wäre eine Liebe nach dem romantischen Verständnis von Diana gewesen, wenn sie denn diese Geschichte je gehört hat. Vielleicht hat sie sie ja von ihrer Mutter Frances einmal erzählt bekommen. Das wollen wir hier wohlwollend unterstellen.

Die Geschichte zeigt auch, wie überhaupt die Burke Roches aus Amerika wieder zurück nach England kamen. Und Dianas

Großvater Maurice einer der einflussreichsten Männer im britischen Königshaus werden konnte.

Doch es soll hier der Reihe nach erzählt werden:

Die Zwillinge Maurice und Francis Burke Roche waren zwar 1885 in Chelsea in London geboren worden, aber dank der Nationalität ihrer Mutter auch amerikanische Staatsbürger, die, wenn es nach dem Willen ihres Großvaters ging, England nicht kennen sollten. Sie wurden von Privatlehrern erzogen und besuchten die noble Schule St. Paul's in New Hampton. Danach ging es, wie damals für reiche Zöglinge üblich, nach Harvard, der ältesten Universität der Vereinigten Staaten in Cambridge im Bundesstaat Massachusetts.

Bei einer Zugfahrt von New York nach San Francisco lernt Maurice die junge Edith Travis kennen. Diese hatte sich soeben von ihrem Mann in New York getrennt und war mit ihren beiden Kindern auf der Rückfahrt zu ihren Eltern, die aus Deutschland stammten und Hund hießen.

Für Maurice und Edith war es Liebe auf den ersten Blick, aber die Standesunterschiede waren unüberbrückbar.

Und doch ist es eine Liebe, die alles überlebt: die Ehe von Maurice, seine Kinder, seine Karriere, seine Freundschaft zu König George VI. und zu Queen Mum – ja selbst über den Tod hinaus ist Edith Travis die wohl einzige Frau, die Maurice je geliebt hat.

Ganz so, als wäre dies das Stück, von dem Diana ihr Leben lang geträumt hat: eine wahre Liebe.

Ein Leben lang wird sich Maurice schriftlich bei Edith melden. Und umgekehrt.

Als Frank Work 1911 starb, hinterließ er ein Millionenerbe, an das seine Tochter und deren Kinder nicht so einfach herankonnten, wie wir wissen. Doch Maurice musste bald darauf nach Europa, obwohl es ihm testamentarisch verboten war. Als Mitglied der amerikanischen Streitkräfte, genauer des 15. New Yorker Infanterieregiments im Ersten Weltkrieg, aber hatte er keine Wahl, das konnte kein Testament verhindern.

Währenddessen wurde Edith Krankenschwester bei Dr. Henry Howitt, einem älteren, aber ungemein guten Landarzt im Marin County in Kalifornien. Edith wusste, dass sie Maurice nie heiraten konnte, also zog sie die Konsequenzen und heiratete Dr. Howitt, der ihr ein Heim gab und ihren beiden Kindern ein guter Vater wurde.

Maurice verfügte über eine Apanage von 250 000 Dollar, war ein Lebemann und Frauenliebling der New Yorker Gesellschaft. Doch dann änderten sich die Umstände: Maurices Onkel Edward, der 2. Lord Fermoy, starb verbittert und verarmt in Bournemouth. Sein Nachfolger, der Vater von Maurice, der Tunichtgut, starb am 30. Oktober 1920. Damit gab es keinen Nachfolger für den Adelstitel. Es war eine kuriose Situation. Keiner der Zwillinge Maurice oder Francis kamen als amerikanische Bürger für den Titel in Frage. Würde auch nur einer den Titel in England annehmen, verlöre er automatisch eine Millionenerbschaft.

Was tun? Maurice schrieb Edith. Edith wusste, wie sehr Maurice an England hing. So kehrte Maurice auf der »Mauretania« nach England zurück. Er wusste, dass seine Liebe zu Edith keine Zukunft hatte, dass sein Leben in England neue Wege einschlug. Auf das Erbe musste er notgedrungen verzichten.

In London war Maurice schnell der »Hahn im Korb« und »Everybody's Darling«. Trotz aller Eskapaden schrieb er seiner Edith im fernen Kalifornien alles, was ihm widerfuhr, sie beriet ihn aus der Ferne, beide waren ein Paar, durch Ozeane getrennt. Er schrieb ihr, wie seine unstete Mutter Frances sich in einen großen »Mitgiftjäger« verliebte, den ungarischen Reitlehrer Aurel de Batonyi, dessen wahrer Name aber Arthur Cohn gewesen sein soll.

Egal: Frances heiratete den Reitlehrer. Wieder haben wir eine Parallele zu Diana. Hat nicht auch sie sich in den Reitlehrer James Hewitt verliebt, der ihr immerhin die Lust des ersten Orgasmus verschafft haben soll?

Wieder griff Vater Frank Work ein und zwang seine Tochter zur Scheidung, und der Ungar verschwand nicht ganz ohne Handgeld.

Maurice, der 4. Baron Fermoy, steigt in die Politik ein und wird ein bekannter Vertreter der konservativen Partei. Er residiert in Hillingdon Hall in Norfolk, um hier im benachbarten King's Lynn als Kandidat antreten zu können. Hillingdon Hall grenzt unmittelbar an die königlichen Besitztümer Sandringham, und so freundet er sich mit dem Duke of York an, dem Mann, der später als König George VI. England durch den Zweiten Weltkrieg führen wird. Beide spielen zusammen Tennis (in Wimbledon), Golf (Handicap 10!) und gehen auf die Jagd.

Maurice schafft es auch, das Vertrauen von Elizabeth Bowes Lyon zu erwerben, der Frau des künftigen Königs, heute besser bekannt als Queen Mum.

Und immer wieder kreuzen Briefe den Atlantik: »Die Welt ist ein verrückter Ort, wenn du gerade mal ein paar Cents zusammen hast«, schreibt Edith.

»Ich plane, den nächsten Monat an der Riviera zu verbringen, um endlich wieder die Sonne zu sehen«, antwortet Maurice.

»Ich werde langsam älter«, notiert Maurice.

»Dann ist es Zeit, eine Frau zu finden«, kontert Edith amüsiert.

Eine solche hatte der gutaussehende, elegante Maurice Fermoy auch endlich gefunden – durch Vermittlung seines Bruders Francis, der in Paris als Junggeselle und Börsenmakler arbeitete. Francis riet 1931 seinem Bruder: »Komm nach Paris. Genieße die Küche und die Musik.«

Im Salle Pleyel hört Maurice die junge schottische Pianistin Ruth Gill. Ruth Sylvia Gill ist 22 Jahre jung, die Tochter eines schottischen Colonels aus dem kleinen Dorf Dalhebty in Aberdeenshire. Von der jungen Klavierspielerin ist der weitaus ältere Lebemann so angetan, dass er sie sogar mit einem Fernglas verfolgt.

Nur einen Monat später gibt Ruth Gill ein Konzert in der Royal Albert Hall in London, zu dem der spätere König George VI. (damals noch der Duke von York) seinen Freund Lord Fermoy einlädt.

Da Maurice weiß, dass er seine große Liebe Edith nie heiraten kann, entscheidet er sich für Ruth. Sie ist hübsch, jung, begabt, vor allem aber ist sie in der Lage, ihm einen Erben zu schenken.

Na – erinnern wir uns da nicht an Dianas Vater, an Dianas Mutter? An den unsäglichen Zwang in der britischen Oberschicht, einen Erben zu zeugen?

Ruth ist jung, aber sie gibt sich keinen Illusionen hin. Das ist keine Liebe, sondern eine Zweckbeziehung, die beiden nützt, ganz so, wie dies in der britischen Aristokratie seit Jahrhunderten der Fall ist. Mit dem Ergebnis: Die Frau hat ihre eigene Karriere zu beenden, sie wird ab sofort Fulltime-Frau, Mutter und die beste soziale Gesellschafterin ihres Mannes.

Statt einer Karriere als Musikerin wählt Ruth den Titel Fermoy. Maurice schreibt seiner Freundin Edith: »Ich heirate im August. Ich bin sicher, dass du dich auch für mich freust. Wenn ich ein Bild habe, schicke ich es dir.«

Erst am 17. September 1931 heiratet Lord Fermoy Ruth

Sylvia Gill in der St.-Devenick's-Kirche von Bieldside in der schottischen Grafschaft Aberdeenshire.

Sie haben drei Kinder:

- Mary Cynthia wurde 1934 geboren und ließ sich dreimal scheiden: 1966 von Sir Anthony Berry, 1980 von Denis Geoghegan und 1989 von Michael Gunningham.
- Frances Ruth wurde 1936 geboren: Sie ist die Mutter von Prinzessin Diana, war in erster Ehe mit Edward, genannt »Johnnie« Spencer verheiratet, von dem sie sich 1969 scheiden ließ, um ihren Geliebten Peter Shand Kydd zu heiraten, von dem sie sich später wieder trennte.
- Edmund James wurde 1939 geboren und wurde später der 5. Baron Fermoy.

Als Maurice Fermoy am 8. Juli 1955 starb, hatte er eine große Liebe erlebt. Zwar hatten er und Edith ihre Liebe nie ausleben dürfen, doch waren sie einander immer nah gewesen. Knapp zwei Jahre später schiffte sich Edith, die noch nie im Ausland gewesen war, auf der HMS Queen Mary in New York ein. Als sie vom Tod von Maurice erfahren hatte, wusste sie, dass sie ihm selbst adieu sagen musste. Von Southampton fuhr sie nach London und ließ sich von dort aus mit dem Taxi nach Sandringham fahren. »Warten Sie bitte auf mich«, sagte sie dem Fahrer. »Ich bin in 15 Minuten zurück.« Genau 122 Schritte vom Eingang des Friedhofes entfernt lag das Grab. Auf dem Grabstein stand auf Latein: »hodie mihi cras tibi«, was so viel bedeutet wie: »Heute mein, morgen dein«.

Edith Travis Howitt fuhr zurück nach Amerika und verbrachte dort im Staat Washington ihre letzten Jahre. Am 1. März 1976 starb sie friedlich im Alter von 86 Jahren.

Es ist paradox: Als ich begann, über das Leben von Dianas Großeltern zu recherchieren, schlug mir eine Welle entgegen, die ich nur als »Hass, Wut, Ablehnung« deuten kann, das

Thema schien bei allen einschlägigen Quellen tabu zu sein. Wie ein Geheimnis, an dem man nicht rühren darf. Aber warum? Weil Dianas Großvater dem Vater von Königin Elizabeth II. so nahe stand? Weil Dianas Großmutter die beste Freundin von Queen Mum war? Der Grund ist nicht bekannt. Hoffen wir, dass Diana wenigstens von ihren Vorfahren gewusst hat.

Diana – ihre unglückliche Kindheit

Nein, glücklich ist sie wahrlich nicht, die Kindheit der am 1. Juli 1961 geborenen dritten Tochter des Viscount Johnnie Althorp, des 8. Earl Spencer, und seiner zwölf Jahre jüngeren Frau Frances. Diana Frances Spencer war das, was wir heute ein »ungewolltes« Kind nennen, ein Kind zum falschen Zeitpunkt, mit dem falschen Geschlecht. Und wohl auch vom »falschen« Vater.

Für Diana war ihre Mutter immer ein fremdes Wesen, zu der sie Zeit ihres Lebens nie Zugang fand. Im Gegenteil: Die Liebe, die ihr nie geschenkt und oft verweigert wurde, quittierte Diana in ihrem Erwachsenenleben mit Hass gegen ihre Mutter. Auch offenbarte Frances ihr wahres Ich ihren Töchtern nie, auch nicht das Geheimnis ihrer Bulimie, die Frances selbst durchlitten hat.

Die Autorin Ingrid Riedel berichtet in ihrem Buch »Wenn Mütter und Töchter einander suchen« von einem exemplarischen Fall: Es geht um ein magersüchtiges Mädchen, dessen Mutter zunächst zur Therapeutin kam. Die Therapeutin kommentiert die Erscheinung der Mutter wie folgt: »Die Frau war sehr unselbständig geblieben, neben einem gefühlsarmen Mann hatte sie sich nicht voll entwickeln können; das erotisch-sexuelle Leben in dieser Beziehung war verödet.«

Es ist, als lesen wir die Geschichte von Frances Spencer und ihrem Mann Johnnie, dem Earl Spencer. Was diese Beziehung für ein Kind bedeutet, können wir nur erahnen. Die Mutter ist nie ein weibliches Vorbild für die Töchter gewesen – der

Vater hingegen wurde vergöttert. Diana selbst betonte stets, dass sie ihrem »Vater alles zu verdanken habe, meiner Mutter nichts«.

Es gehört zu dem großen Medien-Märchen der Familie Spencer, dass sich Vater Johnnie aufopfernd um seine Kinder gekümmert habe, während seine Frau ihn mit dem Tapeten-Millionär Peter Shand Kydd betrog und verließ. Unsinn! Zwar wurde er von Frances betrogen, aber es bleibt ein Geheimnis, warum er so wenig Zeit mit seinen Kindern verbrachte, selbst wenn sie einmal nicht im Internat waren. Doch für die gesellschaftliche Klasse, zu der Diana und Charles zählten, gehörte es eben zum guten Ton, die Seelen ihrer Kinder bereits im kindlichen Alter zu zerstören, ja zu zersetzen. Es ist ein Spiel gegen die menschliche Natur, gegen die natürliche Liebe von Mutter und Vater. Jedes zehnjährige Mädchen aus dieser Schicht hat bereits verinnerlicht, dass das Leben aus ständigen Trennungen und Spaltungen besteht, und vor allem aus Angst. Dass hier wesentliche Teile der Individualität auf der Strecke bleiben, mag nicht verwundern.

So verschweigen uns auch die meisten britischen Biographen die lieblose, aber angstvolle Kindheit von Diana. Warum? Diese Hofberichterstatter kommen nicht selten aus den gleichen Internaten wie die Subjekte ihrer Neugier: Ross Benson beispielsweise besuchte mit Prinz Charles das Internat des deutschen Zuchtmeisters Dr. Kurt Hahn, das berüchtigte Gordonstoun bei Elgin in Schottland, ganz in der Nähe des Waffenstützpunktes Loussiemouth.

In Internate oder Day Schools werden die Kinder der britischen Aristokratie abgeschoben. Auch wenn sie strohdumm sind – gegen eine kleine Stiftung, zum Beispiel zugunsten einer Bibliothek, hat hier noch jeder seinen Abschluss in Kunst oder Geographie geschafft. Selbst der von jedem Feingeist völlig befreite Prinz Harry schaffte in solchen Schulen sein

Examen. Nun gut: Ein Examen in einem Vorzeigefach der Windsors – Geschichte und Politikwissenschaft – lassen selbst die geldgierigsten Universitäten der Insel nicht mal eben so zu. Irgendwann hört der Spaß schließlich auf, wenn einer gerade mal lesen und schreiben kann, sich sonst aber für keinerlei Ausbildung interessiert, außer der zum frühen Kiffer, Raucher und Trunkenbold.

Dianas Eltern waren der lebenslang arbeitsfreie Earl Spencer und die ehrgeizige Frances Burke Roche, Tochter der besten Freundin von Queen Mum. Dianas Vater Johnnie war wirklich Zeit seines Lebens ohne Arbeit, wenn man bedenkt, dass Empfänge, Pokerabende und Fahrten nach London nicht unbedingt als »hartes Erwerbsleben« gelten. Nicht, dass Johnnie ein Faulpelz gewesen wäre, er war es nur nicht gewohnt, jeden Morgen aufzustehen, um einer regelmäßigen Beschäftigung nachzugehen, hatte er doch sein Erbe. Zwar war das einst gewaltige Vermögen der Schafzüchterfamilie Spencer über die Jahre hinweg enorm geschrumpft, aber natürlich war Familie Spencer aus Althorp nicht im schlimmsten Sinne des Wortes arm. Geistig führten die Spencers allerdings ein armseliges Leben, wenn auch einigermaßen abgesichert von der finanziellen Hängematte der Herren aus früheren Generationen.

Dennoch: Gehörten die Spencers einst zu den reichsten Familien Englands, mussten unter Johnnie Spencer sogar wertvolle Bilder heimlich auf den Markt gebracht und gewinnbringend verkauft werden. Als Dianas Vater später Raine, die Tochter von Bestseller-Autorin Barbara Cartland heiratete, nahm diese sofort das finanzielle Zepter in die Hand. Sie ließ aus den alten Stallungen Konferenzzimmer bauen und lud amerikanische Touristen für 30 Pfund pro Person zum »Dinner mit Dis Dad« ein. Den Shop bediente sie selbst.

Diese Art, sich keinerlei Sorgen um Geld zu machen, lag Johnnie in den Spencer-Genen. Man vertrieb sich die Zeit eben mit Jagdgesellschaften, Cocktailstunden, Kartenspielen und Frauen. Auch intellektuell war Johnnie nicht gerade eine Leuchte, sondern eher ein tumber Tor, der den Ritualen seiner adligen Erziehung verhaftet und sich über seine Gefühle nie wirklich im Klaren war.

Ende der fünfziger Jahre hatte das Paar Frances und Johnnie Spencer bereits zwei Töchter, Sarah und Jane. Die Eltern fieberten einem Stammhalter entgegen, wirklich gefreut über ein Mädchen hat sich also niemand, weder Vater noch Mutter. Was heutzutage über Dianas Eltern als »liebendes Paar« verbreitet wird, ist Unsinn und entspricht in etwa der britischen Darstellung, dass Diana eigentlich nie Sex mit Dodi Al-Fayed hatte.

Dabei darf man jedoch nicht vergessen, dass das Thema Sex kaum anderweitig so verschämt, so verlogen, so unsäglich dumm behandelt wird wie in Englands Medien. Jedes Wetterleuchten von Sex in der Königsfamilie wird als Formfehler diagnostiziert. Dabei wissen wir heute, dass sich Charles in der Verlobungsnacht mit seiner Dauergeliebten Camilla Parker Bowles vergnügte.

War Charles ein Wunschkind, so war seine spätere Frau Diana eben »eine, die geboren wurde. Von wem gezeugt: Was spielte das für eine Rolle?«, wie ein Freund von Prinz Charles sagte, der hier ungenannt bleiben muss. »Der Erbe, der Nachfolger – auf den kommt es an. Nicht auf den Erzeuger!«

Wie schon erwähnt, begann die Leidenszeit für die gerade mal 21-jährige Frances Spencer nach Geburt der ersten beiden Töchter, denn ab da wartete alles auf den Spencer-Sohn:

- Frances muss einen Stammhalter gebären, sonst wäre die Ehe für ihren Ehemann sinnlos geworden!
- Der Druck wächst dadurch immens, eine Lösung auf konventionellem Weg ist nicht in Sicht.
- So gewinnt die Annahme, dass Frances eben nicht von ihrem Ehemann schwanger ist, sondern von einem bekannten Playboy, Kinderzeuger und Millionär, immer mehr Gewicht. (s. Kapitel »Wer ist Dianas Vater?«)
- Davon, dass hier bereits ein großer Schatten über die Geburt und die Kindheit von Diana fällt, können wir getrost ausgehen.
- Dianas Mutter zeigte am Leben ihrer Tochter keinerlei Interesse – bis sie den Thronfolger ehelichte.

Auch die Bezeugungen väterlicher Liebe von Johnnie zu Diana können wir in einem anderen Licht sehen: Er wollte sie nach außen hin beschützen, um unter allen Umständen als ihr leiblicher Vater anerkannt zu werden, auch wenn er mit ihr als Person wenig anfangen konnte.

»Meine Kindheit war eine schreckliche Zeit«, erinnerte sich Diana später an die frühen sechziger Jahre. Denn sie war es, die unbewusst über das Schicksal ihrer Mutter entschied: Wäre sie ein Sohn geworden – Frances und Johnnie wären vor Glück aus den Reitstiefeln gekippt. Aber Diana war nur ein Mädchen. Also engte sie erneut das Leben ihrer Mutter ein – und auch das ihres Vaters, der sich langsam in seinen Kreisen anhören musste, ob er überhaupt in der Lage sei, einen männlichen Erben zu zeugen.

Ja, es scheint paradox, aber ein ungeborenes Kind entscheidet über Freud und Leid einer Familie, über ihren Status in der adeligen Gesellschaft, über die Potenz des Mannes und die Gebärfähigkeit ihrer Mutter. Dass ein Kind, das mit dieser Schuld beladen ist, nicht wirklich glücklich werden kann, können wir uns heute sehr genau vorstellen. Diana und ihre Geschwister erlebten eine Art »sozial vernachlässigter« Kindheit, die sie emotional gar nicht so weit von denen entfernte, die heutzutage als sogenannte »Unterschicht« bezeichnet werden.

In den gehobenen Kreisen sprach man eben nicht über Glück und Leid, das waren Tabuthemen. Selbst über seine Scheidung von Frances verlor Johnnie Spencer später kein Wort mehr. Obwohl hier den Spencer-Kindern eine Familientherapie wohl geholfen und ihnen viel Unglück erspart hätte.

Doch das kommunikative Verhalten der Eltern sank nach der Geburt von Diana am 1. Juli 1961 auf ein Minimum: Man sprach nur miteinander, wenn es unbedingt sein musste. Die eigenen Probleme wurden ausgeblendet: Sprach man nicht über sie, so waren sie nicht vorhanden. Ein dramatischer Fehler in der Erziehung von Diana, dessen Folgen Ehemann Charles leider später noch verschlimmerte.

Diesen lernte Diana übrigens sehr früh kennen. Diana und Charles waren auf dem königlichen Besitz von Schloss Sandringham quasi Nachbarn. Spielte die blutjunge Diana am liebsten mit ihren Goldhamstern oder ihrem kleinen Bruder Charles (der ersehnte Stammhalter war am 20. Mai 1964 zur Welt gekommen), so fand der Thronfolger auf der anderen Seite der Hecke Vertrauen zu seiner Schweizer Kindergärtnerin und seinem Teddybären. Ein Bär aus dem Hause Steiff, den er noch heute auf all seinen Reisen mitnimmt und der einen Ehrenplatz in seinem Bett hat.

Zog Diana ihrem knuddeligen Bruder Charles ab und zu mal Frauenkleider an, damit sie wenigstens eine Schwester hatte, die ihr auch mal zuhörte oder mit ihr spielte – so musste Thronfolger Charles im Anzug erste Paraden abnehmen oder wurde einer devoten Fotografenschar als früher Autofahrer präsentiert.

Es herrschte eine gute Nachbarschaft zwischen den Windsors und den Spencers, die immer noch das königliche Jagdschloss Park House in der Grafschaft Norfolk von der königlichen Familie gemietet hatten.

Man darf sich dies ganz normal vorstellen: Die Windsor-Kinder Charles, Anne, Andrew und Edward spielen mit den Kindern der Spencers. Quasi eine Kinderfreundschaft über den Gartenzaun hinweg, was wir in der Schweiz »G'spänli« nennen. Die Kinder der Königin Elizabeth sehnen sich danach, auch mal mit anderen Kindern spielen zu dürfen.

Was dazu führt, dass der zwölf Jahre ältere Prinz Charles der damals sechsjährigen Diana mit den Worten: »Du darfst nur dann atmen, wenn du über Wasser bist« den ersten Schwimmunterricht erteilt. Prophetische Worte.

Die Windsor- und die Spencer-Kinder waren also miteinander befreundet. Wie bei Kindern üblich, kam es auch mal zum Streit. Dabei zeigte Prinz Charles schon in jungen Jahren, wie er mit Konflikten umgeht: Er sieht sich als Opfer, nie als Täter. Er ist immer der Unschuldige, die anderen sind immer die Schuldigen. Er kann austeilen, aber nicht einstecken.

Tatsächlich zeigt ein Vorfall aus Dianas Kindheit, dass Charles sie schon damals belog: Als eine wertvolle Butzenscheibe in Park House von einem Stein getroffen und zerstört wurde, log Charles und zeigte auf die kleine Sechsjährige: »Das war Diana.« Also bekam Diana von ihrem Vater die saftige Schelte. Außerdem hasste Diana die hochmütigen Hänseleien von Charles. »Andrew«, neckte er ständig seinen jüngeren Bruder, der gern mit Diana blödelte und Scherze trieb, »warum spielst du eigentlich immer nur mit Mädchen. Du bist eben kein Mann.«

Was man als harmlose Neckereien interpretieren könnte, waren, wie wir im Nachhinein wissen, Vorboten eines tragischen Schicksals. Charles hatte übrigens, ähnlich wie Diana, nie ein wirklich enges Verhältnis zu seinen Geschwistern – besonders nicht zu seinem Bruder Andrew, von dem nicht nur findige Biographen der Meinung sind, dass er nicht der eheliche Sohn von Prinz Philip sei, sondern eher dem engsten Vertrauten der Queen, ihrem Hofrittmeister Lord »Porchy« Porchester, ähnlich sieht.

Erzogen wurde die kleine Diana zunächst von Kindermädchen, die ihr die allgemeinen Benimmregeln beibrachten. Zu Literatur, zu Musik oder zu »erbaulichen Bildungspunkten« kam es nicht. Die wurden von einem Mädchen auch nicht verlangt.

In der Schule tat Diana sich nicht besonders hervor, an Freunden mangelte es ihr. »Am liebsten spielte sie mit Kater Henry«, wie sich später Schuldirektorin Elizabeth Ridsdale erinnert. Oder sie schwamm – was sie ja von Thronfolger Charles gelernt hatte.

Auch in ihren beiden älteren Schwestern Jane und Sarah wird Diana ihr Leben lang keine Freundinnen finden: Die beiden zeigten keinerlei gesteigertes Interesse an ihrer kleinen Schwester und schlugen sich nie auf die Seite der Prinzessin. Selbst in Dianas bittersten Stunden, während der Ehekrise und anschließenden Scheidung von Charles, ergriffen Sarah und Jane immer die Partei der Gegner. Selbst als Diana ihren Bruder Charles darum bat, wenigstens in ihrem Elternhaus auf Althorp ein größeres Apartment beziehen zu dürfen, wurde ihr dies abschlägig beschieden. Obwohl Althorp im Winter gar nicht bewohnt wurde und ihr Bruder zu dieser Zeit in Südafrika wohnte. Zwei schriftliche Hilferufe an ihre beiden Schwestern, als diese schon außer Haus waren und Diana sich ohne die Eltern verloren fühlte, wurden erst gar nicht beantwortet.

Seltsam stößt auch auf, dass Diana in ihrer Zeit im Internat in der Schweiz Ende der siebziger Jahre ihrem Vater schrieb – aber kaum ihrer Mutter und ihren beiden Schwestern gar nicht. Hätte sie nicht Prinz Charles geheiratet, wäre Außenseiterin Diana von ihren hochwohlgeborenen und adelig verheirateten Schwestern wohl überhaupt nicht zur Kenntnis genommen worden. Was einmal mehr dafür spricht, dass es nicht nur hinter den dicken Mauern von Windsor streng gehütete Geheimnisse gibt, sondern auch hinter den Zäunen von Althorp.

Die Welt der kleinen, fünfjährigen Diana zerbrach, als Frances keine Hemmungen mehr kannte – und sich im Bett mit ihrem Liebhaber Peter Shand Kydd von Ehemann Earl Spencer erwischen ließ. Der – ganz Aristokrat – zog sich zurück und genehmigte sich wohl ein noch größeres Glas Gin als üblich. Ihm dämmerte langsam, dass diese Verbindung wohl endgültig zerbrochen war. Der Earl war in seiner männlichen Ehre zutiefst verletzt. Doch er kam mit, als seine Frau Frances ganz offen mit ihm und Peter in die Skiferien ins französische Courchevel fuhr, um es dort genussvoll mit Peter zu treiben, während ihr Ehemann an der Bar seinen Platz fand.

Zu jener Zeit störte Diana einfach nur noch. Wer wollte sich auch schon um sie kümmern? Die Mutter war mit ihrem Peter und dem Einrichten eines Liebesnestes in London vollauf beschäftigt, der Vater achtete nur darauf, sich in seinen Kreisen einigermaßen vor allgemeinem Gelächter zu schützen.

Im Jahre 1967 beginnt ein weiteres Kapitel von Dianas unerzählter, trister Kindheit: Ihre Mutter sagte sich von ihrem Mann und ihren Kindern los – und beschloss, künftig mit Peter Shand Kydd zusammenzuleben. An diesen Tag erinnerte sich Diana auch als Erwachsene immer noch, wie sie ihrer Astrologin Debbie Frank gestand. Diana war damals gerade sechs Jahre alt und erzählte Jahrzehnte später: »Ich weiß noch genau, wie meine Mutter ihre Abendgarderobe in ein Auto packte und sagte: ›Darling, I'll come back‹, ich komme wieder. Ich saß auf den Stufen und wartete, dass sie zurückkam, aber sie kam nie mehr zurück.«

Nach Aussage von Charles-Freund Ross Benson, »stand Diana auch oft hinter dem Vorhang, wenn sich ihre Eltern mit bösen Worten stritten«. Ihre Freundin Cosima Somerset berichtet, dass der Weggang ihrer Mutter für Diana »das Schmerzlichste war, was sie je in ihrem Leben erlitt. Niemand erzählte ihr, warum ihre Mutter ging und dass sie ihre Tochter für immer verlassen würde.«

Von allen Spencer-Kindern litt besonders Diana, die sich immer irgendwie fremd in ihrer Familie fühlte, unter der Trennung der Eltern. Ihre Mutter lebte jetzt mit einem anderen Mann in London, und ihr Vater saß allein auf seinem Gut Althorp herum und trank. Oder fuhr nach London und trank dort. Diana mochte den neuen Mann ihrer Mutter nicht, weil er ihr die Mutter genommen – und ihren Vater ins Elend gestürzt hatte.

Was natürlich so nicht stimmt. Papa Spencer war auch kein Heiliger. Er war seiner jungen Frau einfach nicht gewachsen, wie später auch Prinz Charles seiner jungen Frau Diana nicht gewachsen war.

Wer brachte Diana nachts ins Bett? Niemand! Auch wenn später der Welt erzählt wird, dass der Papa jeden Abend am Bett seiner verängstigt-verstörten Tochter saß, um ihr Geschichten vorzulesen. Ein weiteres Märchen aus dem Spencer-Windsor-Schatz. Nein, Johnnie Spencer verschwand für sechs Monate nach Australien, um dem Gouverneur von Südaustralien zur Seite zu stehen. Warum? Weshalb? Wir ahnen es! Er wollte weg, nur weg, von seiner Familie, seinem Leben, nachdem ihn seine Frau wegen eines Tapeten-Großhändlers verlassen hatte. Diana blieb in Park House unter Aufsicht wechselnder Hausdamen zurück.

Natürlich war Klein-Diana oft in Althorp, dem Stammsitz der Familie Spencer, bei ihrer geliebten Großmutter Lady Cynthia, die jedoch schon 1972 starb. Als ihr Großvater, der knorrige Jack, der 7. Earl of Spencer, seine Augen ebenfalls für immer schloss, wagte Johnnie Spencer endlich, seine Familie ganz nach Althorp zu holen. Da war Diana 14 Jahre jung. Doch so richtig heimisch wurde Diana in Althorp nie, denn auch hier fand sie keine Liebe. Wie sehr hatte sie sich ein Heim gewünscht, in das sie während der Ferien zurückkehren konnte! Ihre Schwestern Sarah und Jane stehen ihr völlig gleichgültig gegenüber und sind selten zu Hause, besuchen andere Schulen. Und ihr Bruder Charles ist zu jung, um Diana die Geborgenheit zu geben, nach der sie sich sehnt.

Dass Diana nicht die besten Erinnerungen mit Althorp verbindet, kann man verstehen: Sie hasste ihre Stiefmutter Raine und ging in ihrem kindlichen Hass so weit, heimlich einen »anonymen Brief« an Raine zu schicken.

Doch der Reihe nach: Im Januar 1968 wurde Diana, die noch keine sieben Jahre alt war, in der Silfield Day School in King's Lynn eingeschult, einem Ort am Great-Ouse-Fluss, nordwestlich von Norwich gelegen, gerade mal 70 Kilometer von Cambridge entfernt und 180 Kilometer von der Stadt ihrer Träume: London.

Am Rande sei an dieser Stelle erwähnt, dass Supermodel Claudia Schiffer Jahre später als Austauschschülerin zwei Monate in King's Lynn verbrachte und sich wohl damals schon in England verliebte, als sie auf die King Edward VII. Secondary School ging.

King's Lynn ist die Partnerstadt von Emmerich, der Stadt, in der Claudia aufgewachsen ist und zur Schule ging. Am

oben: Verschüchtert blickt Diana bei einem parlamentarischen Empfang 1988 in die Kamera – während Charles mit Blicken schon wieder das Weite sucht.
unten: Charles stellt im März 1981 seine Verlobte Diana Spencer auf Balmoral in Schottland den Fotografen vor – da lachten beide noch vor der Kamera.

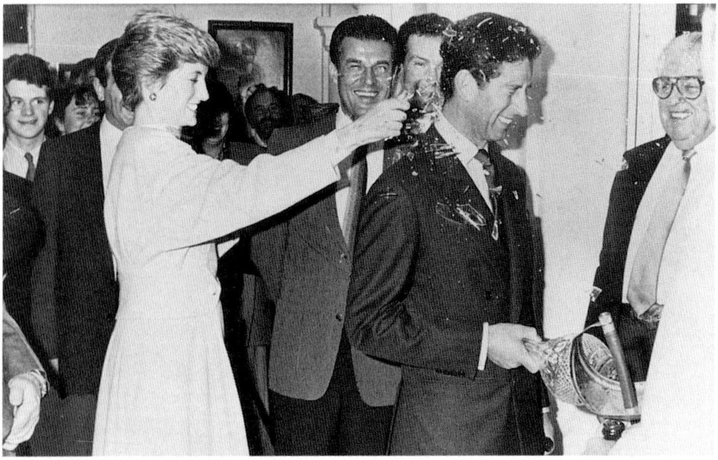

oben: Auch wenn er über den Scherz seiner lebensfrohen Gattin (die Flasche war aus Zucker) gequält lacht – der humorlose Charles war »not amused«.
unten: Schnell zeigen sich Risse in der Beziehung des Egoisten Charles mit der Egomanin Diana – was später zu einem »Rosenkrieg« ausartet.

oben: Althorp, Land- und Familiensitz der Spencers.
Richtig glücklich war Diana hier nur, wenn sie als junges Mädchen ihre geliebte Großmutter Lady Cynthia besuchen durfte.
unten: Die trügerische Spencer-Idylle – mit (von links) Mutter Frances, den Töchtern Diana, Sarah und Jane, Sohn Charles und Vater Johnnie.

oben: Obwohl Diana in der Schweiz im Internat Alpin Videmanette Heimweh hatte, machte sie vor ihren Freundinnen auf lustig.
unten: Ein seltenes Bild – Lady Diana Spencer vor dem Eingang des Landgutes Althorp, 1978 zusammen mit ihrem Bruder Charles.

oben: Die Frau, die den Spencer-Clan bis heute spaltet – Raine, die Tochter der Schnulzen-Autorin Barbara Cartland.
unten: Da hing der Himmel noch voller Geigen – John Spencer heiratet die ehrenwerte Lady Frances Ruth Burke Roche, seine erste Ehefrau, am 1. Juni 1954.

oben: »Shy Di« in ihrer typischen Pose in London 1984 – zusammen mit ihrer Mutter Frances, die Diana als Kind verlassen hatte.
unten: Nach außen versuchten sie noch 1993 ein glückliches Mutter-Tochter-Bild abzugeben – tatsächlich waren beide – bis zum tragischen Tod Dianas – total zerstritten.

links: Verbittert, gefühlskalt, von zu viel Alkohol gezeichnet – Frances, geschiedene Spencer, geschiedene Shands, im Alter von 66 Jahren.
rechts: Der Mann, der wohl für den typischen Diana-Blick zuständig war – der britische Ladykiller und Milliardär James Goldsmith, im Alter von 28 Jahren.

links: Wie sich die beiden doch gleichen – Diana, eine der engsten Freundinnen von Jemima Goldsmith, geschiedene Khan.
rechts: Der Blick, die Haltung, die Nase, das Outfit, die Eleganz – es gibt auffallend viele Ähnlichkeiten zwischen Diana und Busenfreundin Jemima.

25. August 1970 in Rheinberg geboren, wurde das Topmodel 1987 in der Disco »Chekkers« in Düsseldorf von einem »Model-Scout« entdeckt.

Doch zurück zu Dianas Einschulung: Schon am ersten Tag in der Silfield Day School in King's Lynn musste Diana mit einem herben Schlag fertig werden: Weder ihre Mutter, noch ihr Vater hatten sie zur Schule gebracht.

Die Schule war für die schüchterne, scheue Diana nicht gerade der Ort, ihr ramponiertes kindliches Selbstbewusstsein zu stärken: Diana zog sich völlig in sich zurück, sprach nur, wenn sie angesprochen wurde – und stammelte auch dann nur unzusammenhängende Sätze, aus Angst, auch hier wieder etwas falsch zu machen oder am falschen Platz zu sein.

Mit neun Jahren wurde Diana nach Diss geschickt, einem verschlafenen Kaff im Tal des Flusses Waveney in Norfolk. Dort wurde sie in »Riddlesworth Hall«, einer sogenannten »Preparatory School«, untergebracht. Das Haus war ein düsteres Lehrgebäude aus dem 19. Jahrhundert, das für Kinder geschaffen wurde, die später von ihren Eltern auf weitere Internate geschickt wurden.

Im Klartext heißt das: Es handelt sich um ein privates Kinder-Internat, in dem man Musik, Theater und Sport fördert, für Kinder, deren Eltern kein wirkliches Interesse an der Entwicklung ihrer Kinder haben. Sie zahlen, geben ihre Kinder ab. Fertig.

Diesmal brachte wenigstens Papa Spencer den Mut auf, seine Tochter selbst dorthin zu bringen. Besucht hat er sie kaum, Dianas Mutter kam kein einziges Mal. Wie auch? Die Scheidung zwischen Dianas Eltern wuchs langsam zu einer famosen Schlammschlacht aus: Er beschuldigte sie des Ehebruches, sie klagte auf das Sorgerecht für ihre Kinder, da er wegen seines Lebenswandels unfähig sei, für sie zu sorgen. Im Ernst: Er sorgte sich nicht wirklich um seine Kinder, doch als

Mitglied der Aristokratie hatte er die besseren Karten und erhielt das Sorgerecht.

Diana verbrachte ihre Schulzeit lachend für die anderen, in sich gekehrt, zurückhaltend und still, wenn sie allein war. Ein nachdenkliches Mädchen, das die Geborgenheit einer intakten Familie vermisste.

Nachdem sie ihre Grundschulzeit hinter sich gebracht hatte, gab es für ein Mädchen ihres Geblüts und ihrer Herkunft in England nur eine Erziehungsstätte, die ihrer würdig war: das Internat West Heath, südlich von London. Nur Blaublütige, nur die Töchter der besten Familien dürfen diese Privatschule besuchen. Umgerechnet 15 000 Euro kostete damals das Schulgeld pro Jahr, eine Summe, die Johnnie Spencer nicht so einfach aus der linken Westentasche zahlen konnte. Als Diana schließlich nach West Heath kam, fühlte sie sich wie eine Versagerin: Ihre Schwester Sarah trank zwar, war aber eine brillante Pianistin, und ihre Schwester Jane war das Nr.-1-Girl. Beide gewannen während ihrer Schulzeit dort mehrere Ehrenpreise.

Diana schlief mit zwei Freundinnen zusammen in einem Zimmer. Zwei Mädchen, die, genau wie Diana, 15 sind und schon die ersten Regungen verspüren, harmlos mit Jungs zu flirten. Was Diana nicht macht. Oder wie Gwendolyn Draker-Smith später sagte: »Wir waren aggressiv zu den Jungen. Ich forderte Diana heraus, es uns gleichzutun. Aber sie war zurückhaltend, sie hatte so etwas nicht nötig. Die Jungen umschmeichelten sie, sie hofierten sie direkt.«

Ließen sich die jungen Ladys schon mal von Jungs in die Arme nehmen, tanzte Diana steif – nicht, weil sie nicht tanzen konnte und wollte, sie war einfach zu gehemmt.

»Diana hatte erst mit 16 Jahren ihre Periode bekommen«, schreibt Simone Simmons, die sich selbst als »Dianas beste

Freundin« bezeichnet, in Wahrheit aber genau der »seelische Mülleimer« war, den Diana so dringend brauchte. Das Entscheidende ist aber nicht, dass Diana verhältnismäßig spät ihre Periode bekam, was weitaus wichtiger ist: Viele Schulkameradinnen gaben damit an, wie ihnen schlecht wurde, wie sie sich jeden Monat übergeben mussten, wie sie jeden Monat nicht zum Schwimmunterricht antreten konnten und wie sie dem gesamten Unterricht fernbleiben durften.

Diana hatte also genau das nicht, was die meisten ihrer Freundinnen hatten.

Was tun?

Da Diana ihr Leben lang eine brillante Schauspielerin war, die sich in (fast) jede Rolle einfühlen konnte, »erledigte« sie auch dies mit einem Raubbau an ihrem jungen Körper: Sie stopfte einerseits heimlich Essen in sich rein, bis es jedem Normalesser im wahrsten Sinne »aus dem Hals« herausgekommen wäre. Oder sie pumpte sich mit Schokolade in einer Art und Weise voll, dass ihr nichts anderes übrigblieb, als sich von diesem schrecklichen Druck durch Erbrechen zu befreien. Damit konnte sie genau den Zustand simulieren, den ihre Freundinnen jeden Monat als »normal« erlebten.

Ich weiß, dass dieses Thema bei allen britischen Autorinnen und Autoren absolut tabu ist. Warum? Weil diese entweder allein Prinz Charles die Schuld an Dianas Bulimie zuschreiben – oder dies als »Erbe« ihrer Mutter verkaufen. Zwei Punkte, die später absolut in Betracht kommen. Wichtig aber ist, mit offenen Augen zu sehen, dass Diana gegenüber ihren Freundinnen eine Spätentwicklerin war und nie und nimmer hinter ihren Freundinnen zurückstehen wollte – dazu war sie ihr Leben lang zu ehrgeizig.

Der wichtigste Punkt hieran ist, dass Diana niemanden, absolut niemanden, hatte, der sich ihrer pubertären Probleme annahm.

Ihre Mutter? Die war längst mit ihrem Liebhaber und Ehemann Peter Shand Kydd in Australien und erfreute sich dort eines neuen, von den Spencers befreiten Lebens.

Ihr Vater? Der wäre wohl in Ohnmacht gefallen, hätte ihn ausgerechnet seine »Prinzessin« mit einem Thema belästigt, das es für einen wie ihn überhaupt nie gab: Frauenprobleme.

Ihre Erzieherinnen? Die wären wohl sofort gefeuert worden, wäre es Vater Johnnie auch nur zu Ohren gekommen, über was sich seine Tochter mit ihren Anstandswauwaus unterhält.

Ihre Schwestern Sarah und Jane? Die interessierten sich keinen Deut für ihre Schwester. Ob sie damals schon ahnten, dass ihre Diana vielleicht doch keine waschechte Spencer war? Egal: Wie sollte sich das »kleine«, aber damals schon körperlich über ihre »großen« Schwestern hinausgewachsene Mädchen ausgerechnet an die wenden, die sie eigentlich kaum kannte? Und was hätten diese beiden ihrer »kleinen« Schwester wohl geraten? Im Zweifel das, was sie ihr später gesteckt haben: Mund halten, keine Gefühle zeigen, egal, was kommt.

Wie wurde Diana überhaupt damit fertig, dass ihre Mutter und dann ihre Schwester Sarah an Anorexie litten, lange bevor sie selbst davon heimgesucht wurde? Dass Diana in der Familie den wenig liebevollen Spitznamen »Duch« trug, was in der britischen Upperclass so viel wie »hirnlose Träumerin« bedeutet. Dianas Schwester Sarah wurde »Ginge« genannt, ein Name, der zu ihr passte, besonders wenn wir das »ge« weglassen und auf das Wort »Gin« kommen.

Heute wird gerne verschwiegen, dass Sarah damals vom Internat West Heath in der Grafschaft Kent flog, weil sie einfach zu oft besoffen war! An die vielen Drinks hatte sie sich in Park House gewöhnt, wo ihre Eltern, wie bekannt, gern und oft zur Flasche griffen. Sarah war bereits 1971 im Alter von nur 16 Jahren schwere Alkoholikerin: »Ich gewöhnte mir das Trinken an, weil ich mich langweilte«, gab sie später zu. »Ich trank alles: Gin, Whisky, Cointreau, Sherry, meistens jedoch Wodka. Das konnten die Lehrer nicht riechen.«

Um ihr offensichtliches Alkoholproblem zu kaschieren, wurde Sarah in die Schweiz geschickt, wo sie schnell fließend Französisch lernte. Dann ging es nach Wien, wo Sarah am Konservatorium Klavier und Musik studierte.

Erst 1973 durfte sie zurück nach England kommen. Ihr Vater Johnnie veranstaltete für sie eine Debütantinnen-Party in Norfolk, anschließend erfreute Sarah die »Saison« in London mit ihrer Anwesenheit. Sarah war 18 Jahre jung und wurde – wie später die Tochter von Camilla – Assistentin bei der britischen Modezeitschrift »Vogue«.

Sarah verlor in dieser Zeit jeglichen Appetit. Ihr Gewichtsverlust war so alarmierend, dass ihre Mutter sie im Mai 1975 in ein Spital brachte. Sarah nahm damals in zwei Wochen sieben Pfund ab, insgesamt magerte sie auf 77 Pfund ab. »Ich sah aus, als würde ich aus einem Konzentrationslager kommen«, erklärte Sarah später. »Ich konnte keine normalen Kleider mehr anziehen, ich musste in der Abteilung für Kinder einkaufen.« Dann gesteht sie: »Es ist wie bei einem Alkoholiker. Du willst dir nicht eingestehen, dass du ein Problem hast. Du denkst am Ende, dass es wunderschön ist, so dünn zu sein.«

Da Sarah die 1977 geschlossene Ehe ihres Vaters Johnnie mit Raine nicht akzeptierte, floh sie nach Afrika, wo sie mehrere Monate mit zwei Freunden durch Kenia, Rhodesien und Südafrika zog.

Zurück in London fand Sarah einen Job bei einer Immobiliengesellschaft und versuchte, Immobilien an jene zu vermitteln, deren Namen sie seit ihrer Geburt kannte. Doch sagte sie später: »Ich war irgendwie am Ende, doch das gestand ich mir nicht ein.«

Bulimie aus depressiver Erschöpfung, Bulimie als Merkmal einer Borderline-Persönlichkeit – das war damals noch nicht bekannt. Im Gegenteil: Es wurde nicht wahrgenommen, nicht diagnostiziert, sondern nur mit scheinbar fürsorglichen Worten verschleiert. »Dabei war Sarah nach jedem Essen krank«, erinnert sich ein Freund. »Sie war strohdünn. Das Einzige, was ihr wohl damals das Leben rettete, war Coca Cola.«

Diana besuchte ihre Schwester zu dieser Zeit manchmal am Wochenende in deren Apartment in Eaton Mews South. Doch sie war zu jung, um die Krankheit ihrer Schwester zu erahnen, sie himmelte die großartige Sarah lediglich an. Erst kurz vor ihrem Tod erkannte Diana, wie die Krankheit ihrer Schwester sie damals bewegte. Zumal sie einsah, dass ihre eigenen Ess-Störungen nicht allein von der Missachtung ihres Ehemannes Charles herrührten, sondern wohl dazu tiefere, familiäre Gründe hatten. Doch wer konnte schon ahnen, dass in Diana ebenfalls die Bulimie durch die fatale Familiensituation angelegt war? Penny Junor, Diana-Biographin, berichtet, dass Diana als junges Mädchen einen absolut gesunden Appetit gehabt hatte. Sie liebte besonders gebackene Bohnen – eine typisch englische Morgen-Beilage.

Es ist also keineswegs so, dass Diana die erste Spencer mit Ess-Brech-Störungen war, wie dies heute behauptet wird. Aber Diana war die Erste, die diese Krankheit in ihrer Biographie öffentlich machte. Erzogen, alles im schlimmsten Sinne des Wortes »in sich reinzufressen«, hatte sie jahrelang die Selbstdisziplin, nichts von dem, was sie belastete, nach außen zu tragen. Bis die Krankheit für sie so unerträglich wurde, dass sie den Kampf dagegen aufnahm und ihn öffentlich machte. Damit half sie wahrscheinlich Millionen von Eltern, ihre Kinder in einem ganz anderen Licht zu sehen, und schärfte den Blick für die seelischen Grausamkeiten, die Eltern ihrem Nachwuchs bewusst oder unbewusst antun können. Krankheiten, die aus gesellschaftlichen Gründen verschwiegen werden, brechen früher oder später immer aus – besonders dann, wenn der Stress so groß wird, dass sich die Mädchen dem nicht mehr gewachsen fühlen und im wahrsten Sinne des Wortes an »sich selbst zerbrechen«.

Sicher ist: Diana überwand den Schock der Scheidung ihrer Eltern im April 1969 nicht. Es kam sogar noch schlimmer für das Seelchen aus Althorp. Ausgerechnet an Weihnachten 1976 stellte sich heraus, dass ihr Vater tatsächlich wieder heiraten wollte! Johnnie Spencer stellte seiner verblüfften Kinderschar eine Frau namens Raine, Countess of Dartmouth, vor. Die bereits 56 Jahre alte Jetset-Gräfin Raine (geb. 1929) war nicht irgendeine Adelige, sondern die Tochter der exzentrischen Romanautorin Barbara Cartland. Der Cartland, die stets kaftanartige Wallegewänder aus rosa Chiffon trug. Die, um sich keine Blöße zu geben, stets sehr dickes Make-up auflegte, so dass sich die Prozedur der Morgentoilette schon mal auf zwei Stunden ausdehnen konnte. Unvergesslich auch sind ihre kleinen Pekinesen, die sie wie kleine Babys in den feisten Armen mit den beringten Fingern hielt. Von 1927 bis 1932 war die bizarre Lady mit Alexander George McCorquodale verheiratet, der ihr erst 1936 im Zuge eines Gerichtsverfahrens vorwarf, ihn mit seinem Cousin Hugh McCorquodale betrogen zu haben. Besonders faszinierend ist, dass ebenjener Hugh Barbara Cartlands nächster Ehemann wurde und Dianas Schwester Sarah später einen gewissen Neil Edmund McCorquodale heiraten würde – ein weiterer Nachkomme der reichen McCorquodale-Familie.

Ebenjene Tochter dieser bizarren Dame heiratete nun Dianas Vater. Die gute Raine wusste immer, wie frau die »richtige«

Partie machte. 1947 ehelichte sie Gerald Humphry Legge, der später der 9. Earl of Dartmouth wurde. Von ihm ließ sich Raine im Sommer 1976 scheiden.

Diana hatte nun plötzlich eine Stiefmutter. Eine ungeliebte! Raine setzte sich sofort gegen ihren haltlosen und schwachen Neu-Ehemann durch. Diana, das nörgelnde Kind, muss weg. Was tun mit dem ungeliebten Entchen? Weit weg ins Internat in die Schweiz!

Doch das ist nicht so einfach, da auch Dianas leibliche Mutter hier ein Wörtchen mitzureden hatte. Doch die hatte sich zwischenzeitlich von ihrer Tochter so weit entfernt, dass sie unter ihrem bürgerlichen Namen Frances Shand Kydd an das Schweizer Mädchen-Internat Videmanette einen Brief schrieb. »Ich würde Sie bitten, meine Tochter zur Vollendung ihrer Ausbildung in Ihr Internat aufzunehmen«, teilte sie Heidi Yersin, Leiterin des Internats mit. »Ich dachte daran, dass Diana zwei Semester bei Ihnen bleiben sollte.«

Diana musste schließlich ins Schweizer Internat Videmanette in Rougemont im Saanetal, sieben Kilometer von Gstaad entfernt. Im damaligen Prospekt heißt es: »Für ein Mädchen zwischen 16 und 20 bedeuten alpine Umgebung und Klima gesundes Aufwachsen in ausgeglichenem Rahmen. Zu diesen günstigen Voraussetzungen kommen noch ausschlaggebende Faktoren wie hochqualifizierte Lehrkräfte, Unterricht in kleinen Gruppen, Sport als bereichernder Ausgleich. Die Mädchen wohnen in familiärer Gemeinschaft in vier benachbarten, gepflegten Chalets.«

Das Internat Videmanette, das 2000 wegen finanzieller Probleme vorerst geschlossen und später in das Internat »Le Rosey« eingegliedert wurde, pries damals weiterhin an: »Vorbereitung von Diplomen für moderne Sprachen, Sekretariat und Hauswirtschaft.«

Diana wurde also genau dorthin verbannt, wo die britische

Upperclass ihre untauglichsten Mädchen abschob, damit sie in der Schweiz wenigstens das lernten, was eine künftige Ehefrau auszeichnete: Gästelisten zusammenstellen, Messer und Gabel richtig ordnen, auf Pisten wedeln, Köchinnen Anweisungen zu erteilen und das völlig belanglose Party-Geplauder einzuüben.

Und wenn dazu noch einige Worte auf Französisch sich im Kleinmädchenhirn festsetzten, war das nur ein Plus bei der Wahl des künftigen Ehemannes, der sich dann brüsten konnte: »Meine Frau wurde in der Schweiz erzogen!«

Das »Institut Alpine Videmanette« ist in britischen Upperclass-Kreisen übrigens auch als »finishing school« bekannt. Es ist die letzte Station, bevor die höheren Töchter auf den Heiratsmarkt kommen, bevor sie in die Londoner Gesellschaft eingeführt werden.

Genau 4200 Schweizer Franken zahlte Lord Spencer, damit Diana am 7. Januar 1977 von Internatsleiterin Yersin am Flughafen in Genf abgeholt wurde. Sie wurde im Zimmer 6 des Châlets Bon-Accueil an der Hauptstraße von Rougemont einquartiert und bezog ein Zimmer zusammen mit der Schweizerin Vera Mörzer-Bruyns.

Diana musste sich der folgenden Routine unterwerfen, was sie ohne aufzumucken tat, auch wenn sie sich sehr einsam in der neuen Umgebung fühlte:

- Um 7.30 Uhr musste sie aufstehen, eine Schweizer Kuhglocke läutete das Ende der Nachtruhe ein.
- 7.50 Uhr: ein üppiges Schweizer Frühstück mit Brot und Marmeladen, Käse und Cornflakes.
- 8.30 Uhr: Der Unterricht begann.
- 11.50 Uhr: Der Unterricht endete.
- Alle nahmen gemeinsam das Mittagessen ein. Eine

Kost, die Diana so gut schmeckte, dass sie schnell vier Kilo zunahm.

- 14.00 Uhr: Der Nachmittagsunterricht fing an.
- 16.15 Uhr: Der Nachmittagsunterricht endete.

Nun begann die Freizeit, also Sport, Musik machen, Musik hören, bevor es um 19.00 Uhr das gemeinsame Nachtessen gab. Und ab 21.00 Uhr war absolute Nachtruhe angesagt.

Diana, die sich in West Heath nicht gerade durch Geistesblitze hervorgetan hatte, verfolgte hier nur ein Ziel: Sie wollte Tänzerin werden, also eine »Prinzessin auf der Bühne«. Doch Diana wuchs – im Gegensatz zur ihren Geschwistern – zu schnell und wurde zu groß. »Ich wusste nicht, wie ein Mann mich da noch hätte hochheben sollen«, gestand sie später einmal einer Freundin.

Interessant ist: Während sich Diana der (nicht überwältigend strengen) Zucht und Ordnung des Schweizer Mädchenpensionats unterwarf, fuhr ihre Schwester Sarah mit Prinz Charles in Klosters Ski. Sarah Spencer war damals so dünn, dass ihr die Wangenknochen aus dem Gesicht stachen. Zu diesem Zeitpunkt war sie das »Betthäschen« von Charles, bevor er ein paar Jährchen später Gefallen an Sarahs jüngster Schwester Diana fand. Der sarkastische Kommentar von Dianas Freundinnen im Internat: »Mach dir nichts draus – dir bleibt ja noch Prinz Andrew!«

Die Affäre zwischen Charles und Sarah begann im Juni 1977. Sarah wurde von Königin Elizabeth II. zu einer Party nach Windsor gebeten, Anlass waren die Königlichen Rennen von Ascot.

Prinz Andrew fiel Sarah sofort ins Auge. Er stellte sie seinem Bruder Charles vor. Faszinierend in diesem Zusammenhang ist, dass es ausgerechnet Prinz Charles war, der Sarahs

Krankheit ernst nahm, auch wenn der damals 32-Jährige, nicht gerade ein Ausbund an Diskretion, die fragile Sarah unverblümt fragte: »Haben Sie Anorexie?« Sarahs schnelle Antwort: »Natürlich nicht!«

Charles' Worte trafen trotzdem genau ins Schwarze. Sarah ließ sich selbst ins Regent's Park Spital einweisen, um ihre Ess-Störung zu bekämpfen. Nach nur wenigen Wochen hatte sie wieder 14 Pfund mehr auf den Rippen.

Das verdankte sie Charles, von dem sie später lobend sagte: »Er war wie eine Mutter zu mir.«

Die genesene Sarah besuchte Charles regelmäßig, wenn er Polo spielte. Sie wurde von Charles in die königlichen Ferien auf Balmoral in Schottland eingeladen. »Er bringt mich zum Lachen, ich liebe es, mit ihm zusammen zu sein«, erzählte Sarah im November 1977 der größten britischen Zeitung, der »Sun«. Wobei Sarah aber sofort einschränkte, dass sie weitere zwei bis drei Boyfriends habe, mit denen sie ausgehe.

Da ich keinen Medien-Märchen glaube, schreibe ich hier die Wahrheit: Sarah war total hin und weg vom Thronfolger. Die Wände des Schlafzimmers in ihrem Apartment waren mit Bildern von Charles zugepflastert. Natürlich machte sie sich Hoffungen auf mehr als Polospiele in Windsor, klamme Schlafzimmer auf Balmoral und freundliche Einladungen Ihrer Majestät.

Sarah war aber zu klug, um den zögerlichen Thronfolger zu drängen. Durch dessen Betten wanderten schließlich viele Damen der Gesellschaft, die sich hinterher alle nicht mehr der Jungfräulichkeit erfreuen konnten. Und eine Jungfrau wollte, musste, sollte Charles heiraten.

Warum? Das, nebenbei gesagt, steht in den Sternen, ist in keinem anglikanischen, royalen Gesetz zu finden, geschweige denn daraus abzuleiten.

Dass sich Charles bereits zu diesem Zeitpunkt seine sexuellen Träume von Camilla erfüllen ließ, wussten viele. Aber sie schwiegen eisern, ebenso wie die nicht ganz so eisernen Jungfrauen bis heute nicht über die Manneskraft des künftigen Königs plaudern – außer später seine eigene Ehefrau Diana.

Ganz so harmlos kann jedoch die Beziehung zu Dianas Schwester Sarah nicht gewesen sein. Sarah schrieb ein Tagebuch über ihre Beziehung zu Charles, das sie einmal – wie es heißt –»ihren Enkelkindern vermachen will«.

Den Februar 1978 verbrachten Charles und Sarah jedenfalls gemeinsam in Klosters in der Schweiz beim Skifahren. Da waren die Nächte lang und die Wege zueinander kurz.

Wie auch immer: Sarah machte den Fehler ihres Lebens! Zurück in London diniert sie in einem Restaurant in Mayfair mit den beiden Intimfeinden von Charles: den Reportern James Whitaker und Nigel Nelson.

»Charles ist ein Romantiker, der sich leicht verliebt«, sagte die im Umgang mit den Medien ahnungslose Sarah. »Ich jedenfalls bin nicht verliebt in Charles.« Dann folgte der Auflagen-Hammer, mit dem die beiden Journalisten, ohne eine Sekunde zu zögern, die aufkeimende Romanze mit den Worten von Sarah ad absurdum führten: »Wenn Sie mich so fragen – er ist einfach für eine Ehe noch nicht reif.«

Als am 18. Februar 1978 die »Daily Mail« und die »Sun« erschienen, war es vorbei mit der Beziehung von Charles zu Sarah. Auch wenn die beiden Hofberichterstatter heuchelten, dass Charles sich glücklich schätzen solle, eine Frau mit so viel Charme zu kennen.

Der Kommentar von Charles an Sarah war eindeutig: »Du hast etwas extrem Dummes gemacht.«

Allerdings wird der Kontakt zwischen Charles und Sarah nie abbrechen ...

Später hasste Sarah ihre junge, gesunde, sportliche Schwester Diana, die anscheinend völlig unberührt auf einer Wolke schwebend durch ihre Kindheit glitt, dafür, dass sie später die Frau des Thronfolgers wurde.

Auch mit ihrer Schwester Jane verband Diana nichts. Jane war auf West Heath eine blendende Schülerin und schaffte sogar mehr Auszeichnungen, als die übrigen Spencer-Kinder auch in einem geistreicheren neuen Leben nie erreichen würden.

Jane hielt Diana für »verwöhnt« und schlug sich am Ende auf die Seite der Diana-Gegner. Zumal sie 1978 den arroganten, blitzgescheiten Robert Fellowes heiratete, den späteren Privatsekretär von Königin Elizabeth II., der Dianas Feind war.

Doch zurück nach Videmanette: Diana wollte weg, weg aus der Schweiz. Sie hatte Heimweh. Sie schrieb fast jeden Tag in ihrer wunderschönen kindlichen Handschrift Briefe an ihren Vater und auch gelegentlich an ihre Mutter. Von ihrem Vater bekam sie ab und zu Antwort, von ihrer Mutter praktisch nie.

Sie flehte den Earl an, sie aus der Schweiz wegzuholen. Listig wie Diana ihr Leben lang sein wird, begann sie, ihrem Vater vorzurechnen, was ihn eigentlich dieses Internat in der Schweiz koste – und dass sie hier eh nichts lerne.

Dieses Argument zog. Zwar nagte ihr Vater nicht gerade am Hungertuch, aber sein Gut Althorp war hochverschuldet.

Tatsächlich durfte Diana schließlich zurück nach England. Sie landete bereits im Mai 1978 wieder in London.

Doch was sollte sie hier machen? Wieder entledigte sich Dianas Mutter ihrer Aufgaben – sie schickte Diana zu einem Mann, der ihr den letzten Schliff für den Eintritt in die höchsten Gesellschaftskreise beibringen sollte. Der Mann heißt Peter Townsend, und seine Dienste kosteten damals umgerechnet 10000 Euro. Er war Herausgeber des englischen

Adelsführers »Burke's Peerage«, dazu Gesellschaftsreporter des Magazins »Tatler«, das die höheren Töchter gern in Wort und Bild vorstellt.

Dieser Mister Townsend arrangiert auch Partys, Tanztees, Jagdgesellschaften, Segelregatten, Empfänge für prominente, adelige Briten. Dort werden die Teenager eingeladen, um mit reichen jungen Männern Bekanntschaft schließen zu können.

Wir können uns dies ruhig als »Heiratsmarkt« vorstellen. Immerhin gehörten zu Zeiten von Diana die Söhne von Prinz Michael von Jugoslawien ebenso dazu wie Prinz Albert von Monaco.

»Es ist die feinste und beste Art, die Tochter mit Menschen bekannt zu machen, die ihr später im Leben nützlich sein können, und ihr den richtigen Ehemann zu verschaffen«, meinte dazu Prinzessin Margaret. Auch ihre Tochter Sarah nahm an einem Debütantinnen-Kurs teil.

Genau diesen Weg plante Frances für ihre Tochter Diana. Doch es gab Widerspruch von höchster Ebene. Niemand anders als Königin Elizabeth II. ließ Dianas Vater, ihrer Stiefmutter und ihrer Mutter ausrichten, dass sie diese »Art« von Erziehung für Diana nicht wünsche. Hatte da etwa schon der allmächtige Finanzier James Goldsmith seine Hände im Spiel? Oder war es einfach nicht mehr »zeitgemäß«?

Stattdessen wurde der königliche Rat erteilt, dass Diana sich doch nach der Art junger englischer Ladys in der Sozialarbeit betätigen solle.

Was die Queen wünscht, ist für den englischen Adel Befehl. Wieder einmal wurde über Dianas Kopf hinweg entschieden.

Diana – Warten auf den Märchenprinzen

Dass Diana ihren eigenen Schwestern nicht traute – wir können es verstehen. Dass die drei nicht eine gemeinsame Sprache fanden, auch. Dass alle drei unter einem völlig zerrütteten Elternhaus litten – den Mut, das auszusprechen, hatte allerdings nur eine: die Jüngste. Diana.

In der Schule schwamm sie schneller als ihre Mitschülerinnen und tanzte, als ginge es um ihr Leben. Bei den wichtigen Fächern aber guckte sie träumerisch aus dem Fenster, ganz so, als sei ihr Leben schon vorbei. Ihre Eltern sind geschieden. Ihren Stiefvater Peter Shand Kydd kannte sie kaum, ihr Vater stand unter dem Einfluss seiner zweiten Frau, der verhassten Raine.

Und – sie hatte Heimweh! Tatsächlich wollte Diana aber nicht nach Althorp zurück. Hatte sie überhaupt je ein Zuhause? Nein! »Ich brannte darauf, nach London zu gehen«, verriet Diana später ihrem Biographen Andrew Morton.

London, wo der Bär brummt und mit Sicherheit ein Mann auf sie wartet. Am liebsten wäre ihr Prinz Andrew. Der – hätte er nicht die anfangs unglaublich ordinäre Sarah Ferguson (auch »Old Donnerschenkel« genannt) geheiratet – tatsächlich besser zu Diana gepasst hätte.

Stellen wir uns folgende Szene vor: Diana verlässt die Schweiz und geht nach London. Sie ist scheu, unglücklich – aber auch selig, endlich wieder in ihrem Land zu sein, auf ihrer Insel. Aus ihr ist eine schöne junge Frau mit langen Beinen geworden, die ihre Schwestern um Haupteslänge überragt und dazu blaue Augen hat, die es bisher bei den Spencers nie gab.

Diana, das hässliche Entchen, die »Dumme«, die »Doofe«, betritt das Parkett. Sie hat wunderschöne Haare, die sie nach Lust und Laune bändigt, im Gegensatz zu der wilden »Matte« ihrer Schwestern, die später sogar Dianas Haarschnitt nachahmen. Sie hat eine Nase, die Willen, Ehrgeiz und natürlichen Charme verrät – ganz anders als die platten Nasen ihrer Vorfahren, ihrer Eltern, ihrer Geschwister. Diana geht nicht, sie schwebt – lässt also das typische Spencer-Trampeln vermissen, das darin besteht, mit Anstand die Füße jeweils korrekt nach vorn zu bewegen. Sie schwankt nicht, da sie Alkohol ablehnt. Sie nimmt keine Drogen, was damals in den siebziger Jahren in Londons Upperclass zum »New Style« gehörte. Sie trägt keine Minis, zeigt keine Oberschenkel, auch keinen Busen.

Wer war die Jungfrau Diana wirklich? Ein letztlich ganz normales Mädchen. Ein Kind geschiedener Eltern. Lieblos hin und her geschoben von zwei Menschen, die ihr eigenes Leben nie in den Griff bekamen.

In eine Gesellschaftsschicht hineingeboren, bei der menschliches Versagen als täglich Brot vom Dienstpersonal serviert wird. Sie wurde auf dem britischen Heiratsmarkt angeboten, verweigerte sich dem Sohn eines Bankers und lebte in der leeren Wohnung ihrer Mutter am Cadogan Square. Später putzte sie ihr eigenes Dreizimmerapartment am Coleherne Court und nahm ihren Mitbewohnerinnen Miete ab. Dafür sorgte sie für Ordnung und Sauberkeit. Auch auf der einzigen Toilette.

Einen Liebhaber, wie alle anderen, hatte sie nicht, sie blieb allein. Was sind schon Männer? Feige wie ihr Vater? Oder noch feiger, wenn sie nämlich wieder heiraten?

Echte Freundinnen hatte Diana nicht – erst später wird

ihre »Schwester« Jemima Goldsmith ihre einzige wirklich Vertraute.

Freunde? Natürlich ging sie aus. Mit wem? Das verriet Diana selbst ihrem Biographen Andrew Morton nicht.

Was wir aber wissen: Mit Fußtritten der Familie, mit Schmeicheleien über ihre »tollen Beine« kann Diana ihr Leben lang nichts anfangen.

Dafür wird sie der Sucht nach Liebe anheimfallen, und das bis zum letzten Atemzug ihres kurzen Lebens.

Die Schlussfolgerung aus diesem Psychogramm ist einfach: Wir haben eine Frau, die ihr Selbstbewusstsein endlich finden will – durch einen Mann, den sie liebt, den sie so liebt, dass sie am Ende ihres Lebens sagen wird: »Wären Charles und ich zusammengeblieben – wir wären ein unschlagbares Team gewesen.«

Doch es kam anders.

Diana hatte sich zwischenzeitlich in London bestens eingewöhnt und liebte die Arbeit in einem Kindergarten bei der St.-Saviours-Kirche in Pimlico.

Ihr Vater besaß mit seiner neuen Frau Raine ein Penthouse, das sinnigerweise genau neben dem des ebenfalls wiederverheirateten Grafen Dartmouth lag, dessen Ex-Frau Raine war. Es kommt noch besser: Später wird Dianas Geliebter James Hewitt eine Wohnung direkt gegenüber dem Haus von Camilla Parker Bowles mieten – und so sehen, wie Charles die nackte Camilla aufsucht.

Was also machten Mädchen wie Diana Spencer oder ihre Mitbewohnerinnen Virginia Pitman, Anne Bolton oder Carolyn Pride? Sie vertändelten ihre Zeit, bevor sie heirateten, mit leichten Jobs – als Sekretärinnen, bei Frauenmagazinen, in Galerien oder Auktionshäusern, oder eben als Kindergärtnerinnen.

Natürlich gingen diese Ladys auch aus. Sie schmuggelten sich in Nachtclubs ein, wie das »Annabel's« in Mayfair. Dort soll Prinz Charles auch angeblich erstmals seit Jahren – und nun wohlwollend – sein Auge über Diana Spencers Erscheinung gleiten haben lassen.

Es soll kurz vor 22.00 Uhr gewesen sein, ein feuchtfröhlicher Abend im Jahr 1980, als Diana und ihre Freundinnen aufstanden, um nach Hause zu gehen. In diesem Augenblick trat ein Mann in einem Blazer ein, die Arme auf dem Rücken verschränkt.

»Hallo«, sagte Lady Diana leise. Ein kurzes Erkennen zuckte über das Gesicht des Mannes. Es ist Prinz Charles.

»Hallo«, antwortete er.

Freunde behaupten, er hätte Diana eindringlich gemustert.

Was beide wohl an den 6. November 1977 erinnert: Da rannte Diana während der Ferien durch das 100-Zimmer-Landgut Althorp, in dem die Spencers wohnen. »Charles!«, rief sie. »Charles – komm zum Mittagessen!«.

»Hier bin ich, Darling«, ertönte eine Stimme. Es war nicht die Stimme ihres Bruders. Hinter einem Landrover tauchte Prinz Charles auf, der auf Dianas Schwester Sarah wartete. Damals betrachtete Charles seine junge Schwimmschülerin von einst erstmals mit ganz anderen Augen: Er glotzte auf ihren vollen Busen unter dem T-Shirt. Dies muss ihm wohl auch im »Annabel's« wieder die Sinne angestachelt haben. Denn Diana war jetzt hübsch, schüchtern und scheu. Für Charles dürfte später aber das Wichtigste gewesen sein: Diana war noch Jungfrau!

Wann es wirklich bei Diana »Klick« machte, lässt sich kaum nachvollziehen. Es dürfte aber alles mit dem Tag ins Rollen gekommen sein, als Diana mit ihrer Schwester Sarah in deren rotem Austin von London nach Schloss Balmoral in Schottland fuhr, wo die beiden gemeinsam ihre hochschwangere Schwester Jane besuchen wollten, die dort mit ihrem Mann Robert Fellowes bei Windsors Ferien machte.

Auf Balmoral wurde Diana von der Königin höchstpersönlich zu einem Sommerfest am 25. Juli geladen, bei dem auch Prinz Charles anwesend sein würde.

Balmoral. Es ist das große Anwesen der Königsfamilie bei Aberdeen im Osten der schottischen Highlands. Es gibt dort eine Burg, in der Ihre Majestät und Prinz Philip wohnen und in der sich auch der Rest der Königsfamilie trifft. Dann gibt es noch Birkhall. Das war der Wohnsitz von Queen Mum, den sie ihrem Enkel Prinz Charles vermachte. Normalerweise – und hier staunt der Laie – wohnen auch die Angestellten von Charles hier. Nur wenn sehr viele Gäste auf Balmoral untergebracht werden müssen, beziehen die Angestellten kleine entlegene Cottages mit jeweils drei Zimmern, die sich nahe dem Loch Muich befinden und Tom-na-Giedh heißen.

Hier in Schottland werden auch die sonst so strengen Etikette-Regeln aufgehoben. Es ist hier durchaus üblich, dass Seine Königliche Hoheit Prinz Charles auch mal seine Sekretärin zu Tisch bittet und sie so zwanglos unter seine Gäste mischt. Dann richtet Butler Bernie den Sekretärinnen offiziell aus, dass diese heute Abend zum Essen eingeladen sind. Aber auch enge Vertraute der Queen wie Robert Fellowes gehören hier zum zwanglosen kleinen Kreis der Tafelrunden.

Sarah Goodall, einst eine königliche Sekretärin, erinnert sich in ihrem Buch »Palastgeflüster«, wie Prinz Charles sie sogar selbst empfing, um zu fragen: »Mögen Sie Kaviar?«

»Ja, Sir, den esse ich oft.«

Charles zieht die Augenbrauen in die Höhe: »Wirklich?«

»Ja, Sir, vier Pfund das Glas ist nicht so teuer.«

»Sarah, der Kaviar, den ich meine, ist der Rogen vom Stör. Den gibt es in Dosen, und eine Dose kostet nicht vier, sondern vierhundert Pfund. Ich habe kürzlich ein paar Dosen vom Sultan von Brunei bekommen. Es ist Royal Beluga Kaviar, der Beste. Wir werden ihn heute Abend bekommen. Dazu sind Sie eingeladen. Ich hoffe, es wird Ihnen schmecken.«

Und neben wem wird die kleine Sekretärin Sarah sitzen? Richtig! Neben Camilla Parker Bowles! Die von Sarah gefragt wird, wer sie denn sei, wo sie arbeite, wie lange sie schon im Palast diene. Das Ergebnis dieser Unterhaltung wird später sein, dass die hübsche Sarah Goodall nie wieder am Tisch des Thronfolgers Platz nahm.

Für Diana jedenfalls sorgte die etwas lockerere Stimmung auf Schloss Balmoral dafür, dass sie sich freute, beim Sommerfest 1980 ihren »alten Schwimmlehrer« und ihren Tänzer aus dem »Annabelle's« wiederzusehen. Und bei Charles? Der hatte sein bisheriges Leben damit verbracht, Sohn zu sein. Damit er endlich erwachsen würde, musste aus ihm ein Ehemann gemacht werden.

Doch so einfach ging dies bei Single Charles nicht, denn er stellte seine Familie immer wieder vor das Problem, dass er so lange warten wollte, bis er sich wirklich in ein Mädchen verliebt hätte. Diese Ansicht aber fand in der Familie derer von Windsor immer weniger Anklang.

Diana wäre doch ideal für Charles. Zumal immer häufiger in den britischen Medien auf eine verborgene Homosexualität von Charles angespielt wurde. Alles wollte man sich erlauben, nur das nicht! Zu frisch waren noch die Erinnerungen an König Edward VIII., der wegen der zweifach geschiedenen Amerikanerin Wallis Simpson im Liebeswahn sogar auf seinen Thron verzichtete und abdankte.

Ob Charles sich wirklich in Diana verliebt hat? Es bleibt sein größtes Geheimnis. Später wird er in seiner skandalösen Biographie verlauten lassen, er habe Diana nie geliebt. Aber musste er damals, als er Diana bereits am Montag nach dem

Sommerfest einen Strauß Rosen in ihre Wohnung nach London schickte, nicht wenigstens ein bisschen verliebt gewesen sein?

Nun, keiner ahnte damals, dass sich hier eine »Jahrhundert-Liebe« anbahnte, die zu einer »Jahrhundert-Tragödie« wird.

Der Fluch der Spencers

Verwünschter Spencer-Clan! Dianas Familie ist in der Liebe zum Pech verdammt.

Wir haben gesehen, dass bereits die Ehe zwischen Dianas Mutter und ihrem Vater Johnnie Spencer ein Fiasko war, ebenso scheiterte die erste Ehe von Johnnies Vater Albert Edward John Spencer T. Earl Spencer (1892–1975) mit Margaret Baring, und auch die zweite Ehe des knorrigen Adelsexperten mit Lady Cynthia Hamilton war nicht gerade eine glückselige.

Dianas Schwester Sarah heiratete 1980 den britischen Farmer Neil McCorquodale – und Dianas Schwester Jane ehelichte 1978 mit John Fellowes den Privatsekretär der Queen. Über deren Ehen wird königlich-konsequent geschwiegen.

Diana selbst heiratete 1981 den Kronprinzen Charles. Und sie wird magersüchtig! 1992 erfolgte dann die Trennung.

Im gleichen Jahr stirbt Vater Spencer, verbittert darüber, dass sich seine zweite Frau und seine Kinder nie versöhnt haben. Dianas Mutter Frances lebte nach ihrer zweiten gescheiterten Ehe einsam in Schottland.

Wie allgemein durch die Presse bekannt, zerbrach kurz nach dem Scheitern der Ehe von Diana mit Charles auch die Ehe ihres Bruders. Dianas Bruder Charles heiratete 1989 das Ex-Vogue-Model Victoria Lockwood. Zum Zeitpunkt der Trennung 1997 ist Victoria magersüchtig und alkoholkrank!

Anschließend vergnügte sich Charles Spencer mit dem Calvin-Klein-Model Josie Borain, die ihm am Ende ihrer Affäre nachsagte, dass »er manipulativ und berechnend« sei.

Vier Jahre später versuchte Charles erneut sein Glück in der Ehe. Diesmal mit Caroline Victoria Freud, die in erster

Ehe mit dem Werber und Millionär Matthew Freud verheiratet war. Doch schon im Sommer 2006 steht auch diese Ehe wieder auf Messers Schneide.

Es ist ein Unheil: Ende der sechziger Jahre verließ Dianas Mutter ihren Ehemann und brannte mit dem britischen Erben und australischen Viehzüchter Peter Shand Kydd durch. Johnnie Spencer bekam nach einer Schmutz-Scheidung, was er wollte: das Sorgerecht für die Kinder Sarah, Jane, Diana und Charles, wobei die beiden älteren Schwestern Sarah und Jane bereits auf dem Internat waren und vom alltäglichen Kleinkrieg stärker verschont blieben.

Dennoch: Die Scheidung gibt den vier Kids einen Knacks fürs Leben. Dann folgte der Schock: Johnnie Spencer sagt seinen Kindern zu Weihnachten 1976, dass er Raine, die Countess of Dartmouth, die als Lady McCorquodale geborene Gesellschaftslady, heiraten werde. Was alle vier Kinder verstörte, war die Frage, ob diese Raine nicht die Frau von einem der besten Freunde ihres Vaters war? Wie ihm der Tapeten-Fabrikant Peter Shand Kydd seine Frau Frances weggenommen hatte, so nahm jetzt Johnnie seinem besten Freund die Frau weg.

Sarah, Jane, Diana und Charles verweigerten sich und hassten ihre Stiefmutter mit der gigantischen Windstoßfrisur, die nun das Sagen hatte und ihren Johnnie zu einer schlappen Marionette degradierte. Es kam nur zu oft zu Streitereien.

Doch Raine blieb ... und überlebte ihren Mann und ihre bezaubernde Stieftochter Diana. Daphne Barak und ich hatten die Gelegenheit zu einem Interview mit ihr kurz nach Dianas Tod:

London. Ein Butler öffnet die schwere hölzerne Tür des Apartment-Hauses: »Die Herzogin erwartet Sie oben.«

Die Herzogin? Geboren wurde Raine Spencer, Stiefmutter von Diana, 1929 in London. Raines Mutter: Klatschreporterin Barbara McCorquodale, die später unter ihrem Pseudonym »Barbara Cartland« 623 Romane 650 Millionen Mal verkaufen wird. Ihr Vater: Offizier Alexander McCorquodale. 28 Jahre lang ist Raine mit dem Earl of Dartmouth verheiratet, bevor die dreifache Mutter am 14. Juli 1976 in Caxton Hall den geschiedenen Vater von Diana heiratet: John Spencer, genannt Johnnie, 8th Earl of Spencer. Ihren Spencer-Titel verliert sie, als sie in dritter Ehe den Grafen Jean-François de Chambrun heiratete – von dem sie sich nach nur zwei Jahren Ehe (1993–1995) wieder scheiden lässt. Dennoch wird in der Berichterstattung über sie meist der Name Spencer verwendet.

Wir steigen mit einem Kameramann eine breite Treppe empor. Oben erwartet uns Raine in einem schwarzen Kleid, frisch frisiert und behangen mit rot schimmernden Juwelen, die in Gold gefasst waren. Ihre imposante, theatralische Größe könnte ihre Mutter, Schnulzenkönigin Barbara Cartland, nicht besser beschreiben.

Als »Giftspritze Raine« (Acid Raine) von der jungen Diana verspottet, von Zeitungen als »Ausverkäuferin« des Spencer-Gutes Althorp apostrophiert – all dies scheint dem makellosen, ungelifteten Gesicht nicht geschadet zu haben, das einem Mann offen signalisiert, dass ER gerade der Mann des Augenblicks ist.

Ihr Apartment – »Nie öffnete ich bisher Journalisten die Tür« – ist nun eine Quelle ihres offensichtlichen Stolzes. Sie führt uns in das Speisezimmer in zartem Türkis und zu Bildern, Bildern und nochmals Bildern: »Ich bin einer der wenigen Menschen, die Bilder auf Raten kaufen. Viele Menschen gehen in Auktionen, bezahlen per Scheck 30 000 oder 40 000 Pfund. Ich nehme ein Bild – und zahle es ab. Das Bild, das Sie hier sehen – dafür habe ich gerade die letzte Ratenzahlung geleistet. Ein schönes Gefühl.«

Raine führt uns zu einer Sammlung von Skulpturen, öffnet eine Wandtür, hinter der sich ein Lift befindet – in dem ebenfalls Bilder hängen. Es folgt ihr dunkel gehaltener Frühstücksraum – »leider esse ich hier meist allein«. Sie öffnet die Balkontür – »leider ist es hier draußen entweder zu kalt oder zu heiß«. Im Schlafzimmer regieren erneut Bilder. Doch Raine interessiert jetzt: »Was soll ich für die Fotos anziehen? Was passt am besten zur Atmosphäre?«

Raine Spencer. Diana soll sie gehasst haben. Dianas Bruder Charles verbot ihr angeblich das Betreten von Althorp. In den Jahren nach dem Tod von Dianas Vater am 29. März 1992 wurden Diana und Raine allerdings Freundinnen: Dianas Scheidung von Prinz Charles und Raines Scheidung von ihrem dritten Ehemann, Graf Jean-François Pineton de Chambrun, brachten die beiden Frauen einander näher.

Raine Spencer – das Interview nach Dianas Tod

Raine erinnert sich: Diana vertraute mir total. Sie erzählte mir alles, wirklich alles. Sie wurde von unendlich vielen Menschen verletzt, ja gequält.

Helmut-Maria Glogger: Wann sprachen Sie zum letzten Mal mit Diana?

Raine Spencer: Das letzte Mal rief sie mich von der Jacht aus an (gemeint ist die Jacht Jonikal, auf der Diana kurz vor ihrem Unfall mit Dodi Al-Fayed urlaubte, Anm. d. Autors). Sie erzählte mir alles, sprach fast eine Stunde mit mir. Ich kam nicht mal dazu, Fragen zu stellen: Ich hörte ihr einfach zu. Ich wusste, dass sie niemand hatte, mit dem sie offen reden konnte.

HMG: Und was sagte Diana?

RS: Sie wiederholte immer wieder, wie glücklich sie mit Dodi ist. Dass sie niemals so tief für einen Mann empfunden habe. Dass sie nie mit einem Mann zusammen war, der ihr so viel geben konnte – wobei Diana nicht Geld meinte!

Raine blickt uns ruhig an: Ich bin sicher, dass – ja, ich bin sicher, sie hätten geheiratet. Ich bin überzeugt davon. Obwohl Diana das Wort Heirat nicht erwähnte. Glauben Sie mir, ich ergreife nicht Partei, schlage mich auf keine Seite. Nach dem Unfall bin ich die letzte und einzige Verbindung zwischen Mohamed Al-Fayed und der Familie Spencer.

HMG: Wie das?

RS: Mohamed war mir und Johnnie stets ein guter Freund. Ein treuer Freund. Als Johnnie starb, ließ mich Mohamed nicht fallen, wie eine ganz bestimmte Familie.

1997 war für Raine ein tristes Jahr. Diana starb, dann ihr erster Mann, der Earl of Dartmouth.

RS: Ich war 17, als wir heirateten. Trotz der Scheidung nach 28 Jahren blieben wir Freunde. Mit Dianas Vater war ich übrigens 18 Jahre verheiratet, als er starb.

Ein Jahr nach dem Tod von Earl Spencer traf Raine erstmals Diana wieder.

RS: Wir trafen uns zum Essen, sprachen über Johnnie, meinen Mann, ihren Vater.

Heute arbeitet Raine als »Internationale Botschafterin« bei »Harrods«, dem Luxus-Kaufhaus, das Al-Fayed gehört.

RS: Den Job brauche ich nicht unbedingt für meinen Lebensunterhalt. Aber ich brauche ihn, weil er mich zwingt, morgens aufzustehen, eine Herausforderung zu haben.

Dann bricht es doch aus ihr heraus: Al-Fayed ist noch immer ein gebrochener Mann. Ich verstehe nicht, was die Menschen gegen ihn haben!

HMG: Und die Spencers?

RS: Sie haben ja keine Ahnung, was ich mit denen durchgemacht habe! Ich weiß, ich sah, ich kenne alles! Stiefmütter werden eben gehasst!

Dianas Bruder Charles und ihre beiden Schwestern Jane und Sarah sprechen bis heute kein Wort mit Raine.

HMG: Und – glauben Sie an Mordtheorien?

RS: Nein. Daran glaube ich nicht! Hört auf, davon zu reden.

Aus dem Umfeld von Diana traut Raine heute nur mehr einem Mann, Dianas Butler Paul Burrell.

RS: Er lud mich in den St.-James-Palast ein. Wir gingen in den Raum, wo Dianas Sarg lag, hielten uns an den Händen, saßen zwei Stunden still da. Und beteten.

War es nur Raine, oder waren es nicht auch die Spencers, die zu einem wirklichen Glück nicht befähigt erscheinen? Dianas Bruder Charles beipielsweise hat Althorps Einsamkeit gehasst, »mit all den tickenden Uhren«. Nicht gerade zum Gelingen der neuen Ehe beigetragen hat wohl auch, dass die Kinder aus Johnnies erster Ehe nicht zur Hochzeitsfeier in Caxton Hall erschienen.

Da standen sich nun zwei Parteien gegenüber, die beide arrogant, selbstgerecht und zynisch miteinander umgingen: Raine verfügte über eine angeborene Kaltschnäuzigkeit und setzte sich erbarmungslos über alle Wünsche der Kinder hinweg. Sie bekam alles, was sie wollte, da Vater Spencer ein alter, von ständiger Trinkerei auch gesundheitlich äußerst anfälliger Mann war. Oder wie es Autor John Pearson richtig einschätzt: »Der zahme Johnnie konnte nur als unbeteiligter Linienrichter vom Rand aus zusehen.«

Und doch hat Diana von Raine einiges gelernt: So ließ auch sie später die Dienerschaft sogenannte »Vertrauensabkommen« unterschreiben, die unerwünschte Ausplaudereien verhindern sollten. Diana war es auch, die die uneingeschränkte Herrschaft über den Haushalt von Charles übernahm und sich keinen Deut reinreden ließ, was immer wieder zu bösartigen Szenen zwischen beiden führte.

Und wie die Ehe von Raine mit dem alten Johnnie Spencer doch aus sehr berechneten und einsichtigen Gründen geschlossen wurde, so können wir auch getrost davon ausgehen, dass bereits vor der Eheschließung von Diana mit Charles Lug und Trug in Sachen Herzensangelegenheiten im Spiel waren. Worte, die Diana-Anhänger nur ungern hören. Aber genau das wollen wir uns im nächsten Kapitel genauer ansehen.

Die verlogene Hochzeit

Es ist der meistgesehene Kuss der Geschichte. Die wunderschöne Braut in einem Traum aus elfenbeinfarbenem Seidentaft und Spitze beugt ihren Kopf zurück. Etwas steif presst der Bräutigam in der prächtigen Uniform seine Lippen auf den Mund der Auserwählten.

12.12 Uhr ist es an diesem strahlend schönen 29. Juli 1981, als der Erzbischof von Canterbury Prinz Charles und Lady Diana zu Mann und Frau erklärt. Lautsprecheranlagen übertragen jedes Wort und jede Note aus der St.-Paul's-Kathedrale von Londons Straßen in die Welt.

Charles bestand darauf, dass er nicht in der Westminster Abbey, wo alle Hochzeiten der Königsfamilie in den letzten Jahrzehnten stattfanden, heiratet, sondern in der St.-Paul's-Kathedrale. Warum? Der ehemals völlig unbegabte Cellist Charles befand »die Akustik besser«. Damals dachte noch jeder: Ach, wie musikalisch doch unser Thronfolger ist.

Hunderttausende Menschen brechen in London in unbeschreiblichen Jubel aus. In den Wohnzimmern von 700 Millionen Menschen weltweit werden massenhaft Taschentücher verbraucht. BBC und ITN haben keine Mühen und Kosten gescheut: Sie lassen sich die Fernsehübertragung rund fünf Millionen Euro kosten und beobachten mit 85 Kameras jede Sekunde des Hochzeitstages von der St.-Paul's-Kathedrale bis zum Buckingham-Palast.

Über 900 Techniker, Regisseure und britische Reporter sorgen bei der Direktübertragung dafür, dass auch das leichteste Augenzwinkern oder die kleinste versteckte Träne beim Trauungszeremoniell zu sehen ist.

Die kunststoffbezogenen Stühle mit Rückenlehne sind bestens besetzt: Nancy Reagan, die Frau von US-Präsident Ronald Reagan, sitzt auf diesen schnell zu Schweißausbrüchen führenden britischen Gerätschaften, dann Frankreichs Staatspräsident François Mitterrand, Königin Beatrix der Niederlande mit ihrem depressiven Ehemann Prinz Claus, König Carl Gustaf von Schweden mit Königin Silvia, auch Erbprinz Adam und Prinzessin Marie von Liechtenstein haben den Weg in die überhitzte Kathedrale gefunden.

Alle sollen die Hochzeit perfekt in Szene setzen, damit die 81 TV-Stationen und die Zuschauer in 55 Ländern auch wirklich live dabei sind. Und natürlich ist die Königin mit von der Partie: Queen Elizabeth II., die zusammen mit ihrem Mann, ihrer Schwester Margaret sowie den Geschwistern von Charles, Anne, Andrew und Edward, in vollem Ornat erschienen ist.

Die Trauung ist eine Zeremonie voller Prunk, Farben, Musik – und Emotionen. Mehrmals wischt sich Prinz Charles eine Träne aus den Augen. Was die höfischen Berichterstatter als »Gefühlsausbruch« werteten.

Wir können getrost davon ausgehen, dass Charles dies entweder inszeniert hat oder dass er einfach müde von der letzten Nacht als Junggeselle mit Camilla war, die ihn als jungen Mann zu Sex mit den Worten ermutigte: »Stell dir einfach vor, ich bin ein Schaukelpferd.« Die Nächte vor seiner Hochzeit verbrachte er also nicht, wie von der devoten britischen Presse berichtet, mit Freunden, sondern mit Camilla, die damals auf dem Weg zum Stelldichein eine blonde Perücke trug, damit sie mit Diana verwechselt werden könnte. Dies hatte den praktischen Nebeneffekt, dass jeder, der sie entdeckte, glaubte, Charles könne es gar nicht erwarten, mit Diana zu schlafen. Aber das war natürlich Unsinn: Charles nahm sexuell ein letztes »Liebesmahl« mit Camilla ein, bevor er auf einen gewissen Entzug gesetzt wurde, um Diana zu schwängern.

Unglaublich, wie Charles die Weltpresse beschwindelte: So ließ er am Abend vor der Hochzeit ein gigantisches Feuerwerk zünden. In 30 Bildern werden seine Kinder-, Jugend- und Studienjahre am Himmel lebendig. Und als Schlussbouquet des pyrotechnischen Wunderwerkes wird das Brautpaar von Tausenden von Lichtkugeln für Sekunden am Himmel erscheinen, damit auch alle Engländer beeindruckt den Satz jubeln: »Good luck for Charles and Diana.«

Nach Schätzungen der Polizei kamen etwa 175 000 Menschen zum größten Feuerwerk Englands, bei dem fast 2000 Tonnen Sprengstoff in die Luft geschossen wurden. Charles nimmt an diesem Feuerwerk nicht teil, er hat sein eigenes sexuelles Feuerwerk mit Camilla.

Diana hingegen verbrachte zitternd, bibbernd und Sandwiches in sich hineinstopfend ihren letzten Abend als Jungfrau im Clarence House bei Queen Mum. Am nächsten Tag wollten bereits um 7 Uhr morgens ihre Visagisten mit der Arbeit beginnen.

Charles nahm es lockerer. Wie Camilla später ihrem Schwager Richard Parker Bowles anvertraute, schlief sie mit dem Bräutigam in dessen Suite im Buckingham-Palast. »Sie fühlte sich wohl in dem Wissen, dass sie sein Herz besaß, als er Diana heiratete«, lässt sich der Schwager zitieren.

Kein Wunder also, dass sich Charles beim Treuegelöbnis verplappert, denn in Reihe fünf der St.-Paul's-Kathedrale sitzt seine wahre Frau, die Frau der letzten Nacht, Camilla Parker Bowles.

So versteht man heute recht gut, dass der anderweitig verliebte Charles beim Ehegelöbnis ein Wort vergaß, das uns heutzutage lächeln lässt: Es war das Wort »irdisch«. Schon bei der Hochzeit dachte Charles keine Sekunde daran, mit seiner Frau auch die »irdischen« Güter zu teilen, was ihn schon hier als ausgekochten Geizhals entlarvte.

Auch Diana bringt in der Aufregung die vielen Vornamen ihres Bräutigams durcheinander: Aus Charles Philip Arthur George wird ein Philip Charles Arthur George. Was – psychologisch – durchaus Sinn ergibt: Hat Diana doch nur vor einem wirklich Angst in der Windsor-Firma: vor Prinz Philip, dem zynischen Gemahl der Königin.

Wie kommentierte Bruder Andrew diesen Fehler? Er sagte ironisch: »Sie hat meinen Vater geheiratet!«

Diana war mutig genug, ihren Mann, der in seiner Marineuniform am Altar stand, das für Charles wichtigste Wort im Ehegelübde erst gar nicht in den Mund nehmen zu lassen: Gehorsam.

Diesen Passus ließ Diana deutlich vernehmbar aus. »Das war Absicht«, meinte später Prinzessin Anne, die Diana nie leiden konnte. Die selbst allerdings ihren Geliebten und Ehemännern nie »gehorsam« war.

Natürlich waren auch einfache Bürger offizielle Gäste. Wobei wir hier doch differenzieren müssen: Die Königin verschickte 2500 Einladungen an Freunde, Verwandte und Staatsoberhäupter sowie an die europäischen Königshäuser. König Juan Carlos von Spanien lehnte ab, als er erfuhr, dass die Frischvermählten ausgerechnet in Gibraltar an Bord der königlichen Jacht »Britannia« gehen wollen. Gibraltar, die Landzunge zwischen Spanien und Nordafrika, den jeweils die britische und spanische Krone für sich beansprucht. Wenig hilfreich war hier auch die Intervention von Prinz Philip, der in seiner einmalig arroganten Art zu Juan Carlos sagte: »Wir haben die Geschichte mit Gibraltar satt – und außerdem ist sie sehr teuer.«

Charles durfte 250 persönliche Einladungen versenden. Die gingen an seine Exgeliebten, besonders an seine Geliebte Camilla Parker Bowles und an deren Mann Andrew. Der – sagen wir es mal so – alles wusste, tolerierte und als Militärmann auch schätzte, dass sein oberster Dienstherr ausgerechnet seine Frau als Geliebte ausgewählt hatte.

Juan Carlos wird später eine wunderbar-süße Rache erleben. Bis heute halten sich hartnäckig Gerüchte, dass er die von Charles enttäuschte Diana mehr als nur mit Worten tröstete. Und auch Andrew Parker Bowles wird wieder an royalen Sahnestückchen naschen – an seiner einstigen Geliebten Prinzessin Anne.

Sechs Tage vor der Hochzeit, am 23. Juli, müssen Charles und Diana Robert Runcie, den Erzbischof von Canterbury, noch einmal aufsuchen: Es geht um die letzten Anweisungen, die der Gottesdiener dem Brautpaar zuteil werden lässt.

DER BESUCH DAUERT ZWEI STUNDEN, UND DER GÜTIGE MANN NIMMT BEIDE INS GEBET:

- Liebet euch oft und nehmt euch Zeit dafür! Auch die körperliche Liebe ist eine Gabe Gottes.
- Vertragt euch, bevor ihr zu Bett geht.
- Packt das Leben zu zweit mit Humor an.
- Entwickelt gemeinsame Interessen.
- Versucht nicht, den anderen ändern zu wollen.
- Und am Ende der Audienz rät er den beiden: Lasst eure Liebe nicht verdorren.

Diana und Charles verlassen das Haus des Erzbischofs – und wissen nicht, dass er lang und breit Reportern erzählt, was er dem Paar geraten hat.

Das können Diana und Charles dafür am nächsten Morgen in den Zeitungen nachlesen.

Obwohl Charles, seine Mutter und auch Diana offiziell diese

Indiskretion als »empörend« abweisen, hört niemand auf sie. Schließlich geht es um die Hochzeit des Jahrhunderts.

Und letztlich hatte das Brautpaar andere Probleme zu bewältigen, zum Beispiel: Wohin mit den Geschenken? Wo sollen Charles und Diana nach der Hochzeit eigentlich wohnen? In Highgrove oder doch im Kensington-Palast? Oder doch lieber im St.-James-Palast?

Die Königin stellte jedenfalls sowohl Charles als auch Diana 200 Quadratmeter Wohnfläche und zehn Zimmer im Kensington-Palast bereit.

Um überhaupt ein Wörtchen mitreden zu können, musste Dianas Vater Johnnie Spencer einen alten italienischen Meister unter der Hand für über eine Million Euro verkaufen, um sich an den Kosten der Hochzeit standesgemäß beteiligen zu können. Auch fand er in Mohamded Al-Fayed einen großzügigen Spender, der ihm aus so mancher finanzieller Patsche heraushalf. So liebte es der Vater von Diana, Mohamed in dessen Luxusresidenz in Oxford zu besuchen. Dabei kann schon das eine und andere gute Stück aus dem Hause Spencer den Besitzer gewechselt haben. Und wenn Johnnie später noch mit einem Einkaufskorb unter dem Arm durch die berühmte Food Hall und die Spielwarenabteilung des Kaufhauses Harrods zog, dann sollte auch ja jeder sehen, dass er die Geschenke für Dianas Kinder William und Harry selber aussuchte – das Bezahlen allerdings überließ er meist großzügig seinem Gönner Mohamed.

»Wie soll ich denn das alles einrichten«, stöhnte die Jungfrau Diana. Wieder wusste die Queen Rat. Sie besaß Geschenke, die ihr von den Staatsoberhäuptern aus aller Welt dargebracht worden waren, darunter etliche aus dem Jahr 1947, als die Kronprinzessin Elisabeth ihren Philip heiratete. »Wir haben da noch weitläufige Fluchten im Dachgeschoss des Buckingham-Palastes«, erklärte die Queen. Genau hier sollte sich Diana einerseits bedienen können, andererseits konnte sie hier Geschenke, die ihr und Charles zur Hochzeit gemacht wurden, »unbemerkt entsorgen«.

Die Königin zahlte auch den Umbau der Gemächer im Kensington-Palast aus eigener Tasche, wie sie so vieles für ihren Sohn zahlen musste und auch noch zahlen wird. Zwar ist die Queen äußerst knauserig, aber wenn es darum geht, Charles mal wieder aus einer selbstverschuldeten Panne herauszuhelfen, dann zahlt sie schnell, diskret und pünktlich. Was wir auch bei der Scheidung von Diana und Charles erleben werden: Charles weigerte sich lange, sich scheiden zu lassen, da er nicht gewillt war, die Abfindungssumme für Diana aufzubringen. Wie reagierte die Königin? Sie regelte die finanziellen Angelegenheiten über seinen Kopf hinweg mit ihren und Dianas Anwälten. Doch später mehr zum Abfindungspoker.

Auch die Hochzeit war nicht gerade ein günstiges Fest. Das billigste daran war die Heiratslizenz für Charles und Diana. Wie alle Engländer mussten sie beim zuständigen Standesamt eine Heiratslizenz beantragen. Sie kostete ein Pfund fünfzig – umgerechnet heute knapp drei Euro.

Kleinere Posten waren das Geld für den Druck der Einladungen für 10 000 Euro oder des Hochzeitsprogramms für 20 000 Euro. Die Kosten für Bewirtung der Gäste im Buckingham-Palast wurden auf rund 200 000 Euro veranschlagt – und die Kirche wollte auch ihren Obolus: 32 000 Euro verlangte sie zunächst für die Direktübertragung aus dem Gotteshaus. Was Frank Harvey, dem Schatzmeister der Kathedrale, zu wenig war. Man einigte sich auf 180 000 Euro.

Noch eine Woche vor der Trauung, am Mittwoch, dem 22. Juli 1981, beobachtete Diana fröhlich, wie Hubschrauber über dem Trafalgar Square und der Fleet Street kreisten. Von einem Fenster des Buckingham-Palastes aus verfolgte sie den Auszug der vierzehn Staatskarossen, die minuziös ihre Hochzeit probten: Polizisten und Leibgardisten der Königin in farbenprächtigen Uniformen säumten die Straßen, als die goldene Staatskutsche – leer – die Route probeweise entlangfuhr.

»Und das alles für mich?«, lautete ihr Kommentar.

Dann kam der Sonnabend, ein trüber regnerischer Tag. Charles spielte Polo, und Diana sollte den Pokal übergeben. Keine Absperrung ist vorhanden. Das Publikum rückte Diana in seiner Begeisterung für das junge Paar gefährlich nahe. Sie wurde rot und rief ihrem Bräutigam zu: »Ich kann nicht mehr.« Man brachte sie in Sicherheit, und Charles spielte unverdrossen weiter.

Dann trudelten allmählich die hochkarätigen Gäste ein: Nancy Reagan kam mit zehn Leibwächtern, drei Zofen, einem Fotografen, einem Verbindungsoffizier, ihrem Friseur Julius und einer Krankenschwester. Der dicke König von Tonga war da, Exkönige aus Rumänien, Bulgarien und Griechenland, aber auch Mitglieder der Königsfamilie von Belgien, Holland, Schweden, Luxemburg, Liechtenstein, Monaco, Japan, Thailand, Jordanien und Nepal reisen an.

Ebenso der deutsche Staatspräsident Karl Carstens. Mit 13 Sicherheitsbeamten, einem Butler namens Ulrich Dettmann und der Friseurin Doris Möhlmann aus Münstereifel. Sie sollte Carstens' Frau Veronica frisieren, wenn es so weit ist. Als Hochzeitsgeschenk brachte der Bundespräsident die »Große Jagd« mit, eine berühmte Skulptur der Nymphenburger Porzellanmanufaktur. Wert: 10 000 Euro.

Es gab aber auch Drohungen. Von der irischen Untergrundorganisation IRA und von anderen Terrorgruppen. Sie wollten diese Hochzeit für ihre Anliegen weltweit nutzen. Doch das Königshaus schützte sich! Exakt 116 Männer fuhren mit Minensuchern die Gegend der St.-Paul's-Kathedrale, die Umgebung des Buckingham-Palastes ab. Auf jedes kleine Metallteil reagiert diese Sonde. Die Suche verläuft ergebnislos.

Über 1000 Polizisten durchkämmen die Häuser, die entlang des dreieinhalb Kilometer langen Hochzeitsweges stehen. Die Bewohner werden einzeln vernommen. Menschen, die erst seit kurzem hier wohnen, für die die Nachbarn nicht die Hand ins Feuer legen und sagen »Den kenne ich«, werden vorsorglich »evakuiert«.

400 Scharfschützen der britischen Eliteeinheit SAS nehmen Stellung auf den Dächern. Zudem sind 35 Operationssäle in der City von London für Diana, ihren Mann und die Gäste reserviert, falls ein unvorhergesehenes Unglück passieren sollte.

Diana allerdings plauderte in ihrem letzten Interview vor der Hochzeit über alles andere als Gefahren: Sie habe einen Kochkurs absolviert, verriet sie. Und ihr künftiger Mann lächelte mild dazu. Dieses BBC-Interview vor der Hochzeit ist ein Sinnbild einer unglaublichen Lüge: Charles hatte sie bereits zu diesem Zeitpunkt gemahnt, dass sie ziemlich pummelig aussieht. Und sie dürfe doch nicht vergessen, dass sie ähnlich einem Supermodel jetzt einen neuen Job an seiner Seite habe. Diana, aufrichtig in ihren Mann verliebt und bereit, jedes Wort, das er damals sagte, als Befehl zu verstehen, begann flugs abzuspecken. Und zwar so rasant, dass sie bereits kurz nach ihrer Hochzeit zwölf Kilo leichter war als zu den Zeiten des Interviews, als sie noch die Kindergarten-Madonna mit den Betty-Grable-Beinen spielte.

Noch am Abend vor ihrer Hochzeit aber erfassten Diana erste Panikattacken. Sie telefonierte mit ihrer Freundin Anne Bolton. »Ihr könnt für mich beten, dass nichts passiert«, sagt sie. Und dann folgen die Worte: »Und wenn ich verheiratet bin – dann will ich weg, ich will meine Ruhe haben, ich will eine Frau sein und keine Schaufensterpuppe.«

Diana ging an diesem Abend früh im Clarence-Haus zu Bett. Es war kurz nach elf Uhr, die Königinmutter, ihres Zeichens Hausherrin, hatte ihr noch eine gute Nacht gewünscht.

Und Diana schlief ihrer Hochzeit entgegen – gesegnet mit einer leichten Schlaftablette.

Es klingt bizarr. Aber wo machte Prinz Charles Diana Anfang 1981 den Heiratsantrag? War es im Buckingham-Palast? Auf Schloss Balmoral? Oder auf Sandringham?

Nichts dergleichen!

Kaum zu glauben: Aber den Heiratsantrag machte Charles Diana genau an dem Ort, der später für Diana gleichbedeutend mit »Horror« und »Schrecken« werden wird: Es ist der Garten von einem gewissen Andrew Parker Bowles. Ganz genau, dem Ehemann der Geliebten von Prinz Charles, der von Diana zeitlebens gehassten Camilla Parker Bowles.

Gehörte bereits dies zu dem perfiden Spiel, das Camilla mit Diana treiben sollte? War Andrew, der Stiefelknecht von Charles, eingeweiht? Wer wusste sonst noch von diesem abgekarteten Spiel? Oder war dies einmal mehr eine dieser Inszenierungen eines Königshauses, das Moral, Anstand und Sitte nie wirklich gekannt hat?

Es ist jedenfalls – von heute aus betrachtet – schon eine Ungeheuerlichkeit, dass Charles Diana ausgerechnet im überdachten Gemüsegarten seines Freundes Andrew Parker Bowles die Ehe antrug. Hatte er vorher noch mit Camilla geschlafen, wie es so seine Art war? Und was Andrew sehr wohl wusste, ja als Untergebener von Charles wohl aber kaum zur Kenntnis nehmen wollte?

Es kam jedenfalls zu folgender Szene:

Charles zu Diana: »Wenn ich dich fragen würde – meinst du, dass es möglich sein könnte, dass wir heiraten?«

Lady Diana kommt diese Situation so komisch vor, dass sie erst gar nichts sagen kann. Dann soll sie – überrumpelt von diesem Antrag – gekichert haben, ganz so, als habe sie alles gar nicht fassen, nicht glauben können. Sie fällt Charles schließlich um den Hals, küsst ihn auf den Mund und haucht: »Ja, Darling.«

Das war am 28. Januar 1981.

Bereits einen Tag später musste Diana bei der Queen antreten, die schon Bescheid weiß. »Ich würde Sie bitten«, sagte die Königin streng, »es sich schnell zu überlegen.«

Zehn Tage aber ließ sich Diana Zeit, denn sie war sehr unsicher! Wie gut sie über Camilla Parker Bowles informiert war, können wir nur erahnen. Auch wenn Diana gewusst hat, dass Camilla Charles eine gute Freundin war, so dachte sie wohl, dass sie, das junge Mädchen mit ihrer Schönheit und ihrer Gabe zur Liebe, ihn gleichwohl davon überzeugen würde, dass sie – Diana – die einzig Richtige für ihn war und sein würde.

Sicher, Diana ist zum Zeitpunkt der Hochzeit noch Jungfrau. Geküsst hat sie ihren späteren Ehemann jedoch schon. Und wir können auch davon ausgehen, dass Charles schon einmal Hand an ihre Brust angelegt hat. Auch wenn sie wohl vermutet, dass sie nicht die ganz große Liebe im Leben ihres Charles ist, so liebt sie ihn doch. Und bekanntlich soll ja die Liebe Berge versetzen. In ihren Jungmädchenträumen wird alles wunderschön werden. Ja – Diana liebte den zwölf Jahre älteren Mann. Aber ihn heiraten?

»Einen Besseren bekommst du nie«, sagten ihre Freundinnen. Du hast den begehrtesten Junggesellen der Welt eingefangen, meinten andere. Glücklich wirst du mit dem nie, warnten da Dritte.

Was Diana zu diesem Zeitpunkt nicht wusste: Sie war aus genau zwölf Gründen als Ehefrau von Prinz Charles ausgesucht worden. Das Wort »Liebe« hatte dabei keine Rolle gespielt, was Diana später schmerzlich zu spüren bekommt.

Hier die zwölf Grunde, warum Charles Diana heiraten musste, konnte und durfte:

1. Lady Diana Spencer war standesgemäss

Das Geschlecht der Spencers ist älter als das der Windsors. In den Adern beider Familien fließt königliches Blut durch die Verwandtschaft mit einer Geliebten von Heinrich VIII. (1491–1547).

2. Lady Diana war nicht arm

Die Spencers gehörten jahrhundertelang zu den reichsten Familien Englands. Auch wenn der Reichtum immer stärker schwand, so ist doch allein das 100-Zimmer-Gut Althorp des 8. Earl of Spencer um die 20 Millionen Euro wert. Hinzu kommen Großgrundbesitz und eine der kostbarsten Gemäldesammlungen der Insel. Die ihr Vater zusammen mit seiner Raine allerdings schneller, als Diana lieb ist, auf den Markt bringt.

3. Lady Diana ist nicht katholisch

Ein ganz wichtiger Punkt: Ein im Jahr 1701 erlassenes Gesetz verbietet es jedem englischen Thronfolger, eine Andersgläubige zu heiraten. Als künftiger König von England ist Charles zugleich Oberhaupt der anglikanischen Kirche. Auch Diana ist anglikanisch, es treten also keine Probleme wegen der Religionszugehörigkeit auf.

4. Diana ist Jungfrau

Ebenfalls ein ganz wichtiger Punkt, da sich Charles ausgesprochen hat, nur eine Jungfrau zu heiraten. Ein völlig lächerliches Gelübde, das nie und nirgends irgendwo gesetzlich oder per Royal-Hausgesetz verbrieft ist. Wobei er mit diesem Wort recht frei umging, indem er Frauen, die sehr wohl als seine Gattinnen in Frage gekommen wären, einfach entjungferte, um einen Grund zu haben, genau diese Ladys nicht mehr in die engere Wahl einer Hochzeitskandidatin ziehen zu müssen.

5. Diana ist unbescholten

Kaum zu glauben, aber erst nachdem der Geheimdienst grünes Licht gab, wagte sich Charles in die Untiefen einer Anfrage, ob Diana ihn nicht heiraten würde. Im Vorfeld wurde alles geprüft, besonders das Vorleben von Diana, ihre Beziehungen zu Männern und ihr Verhalten in Bezug auf Partys, Alkohol, Tabak und Drogen. Es durften keine Skandale nachträglich aufgedeckt werden.

6. Dianas Kindheit und Jugend

Auch hier trafen die königlichen Auguren auf nichts Anstößiges. Diana war nie mit dem Gesetz in Konflikt geraten, sie hatte in England und der Schweiz gelernt, sich als »Lady« zu benehmen. Ganz wichtig: Sie nahm nie und nirgends zu irgendeinem politischen Thema Stellung.

7. Lady Dianas Erziehung

Die von Diana besuchten Schulen und Internate garantierten dem Königshaus eine »pflegeleichte« Frau. Diana würde allen Begegnungen mit dem Adel bestens gewachsen sein.

8. Königin Elizabeth II. schätzte Diana

Die Queen mochte das offene, natürliche Wesen von Diana, ihre Herzlichkeit, ihren Charme, ihren Witz und ihren Humor. Diana war für die Königin die ideale Schwiegertochter. Zumal sie hoffte, dass Diana ihrem schwierigen Sohn Charles bei vielen Problemen helfen könne. Ihr ging es selbstverständlich nicht nur um die Ehe, sondern um den Bestand einer 1000-jährigen Monarchie.

9. Lady Dianas Beruf

Ganz wichtig! Diana war Kindergärtnerin, was so viel bedeutet wie: Sie liebt Kinder, sie kann mit Kindern umgehen. Und das ist doch eine Garantie für die Kinder, die sie künftig mit Prinz Charles haben wird. Die kann sie nicht nur selbst betreuen, sie wird sie auch im Sinne der Monarchie bestens erziehen.

10. Die scheue Diana

Das war vielleicht das wichtigste Merkmal der Aspirantin in den Augen des britischen Königshauses. Im Gegensatz zu den meisten anderen Freundinnen von Charles war Diana still, scheu und besaß – wie es schien – keineswegs eine ausgeprägte, eigene Persönlichkeit, mit dem Hang zu Widerspruch und einer Entwicklung zu einer eigenen, dem Königshaus fernen Persönlichkeit. Dass sich hier alle täuschen werden, wird erst sehr viel später deutlich. Aber da ist es bereits zu spät, Diana wieder einzufangen.

11. Die schöne Diana

Das dürfen wir nicht unterschätzen! Charles war und ist wirklich kein Ausbund an männlicher Schönheit. Er ist ein Zauderer, ein Grübler, einer, der nie für sich selbst wirklich Stellung beziehen will und kann. Immer sind und waren für ihn andere die »Täter« und er nur »Opfer«. Mit einer so schönen Frau wie Diana könnte er sie diese leidende Haltung überspielen lassen. Was Diana besser gelang als erhofft und worunter Charles später litt.

12. Diana war fruchtbar

Bevor Prinz Charles mit Erlaubnis seiner Mutter Diana fragen durfte, ob sie seine Frau werden wolle, hatte Diana inkognito bei zwei der berühmtesten Frauenärzte in der Londoner Harley-Street antreten müssen. Die unabhängig voneinander ein Gutachten abgaben.
Beide Gynäkologen teilten die Ergebnisse ihrer Untersuchungen dem Buckingham-Palast mit: »Die von uns untersuchte Person ist gesund und kann ohne Komplikationen Mutter werden.« Was insofern wichtig war, als Charles das Gen der Krankheit der Windsor trägt, die »Hämophilie«, also die Bluterkrankheit. Genau das wurde bei allen Untersuchungen bei Diana und ihren Eltern, auch Vater Johnnie und Mutter Frances wurden heimlich untersucht, nicht festgestellt.

Trotz aller Gründe, die für oder gegen eine Ehe sprachen – am 29. Juli 1981 trauten sie sich für immer. Für das Volk, das Spiele lieber hat als die Wahrheit. Das Hochzeitspaar Charles und Diana.

Diana eroberte an diesem Tag die Herzen der ganzen Welt. Nur eines nicht: das ihres Mannes. Während er sie zum Traualter führte, sah sie an seinen goldenen Manschettenknöpfen zwei ineinander verschlungene Buchstaben: C&C – Charles und Camilla.

Es ist, als würde man seinen Feind heiraten, sagte Diana später und erzählt ihrer Therapeutin Simone Simmons: »Ja – ich wollte vor dem Traualtar umkehren. Ich wollte, konnte nicht. Das ist die Tragik meines Lebens.«

Camilla Parker Bowles – diese Frau wird Dianas grauenvoller Schatten. Aber die junge, scheue Kindergärtnerin ahnt in diesem Moment nicht, dass das Märchen, in dem sie die Prinzessin ist, in Wirklichkeit ein Drama wie aus der Feder William Shakespeares sein wird.

Die Ehe mit Charles

Diana war wunderschön und ein bisschen naiv, als sie in die »Firma Windsor« eintrat. Sie war Kindergärtnerin und adeliger Herkunft. Sie kannte den Thronfolger seit ihrer Kindheit – sie kannte aber nicht den Muff der Macht, nicht die düstere, eisige Stimmung zwischen den uralten Möbeln und den kitschigen Blumentapeten, als sie in den »Eisschrank« einzog, zur Windsor-Familie. Und das, obwohl Diana selbst einiges an düsterer Atmosphäre gewohnt war.

Ihr Mann Prinz Charles entpuppte sich als Schwächling, als Muttersöhnchen, der sofort kuschte, wenn seine kalte Mutter kurze Befehle zischte oder sein jähzorniger Vater wieder einmal tobte. Diana hatte seit ihrem Eintritt in die königliche Familie einen Hauptfeind: ihren aus Deutschland stammenden, eiskalten Schwiegervater Prinz Philip. Er hatte bereits die Seele seiner Kinder zerstört und brachte Diana schon in den ersten Wochen nach der Traumhochzeit zum Weinen.

Weinen? Ein Fremdwort in dieser Familie! Wer weint, ist unwürdig! Wer Liebe braucht, ist ein Schwächling.

Diana, die scheue Schöne mit der großen Sehnsucht nach Liebe, fühlte sich verurteilt, unschuldig verurteilt. Aus Liebe hatte sie geheiratet, romantisch sehnte sie sich nach ihrem Mann, dem Mann fürs Leben.

Die Wahrheit aber sah für »HRH, Ihre Königliche Hoheit, Prinzessin Diana« ganz anders aus. Liebe spielte bei den Windsors keine Rolle. Es geht nur um Macht und den Mief vergangener Zeiten. Lachen, Liebe, Lust und Leidenschaft sind Fremdwörter für die Königsfamilie.

Immer mehr Britinnen und Briten fühlten sich von den

Windsors abgestoßen. »Sie haben kein Herz«, sagten sie. »Sie blieben im 19. Jahrhundert stehen.« Sicher: Anfangs passte Diana schlecht in das starre Bild der Royals. Sie brachte frischen Wind ins Königshaus, sie machte das verstaubte Image moderner. Doch als sie sich immer mehr emanzipierte, schlugen die Hofschranzen der aristokratischen Upperclass gnadenlos zurück.

Plötzlich war alles falsch, was Prinzessin Diana anfangs machte.

- Als Diana ihren Mann Prinz Charles in aller Öffentlichkeit herzlich auf den Mund küsst, zitiert die Queen ihren Sohn herbei – und verbietet ab sofort öffentliche Küsse. Charles kuscht wie immer.
- Als Diana bei einem Galaabend in Washington fröhlich mit Hollywood-Star John Travolta eine kesse Sohle aufs Parkett legt, schreibt ihr hinterher Prinz Philip einen seiner gefürchteten Briefe: Dieses Verhalten sei unköniglich. Verboten! Basta!
- Als sie sich gar bei einem Tanzabend im Buckingham-Palast mit anderen Männern in Dur und Moll wiegt, hagelt es Vorwürfe. Diesmal ist auch Prinzessin Anne ihre Gegnerin.
- Als ihr Schwager Prinz Andrew bei einem Polomatch einmal zum Siegerteam gehört und Diana ihm ein zartes Küsschen auf die Wange haucht, gibt ihr Charles öffentlich eine verbale Kopfnuss: »Jetzt ist's genug und abergenug!«

»Ich habe oft wie ein kleines Kind in mein Kopfkissen geweint. Ich wurde einfach nicht fertig damit«, verriet Diana später ihrem Biographen Andrew Morton. Offiziell aber musste sie die liebende Gattin spielen. Denn sie war der Liebling der Mächtigen und der Masse. Ihr Lächeln verzauberte arabische Scheichs ebenso wie den japanischen Kaiser. Sie war der Liebling von Präsidenten wie François Mitterrand, Jacques Chirac, Ronald Reagan und Bill Clinton.

Genial, wie Diana improvisieren konnte: 1985 verlor sie auf dem Australien-Trip ihre Tiara und band sich stattdessen das Smaragdhalsband von Queen Mary um die Stirn. Von Stund an trug sie bei privaten Anlässen selbst billigen Modeschmuck wie eine wahre Königin.

Natürlich machte sie auch Fehler: Sie wollte »ihren« Charles anders haben, als er war. Sie schimpfte auf seine Hobbys, hasste Fischen, Jagen, Polo, wollte auch nicht ständig in den Sommerferien in Gummistiefeln im schottischen Hochmoor stehen.

Diana erkannte trotz ihrer königlichen Würde, ihrem Glanz, ihrem Status und ihrer Beliebtheit beim Volk: Gegen Camilla Parker Bowles und den aristokratischen Klüngel habe ich keine Chance!

»Meine Ehe ist überbevölkert«, klagt sie später bei dem berühmten Fernsehinterview im Scheidungskampf. Tatsächlich wird Diana bis zu ihrem Tod von der dekadenten britischen Oberschicht nie wirklich akzeptiert. Im Gegenteil: Diana ist das Feindbild des britischen Establishments.

»Meine Söhne sind für mich ein Quell der Kraft. Ohne sie hätte ich vieles nicht ertragen«, sagte Diana am 9. Dezember 1992, dem Tag der offiziellen Trennung von ihrem Ehemann Prinz Charles. Diana war eine wunderbare Mutter. Sie liebte ihre beiden Söhne William und Harry mit jeder Faser ihres Herzens. Und man ahnt, welche Kraft Diana hatte, sich wenigstens diese Liebe nicht von den kalten Windsors zerstören zu lassen. Wie wurde sie doch von der Königin bei der Taufe von William angezischt: »Merke dir! Es sind nicht deine, sondern Englands Kinder!«

Aber Diana kämpfte, wurde jeden Tag stärker. Auch wenn sie oft weinte, wenn ihre beiden »Männer« schon schliefen. Diana schaffte es!

- »Ich will meine Kinder so normal wie möglich erziehen«, sagt sie.
- »Ich will, dass meine Kinder Lachen, aber auch Leid kennen«, lehrt sie.
- »Ich will, dass meine Kinder ihre Eltern lieben, obwohl sie geschieden sind«, hofft sie.

Diana machte ihre beiden Söhne William und Harry als moderne Kinder fit fürs nächste Jahrhundert. Sie war es, die mit ihnen geduldig auf »Idiotenhügeln« in Klosters und Lech Ski fuhr. Sie baute mit ihnen am Karibikstrand Burgen, steuerte mit ihnen Autoskooter, besuchte mit ihnen Disney World, aber auch Obdachlose und Aids-Spitäler. Diana verstand es, dem starren Protokoll ihre eigene Zeichensprache entgegenzusetzen, mit ihrem Körper, ihren Designer-Roben, ihrem Augenaufschlag.

Charles, der von der Presse hochgejuxte »Revolutionär« in Sachen Menschlichkeit, Multikulti und bürgernaher Architektur interessierte das wenig: Was war schon eine frustrierte Frau mit nörgelnden Kindern gegen den Glanz, als »Intellektueller« gefeiert zu werden?

Das ist ein bis heute grassierender Irrglaube: Charles und Diana – beide waren intellektuelle Laien und sich in dieser Hinsicht absolut ebenbürtig. Er war der Staubsauger für alle einigermaßen prominente Andersdenker, sie die Sucherin im esoterischen Wald nach Hilfe; er hielt es mit Laurens van der Post und dem Schweizer Psychologie-Guru Carl Gustav Jung, sie mit esoterischen Versuchen in Parapsychologie, Pendeln, Energiekraftquellen und sinnlosen Darmspülungen.

Zusammen hätten beide ein neues Lexikon der Esoterik herausgeben können. Wenn, ja wenn, sie nur das gefunden hätten, was »Kommunikation« heißt, wenn sie Ehepartner geworden wären, die miteinander reden und sich nicht permanent missverstehen wollten, konnten und durften.

Richtig deutlich wurde die Liebeslüge von Prinz Charles am 18. Oktober 1994. Alle Zeitungen in England berichteten auf der Frontseite über die Charles-Biographie von Jonathan Dimbleby.

Die Reaktionen: Charles habe mit seiner Autorisierung des Buches sich selbst und der Monarchie einen Bärendienst erwiesen. Zudem sei er nun für die schwerste Krise seit dem Thronverzicht (1936) von Edward VIII., Herzog von Windsor, verantwortlich.

Ganz England ist schockiert, im Palast tobt ein Krieg. Verlierer wird die britische Monarchie sein – und Prinz Charles.

Selbst Vater Prinz Philip hat sich in einem Interview vor der Abreise zu einem Staatsbesuch in Moskau sehr säuerlich über seinen Sprössling geäußert. Die Sprache verschlagen hat es Noch-Ehefrau Diana. Sie soll wegen seiner Äußerung, dass er sie nie liebte, wie betäubt gewesen sein.

Sie heirateten einst standesgemäß, doch nur sie liebte ihn, und er weiß wohl bis heute nicht, was das ist, »Liebe – was auch immer das heißen mag«. Diesen bekannten Ausspruch äußerte Charles Reportern gegenüber bei seiner Verlobung in Schottland.

Die Prinzessin von Wales erzählte später ihrem Biographen Andrew Morton, dass ihre Ehe an dem Tag zu Ende war, an dem Prinz Harry (September 1984) geboren wurde und ihr Mann hatte, was er wollte – in diesem Fall nicht Sex, sondern den zweiten Erben und Thronfolger. Diana ahnte, dass mit dieser Geburt auch ihre wahre Aufgabe erledigt war: nicht seine liebende Ehefrau zu sein, sondern für den Thronfolger gesorgt zu haben.

Mitte der achtziger Jahre fühlte Diana sich von Charles immer mehr im Stich gelassen. 1985 eroberte sie die Herzen der Amerikaner im Sturm, er hasste sie für diese Aura, diese Ausstrahlung.

Ende der achtziger Jahre war Diana verzweifelt – sie leidet an Bulimie, musste sich behandeln lassen.

Oktober 1987: Erstmals wird bekannt, dass es in der Ehe von Prinz Charles und Prinzessin Diana seit geraumer Zeit schwer kriselt. Die Queen und Dianas Vater, Lord Spencer, versuchen, das zerstrittene Paar zur Räson zu bringen.

November 1987: Das Thronfolgerpaar begibt sich zu einem Staatsbesuch nach Deutschland. Bei den offiziellen Anlässen winken sie gemeinsam, nachts schlafen sie getrennt, angeblich, weil Charles so schrecklich laut schnarcht.

Januar bis Dezember 1988: Diana sucht verstärkt medizinische Hilfe wegen ihrer Bulimie (Ess- und Brechsucht), Charles verliert bei einem Lawinenunglück in Klosters seinen Freund, Major Hugh Lindsay. Die Eheprobleme werden verdrängt.

Diana und Charles haben sich nichts mehr zu sagen – beim Staatsempfang in Korea 1988 wird nicht mal der Schein gewahrt.

Januar bis Dezember 1989: Das königliche Paar wird nur selten zusammen gesehen. Diana eröffnet in dem Jahr ein Aids-Zentrum – und erntet dafür von ihrem Mann und dessen Beratern nichts als Kopfschütteln.

November 1990: »Star« und »National Enquirer«, zwei US-Magazine, enthüllen als Erste: Die Ehe von Prinz Charles und Diana ist kaputt. Das Paar wohnt seit einigen Wochen getrennt. Der Palast schweigt.

März 1991: Diana wird erstmals öffentlich eine Freundschaft mit Major James Hewitt nachgesagt.

Sommer 1991: Bei einem Staatsbesuch in Kanada dreht sich Diana so schnell zur Seite, dass der Kuss, den ihr Charles geben will, in einer lächerlichen Pose endet.

Dezember 1991: Charles und Diana verschicken separate Weihnachtskarten.

Februar 1992: Offizieller Besuch des Thronfolgerpaars in Indien. Charles will Diana nach einem Polospiel küssen – sie dreht erneut demonstrativ den Kopf zur Seite, geht gar auf einen anderen zu. Die Fotografen knipsen.

April 1992: »Diana – ihre wahre Geschichte« erscheint. Darin enthüllt Hofberichterstatter Andrew Morton: »Bereits 1986 fiel zum ersten Mal das Wort Scheidung. Diana ist mit Charles todunglücklich. Ich bin überzeugt, dass Diana in die Scheidung einwilligt. Die Queen hat sie schachmatt gesetzt.«

Von Morton stammen die beiden Bestseller »Diana – ihre wahre Geschichte« und »Diana – ihr neues Leben«. Er hat als erster das echte Ausmaß der Zerrüttung ihrer Ehe (Bulimie, Selbstmordversuche) aufgedeckt. In einem Interview sagte er zu:

… der Heirat: »Prinz Philip hatte Charles aufgefordert, Diana zu heiraten, die Queen drängt ihn jetzt, sich von ihr scheiden zu lassen. Charles ist der ›Whimp of Windsors‹ (›Jammerlappen der Windsors‹), der sich weder seinen Eltern noch seiner Frau widersetzen konnte.«

… der Scheidung: »Ich wette, dass Diana bald sagt: ›Mit großem Bedauern habe ich mich dem Wunsch der Königin gefügt und in die Scheidung eingewilligt.‹ Es ist ihr Anwalt, der ihr ständig rät, weiter auszuharren, damit die Royals weich werden.«

… den Gründen der Queen: »Die Monarchie verliert ihr Ansehen. Ich finde, die Königin hätte schon früher eingreifen und den beiden die Köpfe waschen sollen, um sie endlich zur Vernunft zu bringen.«

... der Abfindung: »Dass Charles Dianas Zustimmung zur Scheidung braucht, wird die Prinzessin nutzen. Er hat schon lange offeriert, ihr – wo immer sie will – eine standesgemäße Residenz zu kaufen. Aber es geht längst nicht nur ums Geld. Dies ist ein psychologisches Spiel.«

... Diana: »Sie sieht sich als Opfer, aber auch als perfekte Mutter.«

... Charles: »Er sieht sich als Täter, und er ist erbost, dass Diana in Sachen Scheidung keine Stellung bezieht.«

... zu der Queen und Diana: »Es hat sich einmal mehr gezeigt, dass Blut eben dicker ist als Wasser. Die Queen hat zu ihrem Sohn gehalten und wird ihm die Scheidung ermöglichen.«

August 1992: Der erste Telefonabhörskandal erregt England: Der Geschäftsmann James Gilbey nennt Diana intim »Squidgy« – Tintenfischchen.

November 1992: Die britische Zeitung »Daily Mirror« berichtet: »Prinz Charles unterhält seit Jahren ein leidenschaftliches Verhältnis zu Camilla Parker Bowles.«

Kurz darauf geht »Camillagate« um die Welt, das intime Telefongeflüster zwischen Charles und Camilla. Noch erfährt man nur, dass sie sich Liebesschwüre zusäuselten.

Dezember 1992: Die Ehe von Prinz Charles und Prinzessin Diana wird am 9. Dezember offiziell getrennt.

Januar 1993: Der Telefonskandal »Camillagate« eskaliert: »Ich möchte dein Tampon sein«, stöhnt Charles in den Hörer.

Diana zieht sich aus der Öffentlichkeit zurück.

Juni 1994: Im englischen Fernsehen gesteht Prinz Charles: »Ja, ich habe Diana betrogen. Als ich feststellte, dass unsere Ehe nicht mehr zu retten war.«

September 1994: Diana hat Oliver Hoare, einen Freund von Prinz Charles, mit anonymen Telefonanrufen belästigt.

Oktober 1994: Dianas Affäre wird in allen Details beschrieben.

Kaum haben sich die Wogen danach etwas geglättet, erschütterte der – vorläufig – letzte Skandal die Mauern des Buckingham-Palastes: Charles, hieß es in der brandneuen Biographie von Jonathan Dimbleby, liebte Diana in Wirklichkeit nie und wurde von Prinz Philip zur Ehe gezwungen.

1995 konterte Diana mit dem legendären BBC-Interview, gestand ihrerseits den Ehebruch mit Rittmeister James Hewitt. Die Queen bestand jetzt auf Scheidung.

Doch werfen wir noch mal einen Blick zurück auf die TV-Sensation des Jahres 1994: Am 29. Juni öffnete Englands Thronfolger Prinz Charles erstmals sein Herz und erzählte im Fernsehen, weshalb seine Ehe mit Diana scheiterte. Und weshalb er Trost bei seiner Geliebten, Camilla Parker Bowles, gesucht hatte.

Ganz England saß Punkt 20.00 Uhr gebannt vor dem Fernseher, als der britische Sender »Central TV« unter dem Titel »Charles – The Private Man« das brisante Interview ausstrahlte. Hintergrund des Interviews war der Dokumentarfilm »Charles – Der private Mann, die öffentliche Rolle«, der anlässlich des 25-jährigen Jubiläums seiner Ernennung zum Prinzen von Wales gedreht worden war.

Der Interviewer, Jonathan Dimbleby, der Charles für dieses TV-Porträt über 15 Monate hinweg beobachtet hatte, sagte: »Wir haben dem Prinzen sehr direkte Fragen über seine Ehe gestellt. Seine Antworten sind offen und oft bewegend. Es wird nichts beschönigt. Und Charles wusste, dass er mit der Camilla-Affäre ins Reine kommen musste, um dem Volk zu zeigen, dass er als König tauglich sein wird.«

Dabei bekannte Charles, dass er sich bei Camilla angelehnt habe, um Trost zu finden. »Zwischen mir und anderen Frauen ging nichts vor, solange meine Ehe intakt war.«

1992 war die Ehe nicht mehr intakt. Damals gelangte auch Charles' intimes Telefongeflüster mit Camilla an die Öffentlichkeit. »Ich will dich ganz und gar fühlen, rauf und runter, rein und raus«, stöhnte er ihr unter anderem ins Ohr.

Tatsächlich war die Königsfamilie über das Geständnis von Charles erschüttert. Noch nie hatte ein Royal einen Seitensprung zugegeben. Hohe Kirchenvertreter hielten den Prinzen nun endgültig für unfähig, König und damit auch Oberhaupt der anglikanischen Kirche zu werden.

Mit wem er Diana hintergangen hatte, verschwieg er. Es bestand jedoch kein Zweifel, dass es Camilla Parker Bowles war. Im Interview nannte Charles sie und ihren Mann Andrew »liebe Freunde«.

Auf das Scheitern seiner Ehe angesprochen, meinte der Kronprinz nüchtern: »Sehen Sie, das ist etwas, was der Hälfte der Menschen in Großbritannien passiert – und mir passierte es eben auch. Nichts, was ich mir gewünscht hätte.«

In seinem Buch »The Prince of Wales: A Biography« (1994) wertete Jonathan Dimbleby rund 10 000 Briefe und Tagebücher des Thronfolgers aus. Ganz England fragte sich anschließend: War ihm Diana vielleicht nicht pervers genug?

- Entjungfern ließ sich Charles 16-jährig angeblich von einer von Experten ausgesuchten erfahrenen Dirne in einem Pariser Edelbordell. Seither ist der Mann, der als Bub oft von seiner Erzieherin Miss Anderson gezüchtigt wurde, auf den Geschmack gekommen:
- Gewiefte Sexlektionen bekam Charles als 19-Jähriger von der fünf Jahre älteren Lucia, der Tochter des chilenischen Botschafters.

❧ Es folgten Ausflüge ins Rotlichtmilieu als Marineoffizier: In Tonga ließ er sich von einem Monsterweib lüstern befummeln, in Kolumbien arbeitete eine schmierige Dirne am königlichen Oberschenkel, auf Hawaii forderten ihn zwei haschrauchende Blondinen zu einem »flotten Dreier« auf, in der Karibik verfiel er der Tochter eines Offiziers, in Venezuela verknallte er sich in die Frau eines Polospielers, auf Samoa bettete er sein königliches Haupt bei einer Eingeborenen.

Vor diesem Hintergrund versteht man auch, dass Charles die wenig anziehende Camilla der schönen Diana vorzog: Camilla ließ sich von Charles bevorzugt rittlings nehmen, gern hinterm Sofa, wie es heute ganz offen in Biographien steht.

Prinz Charles, der Sex-Maniac aus dem Buckingham-Palast? Eine Freundin Dianas kann sich alles vorstellen: »Schon möglich, dass er mit hechelnder Zunge keuchte, als er die Bordelle der Welt abklapperte.«

Es kommt aber noch schlimmer: Am Morgen des 18. Januar 1986, als Prinzessin Diana eine ihrer bittersten Stunden erlebte, hatte sie – so erzählt es uns zumindest die Exhaushälterin von Highgrove, Wendy Berry – mit eigenen Augen ansehen müssen, wie Prinz Charles sie mit Camilla Parker Bowles im eigenen Ehebett betrog. Diana soll einfach still die Tür hinter sich zugezogen haben und dann in ihrem Auto stundenlang durch die Gegend gefahren sein, um sich zu beruhigen. Doch Hausangestellten kann keiner etwas vorspielen. Sie wissen immer alles. Und das ist auch gut so, solange sie ihren Mund halten. Was bei Charles und Diana nie der Fall war. Sie wurden wirklich von allen verraten – da nützte kein einziges Vertrauensabkommen.

Sieben Jahre lang – von 1985 bis 1992 – war ebenjene Wendy Berry die »gute Seele« auf dem Landsitz Highgrove.

Niemand ahnte allerdings, dass sie sieben Jahre lang Tagebuch führte und alles über das Privatleben von Prinz Charles und Prinzessin Diana notierte. Nachdem sie Highgrove verlassen hatte, versilberte sie ihre Aufzeichnungen 1995 unter anderem in der britischen Sonntagszeitung »News Of The World«.

Was sie offenbarte:

- Charles und Diana stritten ständig. Das Krachen der ersten Tür war stets die »Sturmwarnung« für das Personal, dass es wieder losging. Wenn der Prinz und die Prinzessin für eine ganze Woche nach Highgrove kamen, herrschte beim Personal »Ausnahmezustand«. Die beiden wussten einfach nichts miteinander anzufangen – außer sich gegenseitig zu langweilen! Ihre Gereiztheit und Verstimmung waren für den gesamten Haushalt schlimm. Beide telefonierten lange mit Freunden, anders hätten sie es nicht mehr in Highgrove ausgehalten.
- Ein typischer Streit braute sich zusammen, wenn Charles ausgegangen war und Diana allein herumsaß und auf seine Rückkehr wartete. Wenn er dann kam, ging er sofort in sein Büro und klingelte nach Tee und Whisky. Hörte man Sekunden später Türenschlagen, wusste man, dass Diana in das Büro ihres Mannes gerannt war. Laut Wendy Berry folgte dann dieser typische Streitdialog:

  Diana: Wo, zum Teufel, warst du? Es hat mich ganz krank gemacht, dass dir etwas passiert sein könnte …?

  Charles, unverbindlich: Wenn etwas Ernstes geschehen wäre, hättest du davon gehört, Liebling. Wir wurden nur ein bisschen aufgehalten.

  Diana: Und was war mit dem Abendessen mit uns beiden? Du erinnerst dich wohl nicht mehr daran? Ich bin dir wohl nicht wichtig genug, dass du dir solche intimen Verabredungen merkst.

Charles erklärte ihr, dass er ein paar Freunde für einen Drink am Abend eingeladen hatte: Es sind liebenswürdige Leute, sie werden dir gefallen.

Diana, schreiend: Steck dir deine Freunde an den Hut, wenn du dir keine Zeit für deine Frau nehmen kannst, dann habe ich keine Zeit für deine Kumpel.

- Auch die Spargel- und Rhabarberbeete von Charles machten Diana rasend. »Es wäre schön, wenn ich für ihn so wichtig wäre wie sein blöder Garten.«

Eines Morgens, so berichtet Wendy Berry, erschien Charles in seinen alten Gärtnersachen. Sarkastisch fragte ihn seine Frau: »Wer kommt heute in den Genuss deiner Weisheit? Das Schaf oder die Stachelbeeren?«

Zu diesem Zeitpunkt schliefen beide schon getrennt.

- Wenn Charles genug hatte, schickte er seinen betagten Diener Paddy Whiteland zu Camilla Parker Bowles. Der 81-Jährige hasste Diana und war froh, dass der Prinz bei Camilla, seiner »richtigen Frau«, sein wollte. Camilla begrüßte Charles immer mit den Worten: »Da bist du ja, mein Lieblingsprinz.«
- Die nächtlichen Visiten von Charles bei Camilla wurden langsam zur Tradition. Der Prinz versuchte, so viel Zeit wie möglich mit seiner verheirateten Freundin zu verbringen. Verabredungen und Abendessen wurden immer wieder abgesagt und auf einen neuen Termin verschoben, auch in letzter Minute – alles für Camilla.

- Sogar der königliche Zug musste seinen Fahrplan wegen der Liebesnächte abrupt ändern: Abfahrt nicht um 23.00 Uhr – sondern erst um 2.00 Uhr früh.
- Wenn Charles weg war, lud Diana ihren Reitlehrer James Hewitt übers Wochenende nach Highgrove ein. Als Wendy Berry eines Morgens wieder einmal das Bett der Prinzessin machen wollte, fand sie es unberührt. Hewitts Lager hingegen habe einem Schlachtfeld geglichen. »Als ich das Laken abzog, war ganz klar, dass zwei Personen darin geschlafen hatten. Auf dem Kissen fand ich längere Haare. Und auf dem Laken sah man den Beweis für die Aktivitäten, die da stattgefunden hatten.«

Über Weihnachten 1989 hatte sich das Paar so sehr in seinen gegenseitigen Hass hineingesteigert, dass alle vom Personal um die Sicherheit der beiden bangten.

Diese Szenen offenbaren uns die Hoffnungslosigkeit eines Paares, das sich in seiner Ehe so wenig zu sagen hatte, und zeigen auch, wie launisch selbst die stets bewunderte Diana sein konnte.

Charles wusste, wie eifersüchtig Diana war, dass sie seine Taschen und Terminkalender durchwühlte. Und so war jeder Seitensprung eine geradezu militärisch präzise Operation für C&C.

Prinz Charles, Diana, Camilla – das war eine geradezu filmreife Dreierkiste. Mit Seitensprüngen, anonymen Anrufen, Drohungen. Ein wahrer »Rosenkrieg«, bei dem Prinzessin Diana Camillas Liebesbriefe an Charles kopierte, um ein Ass in der Hand zu haben, das sie zücken wollte, wenn es zur Scheidung kommen sollte.

Bereits während ihrer Flitterwochen 1981 auf der »Britannia« fand Diana zwei Briefe ihrer Nebenbuhlerin in der Privatsuite von Prinz Charles. Der Inhalt ließ nicht daran zweifeln, dass die beiden enge Freunde bleiben wollten.

Prinzessin Diana ließ die Schriftstücke fotokopieren. Zwar war sie erst seit zwei Wochen mit Englands Thronfolger verheiratet, aber so sorgte sie, alle Unschuld in Ehre, sehr raffiniert für einen Vorteil – wann auch immer dieser zum Einsatz kommen würde.

Denn so ganz traute Diana Charles und Camilla nie. Bei einem späteren Ehestreit drohte sie Charles: »Wäre es nicht eine Schande, wenn diese Briefe in die falschen Hände geraten würden?«

Tatsächlich standen Charles und Camilla in ständigem brieflichem Kontakt. 1987 fand Diana wieder mehrere Briefe von Camilla, aus denen deutlich hervorging, dass ihr Mann und seine Mätresse wieder eine intime Beziehung aufgenommen hatten. Also lange vor 1992, wie Charles behauptete! Doch Diana kopierte und schwieg. Sie hoffte bis zuletzt. Sie weinte und kämpfte um Charles und ihre Ehe. Erst als ihr Mann es ihr quasi in seiner autorisierten Biographie und dem berühmten TV-Interview erst schriftlich und dann öffentlich gab, dass er sie nie geliebt hatte, gab die Prinzessin – damals 33 Jahre jung – alle Hoffnung auf.

Noch kurz zuvor hatte Diana geglaubt, ihre Ehe retten zu können. Sie träumte davon, dass Prinz Charles (damals 45) zu ihr zurückkehrte und ganz einfach sagte: »Darling, bitte verzeih mir.«

Einer Freundin hatte sie diesen romantischen Traum anvertraut. Doch er platzte wie eine Seifenblase, als sie in der »Sunday Times« den ersten Auszug aus der Charles-Biographie »Prince of Wales« las und erfuhr: »Er ist zur Ehe gezwungen worden.«

Eine Freundin Dianas verrät: »Die Enthüllung, dass sie von ihrem Mann nie geliebt wurde, hat die Prinzessin schwer getroffen. Sie leidet Seelenqualen und fürchtet sich vor dem, was Charles dem Biographen Jonathan Dimbleby alles über seine Freundschaft mit Camilla verraten hat.«

Diana reiste nach Washington zu ihrer Freundin Lucia Flecha de Lima, der Frau des argentinischen Botschafters. Bei ihr hoffte Diana Trost und seelische Unterstützung zu finden.

Auch Dianas Kinder, die beiden Prinzen William (damals zwölf) und Harry (damals zehn), litten. Sie haben mittlerweile aus der Presse und von Schulkollegen erfahren, dass ihr Vater ihre Mutter nie geliebt hat.

Weshalb sie diese bittere Tatsache durch Dritte erfahren mussten, konnte ihnen Prinz Charles am Wochenende nach dem Interview erklären. Dann begannen die Herbstferien, und die beiden fuhren mit ihrem Papa nach Balmoral. Der Mann hatte einiges zu erklären. Deshalb verbrachte Prinz Charles dieses Wochenende mit seinen Söhnen William und Harry in Schottland. Dass er gerade dieses Wochenende ausgewählt hatte, war kein Zufall:

- Die italienische Illustrierte »Novella 2000« behauptete, Harry sei das Produkt einer Liebesnacht von Diana mit ihrem 36-jährigen Reitlehrer James Hewitt.
- Die »Sunday Times« veröffentlichte ein weiteres explosives Kapitel aus der autorisierten Charles-Biographie von Jonathan Dimbleby. Inhalt: die Liebe des Thronfolgers zu Camilla und die daraus resultierenden Seitensprünge, noch während die Welt an dem Diana-Märchen festhielt.

Diese schmerzlichen Tatsachen wird Charles seinen Söhnen beibringen müssen.

Das forderte zu diesem Zeitpunkt niemand Geringeres als Dianas Stiefgroßmutter Barbara Cartland, die in ihrem eigenen Leben auch viele Verluste hinnehmen musste: Sie war ein Jahr alt, als ihr Großvater James, ein Financier, sich 1902 wegen seines finanziellen Ruins erschoss.

1918 kam ihr Vater Bertram Cartland an der Front in Frankreich ums Leben, da war Barbara Cartland erst 17. Ihr Bruder Ronald starb 1940 bei Dünkirchen. Ihr anderer Bruder Anthony wurde ebenfalls Opfer des Zweiten Weltkriegs.

Wir erinnern uns: Cartlands Tochter Raine aus erster Ehe ist Dianas Stiefmutter. Was fällt Barbara Cartland, der Stiefgroßmutter der Princess of Wales, zur Ehe und den Affären von Diana und Prinz Charles ein? Sehen wir uns ein Interview an, das 1994 in der Schweizer »GlücksPost« abgedruckt wurde:

Barbara Cartland: Ich denke, wir haben im Moment ein Problem. Es ist das oberste Gebot der königlichen Familie und des Adels insgesamt, dem Land zu dienen. Affären hatten alle unsere Könige. Man hat auch davon gewusst, aber sie wurden in der Öffentlichkeit nicht diskutiert. Heute ist das anders. Diese schrecklichen Bücher, eines nach dem anderen – sie bringen nur Unglück über England.

GlücksPost: Eine königliche Familie wie die Windsors – wozu ist die noch gut?

Cartland: Sie kennen England nicht, mein Freund …

GlücksPost: Wird Charles je Ihr König sein?

Cartland: Wenn er es dereinst wird, das sage ich Ihnen, wird er sein Bestes geben.

GlücksPost: Was lief falsch zwischen Diana und Charles?

Cartland: Diana kam aus einer zerbrochenen Ehe. Sie war fünf, als ihre Mutter sie verließ. Sie war sich nie sicher. Die Moral ist, dass beide sich klarwerden sollten, zuerst an England zu denken und nicht an sich selbst.

GlücksPost: Was denken Sie über unsere Zeit?

Cartland: Zum ersten Mal in meinem und in Ihrem Leben nehmen Kinder massenweise Drogen, schwere Drogen. Und warum? Weil sie nicht geliebt werden. Kinder wollen einen Vater, eine Mutter und ein Zuhause. Sie wollen Liebe und Sicherheit. Aber jede zweite Ehe wird geschieden in meinem Land.

GlücksPost: Hatten Sie Affären?

Cartland: Es gab eine ganze Menge. Aber glücklich, wirklich glücklich war ich mit meinem zweiten Ehemann. 27 Jahre lang haben wir perfekt zusammengelebt.

Aber auch Autorin und Charles-Freundin Penny Junor hatte irgendwann einmal die Nase voll und enthüllte, welches Geistes Kind Diana wirklich war: »Immer war nur ›Charles der fiese Kerl‹, doch plötzlich dämmerte es vielen, dass auch die Prinzessin wie eine Natter Gift versprühen kann.«

Und eine weitere Hausangestellte aus Highgrove erzählt: Einmal kamen Charles und Diana in einer gemeinsamen Limousine an. Da war schon Feuer unterm Dach: Sie rannte sofort ins Bett und lehnte es ab, mit Charles im Wohnzimmer zu essen. Am nächsten Morgen prallte die Prinzessin mit ihrem Mann auf dem Korridor zusammen. Sie schlug ihm die Tür ins Gesicht.

»Diana, mach so etwas nicht mit mir«, sagte Charles. »Was ist bloß mit dir los?«

»Lass mich doch allein!«, schrie Diana hinter der Tür.

Die beiden sprachen den ganzen Tag nicht mehr miteinander.

Diana schrie: »Du alter Furz!«

Charles reagierte reserviert. Selbst wenn ihm Diana eine Ohrfeige verpasst oder ihn einen »erbärmlichen alten Furz« genannt hätte, hätte er seine Würde bewahrt.

Seine Ehe konnte er damit allerdings nicht mehr retten.

»Diana ist ein Geschöpf der Sinne«, klärt Intim-Kennerin Ingrid Sewing »Majesty Magazin« auf. Sie hasste all das, was Charles liebte: Jagd auf Schnepfen, Damastbettlaken, Ökogemüse, Hintersinniges à la C. G. Jung, Ökotaschen aus Jute, schottische Landschaften unter Gummistiefeln und Steigbügel.

Ganz besonderes aber hasste Diana Polo – ein Spiel, bei dem Charles gern vom Pony plumpste, außer einem »Mon Dieu« aber keinerlei Mitleid bekundet werden durfte! Als er sich den Arm brach, musste Diana weichen: Camilla ordnete mit schwieliger Hand den Verband neu. Später wurde Charles gar heimlich in St. Gallen in der Schweiz operiert – mit Camilla an seiner Seite.

Gefühle sind für Kopfmensch Charles tabu. Ebenfalls jeder Bezug zum wahren Leben: So lässt er sich von seinen Kammerdienern sogar die Zahnpasta auf die Bürste drücken. Auch besteht er darauf, bei Wind und Nieselregen mit weit geöffnetem Fenster zu schlafen, möglichst nah am Busen der Natur. Was Diana hasste!

Nie und nimmer hätte Charles Di auf einer Blumenwiese geliebt. Das musste sich Diana von ihrem Reitlehrer James Hewitt holen.

Dass Schafe mit Glöckchenhalsband, Bäume und Sträucher Charles wichtiger waren als seine Frau – das überstieg den emotionalen Horizont des Kindermädchens Diana. Als auch keine hysterischen Ausbrüche, Selbstmordversuche und medialen Alleingänge mehr halfen, war die Ehe zu Ende. Diana musste lernen, einzusehen, dass der britische Thronfolger sich lieber an Camilla, dem »Rottweiler« (so Diana) mit den schiefen Zähnen, labte – als an ihr, der kamerageilen Pop-Prinzessin.

Die unüberbrückbaren Gegensätze zwischen Kopfmensch Charles und dem Gefühlswesen Diana lassen sich auch bei einem Blick in die Horoskope der beiden feststellen.

Charles und Diana – Horoskopanalyse der Partnerschaft

- Prinz Charles wurde am 14. November 1948 um 21.14 Uhr in London geboren. Länge: 00.10 West, Breite: 51.30 Nord, Zone: 00h00m West.
- Prinzessin Diana wurde am 1. Juli 1961 um 18.45 Uhr in Sandringham geboren. Länge: 00.31 West, Breite: 52.50 Nord, Zone: 00h00n West.
- Charles ist also im Tierkreiszeichen des Skorpions und Diana in dem des Krebses geboren. Beide sind sogenannte »Wasserzeichen«. Auf den ersten Blick sollten sich diese Zeichen blendend verstehen. Auf den zweiten und dritten Blick erkennen wir aber gewaltige Unterschiede.
- Wer wie Charles ein Skorpion ist, hat Mars und Pluto als Paten. Damit ist, so der berühmte Astrologe Alexander von Pronay, »ein besonderer Lebensweg programmiert, in dem Schicksalhaftes eine Rolle spielt. Ob heiße Leidenschaft oder eiskalte Berechnung, der Bogen ist weit gespannt. Nur: Unschuldslämmer gibt es unter diesem Stern nicht.«
- Wer wie Diana ein Krebs ist, wurde im Zeichen des Mondes geboren. »Und wie der Mond seine Gestalt wechselt, die rätselhaft wie Ebbe und Flut ist, so wechselt auch der Krebs seine Stimmungen. Mal ist dieser Mond-Typ rührend-gutmütig, freundlich-gesprächig, dann wieder verdrossen, deprimiert, schweigsam. Kurz: Sie können Heilige und Verbrecher sein.«

Krebs Diana gehört zu dem Typ, der lunarisch, nervös, feingliedrig ist, überempfindlich und misstrauisch.

Der Skorpion Charles will die Tiefe des Lebens ergründen. Er verbeißt sich in Probleme, er will Menschen beherrschen, mit zähem Willen und am Ende eiserner Konsequenz. Krebs Diana hatte einen übergroßen Reichtum an Gefühlen, war voller Phantasie, erwartete Unterstützung und wollte bemuttert werden – alles war den Gefühlen unterworfen.

Was bedeutete dies nun für eine Beziehung zwischen Skorpion Charles und Krebs Diana?

»Für beide sind die emotionalen Bereiche des Lebens wichtig, und sie urteilen mehr nach einem Gefühl von richtig und falsch als nach logischen Gesichtspunkten«, schrieb die psychologische Astrologin Anita Cortesi Mitte der neunziger Jahre. »Diana erreicht ein Ziel mit Herz und Gemüt, wohingegen Charles zurückhaltend, wenn nicht gar misstrauisch sein Gegenüber abschätzt. Wenn Charles und Diana zusammenkommen, so könnte man dies mit einem Funken vergleichen, der auf ein gut brennbares Material fällt.«

Im Klartext: Diana, das Gefühl, brauchte nur einen Satz, um gegen Charles, den Willen, zurückzufeuern. Oder: Charles hätte das Anderssein von Diana akzeptieren müssen, sonst flogen die Funken, was dann auch tatsächlich eingetreten ist: So warf Diana Charles immer wieder Kleinlichkeit vor, auch, dass er sich nicht entscheiden konnte. Er wiederum knallte Diana an den Kopf, dass sie alles nur subjektiv sähe und mit ihrem vermeintlichen Optimismus immer einen Zweck verfolge. Sie wollte eine Verständigung mit wenigen Worten und viel Körpersprache, Charles liebte langes Palavern, ohne ein Problem wirklich lösen zu wollen.

Es ist besonders faszinierend, dass beide auf die Zuneigung des jeweils anderen angewiesen waren, aber nicht wussten, wie sie dies vermitteln konnten, ohne den anderen zu verletzen. Was schlussendlich zu einer Spirale von Nörgelei und Maßregeln führte, die am Ende in Hassliebe ausartete. Diana litt darunter, während Charles seinen Gefühlshaushalt bei seiner Geliebten Camilla ausglich.

Der Skorpion zieht sich bei ersten Anzeichen von Kritik in seinen Panzer zurück – was den Krebs anfangs magisch anzieht. Auch wenn der Skorpion äußerst tyrannisch werden kann, spielt der Krebs eine Zeitlang mit, bevor er sich dann ebenfalls in sein Gehäuse zurückzieht. Mit katastrophalen Folgen, wie die gescheiterte Ehe von Charles und Diana beweist.

Charles' zweite Ehefrau Camilla Rosmary Mountbatten-Windsor, übrigens ein Krebs wie Diana, wurde am 17. Juli 1947 in London geboren. Die derzeit wohl bekannteste Astrologin, Liz Green, kommt im Hinblick auf beide Charles-Frauen zu folgendem Schluss: Im Inneren sind sowohl Diana als auch Camilla zugleich Erlöserin und Opfer. Zentraler Punkt bei beiden ist die Vorstellung, als eine mitfühlende Heilerin und Helferin die Grundlage einer stabilen emotionalen Beziehung zu entwickeln.

So können wir nur hoffen, dass Camilla dort Charles' Defizite ausgleicht, wo Diana einst auf eine undurchdringliche Mauer stieß – und emotional fast daran zerbrochen wäre.

Diana – eine vermögende, geschiedene Singlefrau

Lasst euch endlich scheiden! – fordern die Briten und wünschen, dass Charles und Diana endlich einen Schlussstrich unter ihre Ehelüge ziehen. Lieber ein Ende mit Schrecken als ein Schrecken ohne Ende.

Die Veröffentlichung von Auszügen aus der Charles-Biographie überschattet selbst den Besuch von Königin Elizabeth II. in Russland. Die Queen fordert jetzt ebenfalls die Scheidung. Damit endlich wieder Ruhe einkehrt: »Es wäre wünschenswert, wenn ihr euch scheiden lasst. So rasch wie möglich!«, schreibt sie den beiden in einem Brief, der einem Befehl gleicht. Das war im Herbst 1994. Mit der Märchenhochzeit am 29. Juli 1981 und dem berühmten Kuss begann die Lüge! Am 28. August 1996 sind Diana und Charles offiziell geschieden.

Am 15. Januar 1997 entstehen die weltweit für Furore sorgenden Bilder, als Diana über ein mit Bomben vermintes Gelände geht – ihr neues, mutigeres Leben hatte begonnen.

Doch bis es so weit war, musste sie noch die Scheidung durchstehen. Charles hatte sich nach langem Zögern einverstanden erklärt. Und Diana?

Sie pokerte, denn sie hatte den wohl besten Anwalt, den es in diesem Fall gab. Er gehörte zu Englands brillantesten Köpfen, hatte wie kein zweiter die Verbindung von »Recht und Literatur« zum Mittelpunkt seines beruflichen Lebens gemacht

– doch weltberühmt wurde Dr. Anthony Julius als Scheidungsanwalt in Diensten Ihrer Königlichen Hoheit, Prinzessin Diana.

Julius, 1956 als Sohn eines erfolgreichen Textilunternehmers geboren, studierte an der City of London School, am Jesus College in Cambridge und am University College in London. 1984 wurde er Partner in der international tätigen Londoner Anwaltskanzlei Mishcon de Reya.

1995 erregte Julius Aufsehen mit seinem Buch »T. S. Eliot Anti-Semitism and Literary Firm« (Cambridge University Press). Seit Ende 1995 kämpfte er für Diana gegen Prinz Charles während der Scheidung um Titel, Besuchsrecht und Abfindung. Später kümmerte er sich auch um Dianas Millionen.

Was sagte der Mann, der – wie wir im Dezember 2006 aus den Medien erfahren – 60 Millionen Euro für seine Mandantin Heather Mills McCartney, der Ehefrau von Ex-Beatle Paul McCartney – herausholte, zu den Vorgängen damals? In einem Interview mit der Schweizer Tageszeitung »Blick« von 1998, das bis heute wohl einzigartig bleibt, gab er preis:

Julius: Als die Prinzessin starb, wurden wir alle von den Reaktionen auf ihren Tod überrollt. Und so fand der Gedanke bald Zustimmung, einen Gedächtnisfonds zu gründen, um all die Institutionen zu unterstützen, denen die Prinzessin geholfen hat.

Blick: Wer stand Ihnen dabei zur Seite?

Julius: Michael Gibbins, Dianas früherer Privatsekretär, und ihre Schwester Lady Sarah McCorquodale.

Blick: Warum brachten Sie sofort 75 Prozent Ihrer Arbeitskraft für den Diana-Fonds ein?

Julius: Weil ich wirklich von ihrer Arbeit beeindruckt war, von ihrem Humanismus. Mit dem Fonds soll ihre Arbeit weiterhin Früchte tragen, damit das Andenken an sie lebendig bleibt.

Blick: Weltberühmt aber wurden Sie als Dianas Scheidungsanwalt …

Julius: … dabei bin ich überhaupt kein Scheidungsanwalt!

Blick: Aber Sie haben doch Diana gegen Charles vertreten?

Julius: Aber nur, weil mich die Prinzessin darum bat – ich antwortete ihr: »Aber das ist meine erste Scheidung« – und sie lächelnd antwortete: »Es ist auch meine erste Scheidung.«

Blick: Warum hatte Diana ausgerechnet zu Ihnen Vertrauen?

Julius: Ich vertrat die Prinzessin im Streit gegen den »Daily Mirror«. Die hatten sie heimlich bei der Gymnastik fotografiert. Wir erreichten, dass die Fotos vernichtet wurden und die Zeitung Schadenersatz leistete. Als der Scheidungsprozess anstand, kam die Prinzessin eben auf mich zurück.

Blick: Glauben Sie, dass die Scheidung für Diana wirklich fair ausging?

Julius: Das Einzige, was ich sagen kann – immerhin arbeiteten mein Team und ich rund um die Uhr: Es kam von allen Seiten Druck. Am Ende dieser Tage aber handelten wir einen fairen Deal aus. Ich war erleichtert für sie.

Blick: Waren Sie bereits mit Dianas Wohltätigkeitsarbeiten beschäftigt, als die Prinzessin noch lebte?

Julius: Nein.

Blick: Suchte sie nicht Rat bei Ihnen?

Julius: Ich glaube, ich kann hier nicht preisgeben, was wir zusammen besprachen. Es waren private Gespräche, die ich mit ihr führte.

Blick: Wie stellt sich der Fonds in fünf Jahren dar?

Julius: Die Verantwortlichen müssen eine Entscheidung treffen: Soll der Fonds auf Dauer existieren? Soll das bisher eingenommene Geld aufgeteilt werden? Reicht das Geld für mehrere Jahre?

Blick: Und jetzt vertreten Sie auch Fergie?

Julius: Nein. Sie konsultierte mich, wie sie ihre Finanzen managen könne. Doch ich reichte sie einem Kollegen weiter.

Blick: Und Jerry Hall, die sich von Rolling Stone Mick Jagger scheiden lassen wollte?

Julius: Sie traf ich einmal. Aber die beiden lösten ihre Probleme auch ohne mich.

Blick: Eine Frage an Ihr Gewissen: Wurden Sie für Ihre Arbeiten am Diana-Gedächtnisfonds bezahlt?

Julius: Nein – alles war freiwillig.

Blick: Man hört auch, dass Sie Mohamed Al-Fayed und das Hotel »Ritz« wegen des Unfalls anklagen?

Julius: Um es klar zu sagen: Wir haben keinerlei juristische Schritte eingeleitet. Und die Familie Spencer hat uns auch nicht damit beauftragt.

Dank ihrer Berater wusste Diana: Geschieden werden kann innerhalb von vier Monaten, ohne dass weitere Gründe vor Gericht vorgetragen werden müssen – falls beide ihr Einverständnis geben.

Stellte sich Diana wirklich quer, konnte Charles nach fünfjähriger Trennung, also zwei Jahre später, die Scheidung ohne die Einwilligung seiner Frau beantragen.

Doch Diana war clever, sie wartete. Geld? Angeblich sollte ihr bereits ein Angebot vom Hof vorliegen: 27 Millionen Euro. Nicht genug, befand ein weiterer Diana-Anwalt, Lord Mishcon: »Wir wissen bis auf den letzten Penny, wie viel Geld Charles hat und wo es steckt.«

Kurze Zeit später verbrachte Premierminister John Major vierzig Minuten bei der Prinzessin im Kensington-Palast. Gesprächsthema? Er soll ihr versichert haben, dass sie auch in

Zukunft eine Rolle im öffentlichen Leben spielen dürfe. Den Titel »Her Royal Highness« dürfe sie behalten.

Kann er ihr das schriftlich geben?

Nein.

So pokerte Diana weiter. Denn nun ging es längst nicht mehr um den Titel. Es ging um Macht: Wenn ihr nicht mal der Premierminster den Titel »Königliche Hoheit« zusichern kann – dann soll sich dieser Verlust zumindest auf ihrem Konto niederschlagen. Die Rechtsanwälte brüteten über dem Scheidungsabkommen. Wer wird was? Wer bekommt was? Wer darf was nicht mehr?

Hier die Randbedingungen der Scheidung in Kürze:

- Charles ist und bleibt der nächste Thronfolger. Auch wenn Diana im TV-Interview schwer an seinen Fähigkeiten zweifelte.
- Finanziell wird der Prinz von Wales als Verlierer dastehen. Er kassiert jährlich über sechs Millionen Euro, und von seinem Vermögen musste er einen happigen Teil an Diana abgeben.
- Das Wichtigste für Diana war, weiterhin für die Erziehung von William und Harry mitverantwortlich sein! Doch Diana musste akzeptieren, dass der Hof insbesondere auf Williams Erziehung als Thronfolger großen Einfluss nehmen konnte.
- Wo würde Diana künftig leben? Sie ließ schon nach einer passenden Residenz in London Ausschau halten, würde aber letztlich im Kensington-Palast wohnen bleiben.
- Musste man Diana weiterhin als »Her Royal Highness« ansprechen? Wenn nicht, dann kostete dies einen gewaltigen Aufschlag.

Auf dem Höhepunkt des Scheidungsdramas ließ Charles verlauten, wie teuer ihm und dem Königshaus Diana doch jedes Jahr zu stehen käme. Diana schlug mit der Gegenrechnung über die durch Charles verursachten Ausgaben zurück.

GARDEROBE: Sechs maßgeschneiderte Anzüge von Anderson and Sheppard: 19164 Euro. Ein Kaschmirmantel: 3780 Euro. 75 handgenähte Baumwollhemden (Lang- und Kurzarm) von Turnbull & Asser: 11812 Euro. 45 Seidenkrawatten von Hermes (immer die neuesten Muster): 7465 Euro. 10 Paar handgenähte, elegante Schuhe von Trickers, 5 Paar Freizeitschuhe, ein Paar Reitstiefel: 30660 Euro. Kaschmirsocken (30 Paar), Seidenboxershorts (10 Paar) und Unterhemden aus einem Kaschmir-Wolle-Mix (10 Paar), alles bei Harrods: 4267 Euro.
Total: 77148 Euro.

GESCHENKE: Geburtstags-, Weihnachts- und andere Geschenke für seine 27 Patenkinder.
Total: 73500 Euro

EINLADUNGEN: Zehn Dinner-Partys für bis zu zwölf Gäste: 51480 Euro. Sechs große Empfänge auf Schloss Highgrove für bis zu 30 Gäste (mit Kammerorchester, Parkservice, eingeflogenen Spitzenköchen): 80300 Euro.
Total: 131780 Euro

HAARE: Monatlicher Haarschnitt bei Denise McAdam, die Charles ebenfalls einfliegen lässt.
Total: 6650 Euro

ACCESSOIRES: Manschetten-Knöpfe von Annabel Jones.
Total: 9256 Euro

SÖHNE: Zwei Mountain-Bikes: 4200 Euro. Kinder-Geländewagen (eine Woche gemietet und nach Sandringham geflogen): 2820 Euro.
Total: 7020 Euro

GESUNDHEIT: Wöchentliche Physiotherapie (Rücken!) bei Sarah Key.
Total: 3276 Euro

FUCHSJAGD: Mitgliedschaft bei drei Jagdgesellschaften, Unterhalt der drei Pferde (inkl. Veterinär und Versicherung), Sättel (inkl. Pflege), Edelgeschirr, Helm, jährlich maßgeschneiderte Jagduniform.
Total: 40 960 Euro

JAGD: Hasen, Rebhühner, Enten. Drei Paar wasserfeste Schuhe von Lobb's: 2250 Euro. Jagdjacke von Norfolk: 2625 Euro. Barbour-Mütze: 573 Euro. Munition: 2600 Euro.
Total: 8048 Euro

HOBBYS: Kauft jährlich ca. 6 Aquarelle und sammelt Tafelsilber aus der Zeit der Könige Georg I. bis IV. (1714–1830).
Total: 360 570 Euro

POLO: Einst größter Posten, heute (wegen Rückenproblemen) kleiner. Mitgliedschaft im Royal County of Berkshire Polo Club: 3150 Euro. Transport der zwei Poloponys (während der Meisterschaft wird einmal im Monat auswärts gespielt): 8820 Euro. Während der Saison (Mai bis Oktober) zwei festangestellte Stallburschen: 19 110 Euro. In Argentinien gefertigte Spezialstiefel: 1050 Euro. Sechs Fiberglas-Spezialschläger pro Saison: 1890 Euro.
Total: 34 020 Euro

AUTOS: Ein Bentley, drei spezialgefertigte Aston Martins (Geschenke), ein Aston Martin Volante (308 000 Euro), ein Range Rover (geleast), ein Volvo Estate (geleast). Kosten für Leasing, Versicherungen, Unterhalt und Benzin.
Total: 105 000 Euro

FERIEN: Klosters (eine Woche allein, plus drei Tage mit den beiden Söhnen: Flug (Queen's Flight, selber pilotiert) und Unterkunft: gratis. Skipass: 252 Euro. Honorar für Skilehrer Bruno Sprecher: 1764 Euro. Neue Salomon-Skischuhe

(Typ SX 9.0): 544 Euro. Griechenland (eine Woche allein): Flug (Queen's Flight, selber pilotiert): gratis. Unterkunft bei Freunden auf der Jacht von Reeder John Latsis: gratis. Balmoral (eine Woche mit den Buben): gratis.
Total: 2560 Euro
Gesamtsumme: 859 788 Euro!!

Prinzessin Diana ließ über ihre Anwälte eine neue Abfindungssumme ins Spiel bringen: 40 Millionen Euro. Charles hingegen dachte nicht daran, seiner Noch-Gattin so viel zu zahlen. Sein Trick: Er machte auf arm. Seine Anwälte behaupteten, er verfüge über sehr geringe flüssige Mittel – seine Gelder seien so angelegt, dass der sofortige Zugriff unmöglich sei.

Zum Beweis rechneten die Finanzberater vor, wie »arm« der Queen-Sohn sei. Als Herzog von Cornwall besitzt er zwar 51 000 Hektar im Gesamtwert von mehr als 200 Millionen Euro. Doch dieses Land ist unverkäuflich – es steht dem jeweiligen Prinzen von Wales zu.

Die Ländereien erwirtschafteten jährlich 8,5 Millionen Euro Gewinn. Davon gingen 2 Millionen an die Steuerbehörde, 4,5 Millionen kosteten Reisen und Löhne seiner Angestellten. Die restlichen 2 Millionen brauchte Charles, um Gäste zu bewirten, seine Poloponys zu finanzieren, seine sechs Jäger zu bezahlen und seinen Garten in Highgrove House zu unterhalten.

Dianas Berater waren jedoch sicher, dass der Thronfolger in Wahrheit gar nicht so »mittellos« war. Sie schätzten sein Anlagevermögen auf 90 Millionen Euro. Charles' Leute stritten ab und betonten, der Reichtum existiere größtenteils nur auf dem Papier – und sei erst nach dem Tod von Queen Elizabeth II. verfügbar. Sein Privatvermögen betrage nur 4,5 Millionen Euro. An dieser Stelle sei mal am Rande gefragt: Über was kann Charles eigentlich nach dem Tod seiner Mutter, der Queen, verfügen?

Buckingham-Palast (638 Angestellte) in London, Kensington-Palast (102 Zimmer), Sandringham (274 Zimmer) in Norfolk, Balmoral (124 Zimmer) in Schottland. 21 000 Hektar Land in Lancaster. Beteiligungen an British Petroleum (BP), Whitbread, Barclays Bank, Unilever. Schmuck (Schätzwert: 87,5 Millionen Euro). 7000 Gemälde (Holbein, Rembrandt, Rubens, Canaletto). Der 1978er Rolls-Royce Phantom VI., Kutschen, Staatspferde, vier Jets plus eine jährliche Apanage von rund 20 Millionen Euro. Dazu kommt sein Privatbesitz: 51 400 Hektar Grundbesitz in Cornwall, zwei Schlösser (zusammen 96 Zimmer), Bürohochhäuser in der Londoner City, ein Gefängnis, Polopferde, Buchhonorare.

Charles' Finanzexperten schlugen die Einrichtung eines Fonds für Diana vor, über dessen Erträge sie frei verfügen könne. Das passte der Prinzessin aber ganz und gar nicht. Sie hatte Angst, übers Ohr gehauen zu werden.

Ein Freund sagte zu Dianas Angst: »Wenn sie einfach so geht, wäre sie die Verliererin. Alle würden sagen, dass sie nicht in der Lage sei, dem Druck standzuhalten.«

Schwierig waren vor allem die Verhandlungen über eine Abfindung. Der Großteil des Geldes, der das Einkommen von Charles darstellte, wurde von einer seiner Stiftungen kontrolliert. Außerdem hatte Charles seinen Landsitz Highgrove dem Herzogtum Duchy of Cornwall verkauft – Highgrove wurde damit den Verhandlungen entzogen.

Da der Prinz theoretisch auf Armut plädieren konnte, war es vorstellbar, dass die Königin in die Verhandlungen gezogen würde. Diana selbst, die von einem Haus in Frankreich träumte, wollte aber nicht, dass man glaubte, sie sei gierig. So hoben ihre Mitarbeiter hervor, dass der größte Teil von Dianas Schönheits- und Therapiebehandlungen von ihrem eigenen Bankkonto beglichen wurde.

Es war zwar nicht gerade ein Rennen gegen die Zeit, aber

die Uhr tickte im Lager von Charles lauter. Eine lange Trennungszeit arbeitete gegen den künftigen König. So kamen aus dem Buckingham-Palast schließlich versöhnlichere Signale.

Die Verhandlungen über ihre Abfindung waren fast abgeschlossen, und wenn Diana am 9. Dezember 1994 die Scheidung einreichen wollte, so stand ihr das frei. Wenn sie wieder heiraten und noch weitere Kinder haben wollte, dann musste sie von ihrem königlichen Podest heruntersteigen. Doch Diana sehnte sich danach, normal zu sein. Ihr größter Wunsch war es, nicht wegen ihrer Stellung, sondern wegen ihrer Persönlichkeit akzeptiert und geliebt zu werden. Doch wie die Kritik an ihr zeigt, fühlt sich die Gesellschaft mit starken, selbstbewussten Frauen unwohl.

Die Öffentlichkeit bewundert lieber das stumme Leiden einer Jackie Kennedy. Die Öffentlichkeit wird das Bild, das sie von Diana als ewiger Jungfrau, perfekter Mutter und attraktivem Sexsymbol hat, nicht so einfach aufgeben.

Oder wie Diana selbst sagte: »Ich hatte als junges Mädchen so viele Träume. Ich hoffte auf einen Ehemann, der sich um mich kümmert, der für mich eine Vaterfigur wäre, der mich unterstützen, mich ermutigen würde. Nichts davon habe ich bekommen. Jetzt werde ich mir selbst gehören und mir treu bleiben.«

Diana machte der Scheinehe ein Ende. Sie kam damit selbst der Anweisung ihrer Schwiegermutter Königin Elizabeth II. zuvor. Die Kommentare zur Scheidung spiegelten genau das wider, was die Prinzessin mit ihren Beratern vorausgesagt hatte:

Erstens: »Das gegenseitige Abqualifizieren kann kaum mehr toleriert werden! Eine Scheidung würde dieses Dilemma aus dem Weg schaffen«, forderte der Historiker Lord Blake.

Zweitens: Das Volk wollte nur zu 46 Prozent die Scheidung.
Drittens: Prinz Charles meldete sich ungefragt zu Wort: »Ich werde König sein!«
Viertens: »Hier geht es nicht um bloßen Ehrgeiz. Charles betrachtet es als seine Pflicht, die Thronnachfolge wahrzunehmen. Die dummen Phrasen seiner Frau werden ihn davon nicht abhalten«, ließ sich ein ungenannter Freund von Charles zitieren.
Fünftens: »Charles ist zum König geboren worden. Er wird die Rolle eines Tages ausüben. Und zwar sehr gut!«, sagte Nicholas Soames, Staatsminister im Verteidigungsministerium, und schlug – wie das ganze englische Establishment – in die gleiche Kerbe: Charles war das Opfer. Diana die Täterin.

»Je schneller sie sich scheiden lassen, umso besser«, fasste Verfassungsrechtler Lord Blake zusammen.

Gegen die Ehe von Diana und Charles sind die literarischen Vorbilder Romeo und Julia, Tristan und Isolde, Scott und Zelda Fitzgerald geradezu grenzenloses Glück gewesen. Diana und Charles – das war ein Millionen-Missverständnis, das war Parfum gegen Pferdedung, Sinnlichkeit gegen Steigbügel, Ekstase gegen Ekel, Liebe gegen Hass.

Im Zuge des Scheidungsrummels »Diana gegen Charles« gab es nun keine Schonung mehr.

Diana jedenfalls hatte alles bestens vorbereitet:

- Im Oktober gibt sie der US-Starmoderatorin Barbara Walters ein Interview. Schonungslos wird sie dort ihren Mann der totalen Lächerlichkeit preisgeben.
- Anfang November 1995 erscheint in Amerika Fergies brandheiße Biographie. Dieses Buch hat sich Diana

längst zunutze gemacht, um darin verklausuliert ihrem Noch-Ehemann einen weiteren Todesstoß zu versetzen.

Hinter dieser umfangreichen Rache stand zwar eine zerstörte Frau (Diana), aber auch der gewiefteste Hollywoodagent aller Zeiten: Michael Ovitz, der nicht nur Fergie einen millionenschweren Vertrag sicherte. Ovitz, der später kurzfristig Disney-Boss war, wollte auch »Charles & Diana« verfilmen – mit einem Drehbuch, gespickt mit bisher ungeahntem Insiderwissen!

Längst türmten sich auf Dianas Schreibtisch auch Immobilienangebote. Donald Trump bot ihr ein Luxus-Apartment in seinem New Yorker »Tower« an. Doch auch der Scheidungspassus – Auslandsreisen nur mit Genehmigung der Queen –, der es Diana unmöglich gemacht hätte, dieses Angebot anzunehmen, sauste wie ein Bumerang auf die Windsors zurück: So würde wohl kein Windsor Dianas Reisen nach Amerika zu Aids-Kongressen, zu Wohltätigkeitsessen mit Henry Kissinger, Argentiniens Präsident Carlos Menem oder Mutter Teresa verbieten!

Längst hat die »Prinzessin der Publicity« ihre Nadeln ins Fleisch der Windsors gesetzt! Da konnte sich Charles noch so sehr erbosen über den »Abgrund an Hochverrat«, sein greiser Vater Philip noch so toben: Spielte Diana ihre »Lagerfeld-Version der Heiligen Ursula«, sonnte sie sich im Blick Todkranker oder Krebskinder – schlug sie mit jedem Bild, jeder Schlagzeile Charles waidwund.

Anwalt Anthony Julius hatte für Diana das Maximum herausgeholt. Und das sah so aus: Nach der Scheidung gehörten Diana 39 Millionen Euro Abfindung, zahlbar sofort, sowie persönliche Schmuckstücke – auch die Diademe der arabischen Scheichs. Bis zu einer Wiederverheiratung Dianas muss Charles zahlen für: kostenloses Wohnrecht im Kensington-Palast. Ein eigenes Büro (800 000 Euro pro Jahr). Bodyguards. Gesicherte Luxuslimousinen. Gesicherte Ferien mit den gemeinsamen Söhnen William und Harry. Genehmigte Flüge mit einem der vier Privatjets.

Schon damals gehörte Diana ein Drittel des auf 180 Millionen geschätzten Nachlasses ihres Vaters. Dazu kamen rund neun Millionen Privatvermögen. Plus Mieteinnahmen des renovierten »Spencer House« in London (genutzt für Special Events wie die Vorstellung des »Pirelli«-Sexkalenders).

In einem Punkt konnte sich Julius jedoch nicht durchsetzen: Diana musste den Titel »Königliche Hoheit« aufgeben. Was streng protokollarisch dazu hätte führen können, dass sie einen Hofknicks vor ihren beiden Söhnen hätte machen müssen.

Als die Scheidung endlich über die Bühne war, kehrte eine gewisse Ruhe ein: Charles zog sich kurz aus der Öffentlichkeit zurück, versuchte mit seinen althergebrachten Architektur-Ideen als »Intellektueller« zu punkten, er sprach eine CD mit »The Prince's Choice« ein, las die besten Stellen aus den Shakespeare-Dramen vor, wobei er wieder mal nicht richtig geguckt hatte: Die meisten Stellen, die er zum Vortrag brachte, handeln von Mord und Totschlag – und dem Ende eines Königs. Der »Laschmann« Charles wird also weiterhin in Bügelfalten jagen, über schottische Hochmoore stolzieren, den Aquarellpinsel schwingen und über den Zerfall der Werte schwadronieren. Als »Schattenkönig« vertritt er seine Mutter bei Truppenbesuchen, Bahnhofseinweihungen oder Highlandertreffs.

»Lasst die Windsors in Ehren in ihre Heimat Deutschland zurückkehren«, forderten erzürnt Windsor-Müde. Doch dem England der scharfen Klassenschranken konnten schon die »Sex Pistols« mit ihrem Punk-Song »Fuck the Queen« nichts anhaben: Man nippt am Tee, labt sich an Nippes, Regen, Gummistiefeln – und träumt heimlich immer noch von Diana als »Königin des Herzens«.

Mit einer großangelegten PR-Kampagne versuchte Charles, seine Camilla »hoffähig« zu machen. Da war ihm nichts und niemand zu teuer.

Doch auch wenn sich Friseure, Modedesigner und Make-Up-Artisten in Mannschaftsstärke der fahlen, verwitterten Haut von Camilla annehmen – Camilla fehlt die Klasse, die Leichtigkeit, mit der Diana von einer Welt in die andere wechseln konnte: morgens die Fitness-Besessene, mittags die exklusive Gastgeberin einer Wohltätigkeitsveranstaltung, nachmittags Hamburger-Essen mit ihren Kindern, abends in vollem Galadress die bezaubernde »Königin der Herzen«.

Niemand konnte sich auch besser in Szene setzen als Diana: Sollte ich heute den Film »Gefährliche Liebschaften« neu besetzen, dann käme ich zu folgendem Casting: Camilla Parker Bowles als giftig-böse Glenn Close und Diana als schneeweiße, blütenlippige Michelle Pfeifer, die sich im Intrigennetz zweier erfahrener Spieler verheddert. Mit Charles als verschlagenem Vicomte de Valmont. Was meinen Sie?

»Der Spruch: Kontinentaleuropäer haben ein Liebesleben, Engländer eine Wärmflasche, könnte auf Charles gemünzt sein«, notierte fassungslos Ingrid Sewing, Chefredakteurin des »Majesty Magazine«. Allein die abgehörten Liebestelefonate von Diana und Charles verraten den fundamentalen Unterschied der beiden Charaktere:

- Diana flötete kindisch mit Freund James Gilbey. Er nannte sie »mein Tintenfischchen«. Sie beklagte sich über ihr »schreckliches Leben«. Fazit: verbales Petting.
- Ganz anders das Camillagate-Tonband: Da schwingt

Wunderschön und vielbewundert:
Diana, die Prinzessin der Mode und Stimmungen.

Eine seltene Aufnahme der fast ungeschminkten Prinzessin – Diana in ihren schlimmsten Zeiten der Magersucht mit einer Frisur, die ihre innere Zerrissenheit 1986 widerspiegelt.

Auch die Auswahl ihrer über 100 Hüte beweist:
Diana fand im Lauf der Jahre zu ihrem eigenen Stil und weigerte sich, dem biederen Diktat bei Hof zu folgen.

oben: Wäre Diana nicht die »Königin der Herzen« geworden – sie hätte auch als Schauspielerin ihre Rolle gefunden.
gegenüberliegende Seite: Wandelbare Diana: Mit ihren traumhaften Roben und dem charmanten Auftreten verzauberte sie die ganze Welt.

oben: Diana, wie die Welt sie in Erinnerung hat – eine attraktive, selbstbewusste Frau, die sich aus ihren Zwängen befreit hat.
Gegenüberliegende Seite:
oben: Diana steckte modisch noch in den Kinderschuhen, als sie Anfang der achtziger Jahre in die »Firma« Windsor eintrat.
unten: Diana und der berühmte Schäfchen-Pulli, der den Hersteller reich machte.

Es gibt keine Frau, die weltweit mehr Titel zierte als Diana – und das mit allen Facetten ihres bewegten Lebens.

sich Charles in dem sechs Minuten langen Liebesgestammel zu dem Geständnis auf: »Ich will dein Tampon sein.«

»Nun weiß das ganze Land, wen du vögelst!«, explodierte sein Vater, Prinz Philip – und fügte, gewieft aus eigener Untreue an: »Wie kann man nur so blöd sein, sich erwischen zu lassen.«

Nicht nur da stand der Thronfolger wie ein kleiner Schulbub da. Selbst Camillas Ehemann wurden die Hörner zu groß – er tobte offen: »Sie haben meine ganze Familie zum Gespött gemacht.« Und wieder murmelte Charles Hilfloses. Und wieder verkroch er sich zwischen Ökorüebli und Pseudopsychologie hinter Camillas weiten Rockschößen.

»Man geht nicht zur Heilsarmee, wenn man auf der Suche nach einem Fünfsternemenü ist«, quittierte Spötterin Julie Burchill den Intelligenzquotienten von Charles. »Oder sollen wir ernsthaft glauben, der Prinz sehne sich nach intellektuell Gleichgesinnten, wenn er seine Frau für eine Camilla Parker Bowles stehen lässt?«

Unfähig, ohne Camilla auch nur eine Entscheidung zu treffen, telefonierte der Thronfolger bis zu drei Stunden täglich mit seinem Medium. Alle Interviews, die Charles am TV gibt, wurden vorher mit Camilla besprochen.

Plötzlich erscheint eine neue Camilla auf Cocktailpartys: weniger dick, weniger faltig, besser gekleidet, bessere Frisur, besseres Gebiss. »Ich will Königin werden«, soll sie getönt haben. Charles wird sich diesem Befehl nicht widersetzen: Schließlich könnte das Liebesentzug bedeuten!

Wer aber ist diese weltweit als »Rottweiler« verspottete Camilla wirklich? Was hat Camilla, was Diana nicht hatte?

Ist sie die Landpomeranze, die den hilflosen Charles eiskalt sexuell abhängig machte? Oder ist sie das »Sexgespenst«, wie die zweifach geschiedene Amerikanerin Wallis Simpson, die 1936 den ihr hörigen König Edward VIII. heiratete – und ihn dadurch zur Abdankung zwang? Oder wandelte Camilla nur auf den Spuren ihrer Urgroßmutter Alice Keppel? Die war die offizielle Geliebte von König Edward VII. Über sie sagte Camilla: »Sie war vielleicht nicht die Königin, aber der König hörte auf sie. Das machte sie ganz schön mächtig.«

Mächtig wie keine andere ist auch Camilla Shands, geschiedene Parker Bowles, Herzogin von Cornwall.

Und wie reich ist Camilla? Ihr gehörte damals das Herz des wohl reichsten Singles der Welt, der zudem ihr zukünftiger Ehemann wird. Prinz Charles!

Camilla Shands zählt zur Upperclass der britischen High-Snobiety: Sie besitzt bis heute das Tudorhaus »The Laines« in Plumpton (Sussex), Wohnungen in Chelsea, das »Boldehyde Manor« in Wiltshire und große Teile der Baufirma »Cubitt«, die den größten Teil der Londoner Jetset-Viertel Mayfair und Belgravia baute und bis heute mit Nachfolge-Gesellschaften verwaltet. Zudem war ihr Vater Mitinhaber der berühmtesten britischen Weinhandlung Londons. Bereits vor der Hochzeit von Charles mit Diana kaufte Camilla ein Landhaus plus Gestüt in der Nähe von Highgrove. Heute wird Camillas Vermögen auf rund 25 Millionen Euro in Grundbesitz und 1,2 Millionen Euro Mieteinnahmen pro Jahr geschätzt.

Am 17. Juli 1947 im Londoner Kings' College Hospital geboren, spartanisch erzogen auf der Queen's Gate School, lernte Camilla, wie man Schecks ausstellt und Bridge spielt. »Camilla wollte Spaß haben, aber auch einen reichen Mann. Denn das war für sie der größte Spaß«, erinnert sich die Schauspielerin Lynn Redgrave an ihre Mitschülerin Camilla.

Während ihr künftiger Herzbube Prinz Charles noch ein

unschuldiger Cellospieler im Internat im schottischen Gordonstoun war, hatte Camilla bereits ihre erste Liebe Kevin Burke hinter sich.

Damals wie heute neigte sie zu Schlampigkeit: »Sie hat eine starke Abneigung gegen alle Sorten von Reinigungsmitteln«, erinnert sich Virginia, die Tochter des Exaußenministers Lord Carrington, an ihre Mitbewohnerin. Völlig verrückt war Camilla damals auf den schneidigen Offizier Andrew Parker Bowles. Mit ihm verschwand sie oft im Schlafzimmer. Man konnte nur mehr Kichern und Stöhnen hören!

Doch Andrew konnte nicht treu sein! Als Camilla ihn mit einer anderen erwischte, fauchte sie: »Ziemlich durchschnittlich, mein Alter.« Worte, die sie auch ihrem Liebhaber Charles über Diana gesagt haben dürfte!

Seit Juni 1970, als er sie bei einem Polo-Match sah, ist Charles jedenfalls von Camilla besessen. Wie in England üblich, gaben sich die Liebenden Spitznamen: So nannte Charles später Camilla »Gladys« und sie ihn »Fred« nach dem Cartoon-Sketch »Goon Show«. Dass Charles von den sexuellen Fähigkeiten seiner Camilla überzeugt war, wussten schon Anfang der siebziger Jahre alle Eingeweihten – oder wie ein Freund ausplaudert: »Es ist allgemein bekannt, dass Camilla sehr gut im Bett ist. Sie ist hervorragend.«

Wie sagte doch schon Camillas Urgroßmutter: »Erst der Hofknicks – dann ab ins Bett.«

War Diana die moderne Frau mit kalkulierter Schüchternheit, Darling mit Sexappeal, die schlanke Jägerin, so blieb Camilla stets der verhärmte Trampel, mit dem Reiterhut auf den unfrisierten Locken, der Zigarette zwischen den dünnen Lippen und dem Watschelgang einer typischen Reiterin.

Charles gelang es allerdings nicht, seine Söhne von Camillas Vorzügen zu überzeugen. Bis heute herrscht zwischen den dreien eine Art Waffenstillstand.

Natürlich wurde auch bei der Scheidung über das Sorgerecht der beiden Kinder verhandelt. Nur: Hier gab es keinerlei Streit. Laut der ungeschriebenen britischen Verfassung war die Königin der Vormund der Kinder. Nur wenn sie es erlaubte, durfte Diana sie während der Ferien mit in den Süden nehmen, nur wenn sie es erlaubte, durfte Charles sie zu Jagden ins schottische Hochmoor entführen.

Grundsätzlich müssen die beiden Söhne in verschiedenen Flugzeugen fliegen, und selbst wenn William mit seiner Kate in die Schweiz zum Skifahren will, muss erst die Queen einwilligen – und nicht etwa Prinz Charles.

Die Monarchie, die »Firma Windsor« steht über allem, ist wichtiger als Gefühle, als Wünsche, als Reiseziele.

Die britische Öffentlichkeit reagierte entsprechend: Nie waren die Umfragewerte über einen »künftigen König namens Charles III.« niedriger, er wurde – in der Monarchie einmalig – sogar bei einem Besuch in Newcastle ausgebuht, als seine Anwesenheit im damals noch nicht umgebauten Wembley-Stadion verkündet wurde, pfiffen 60 000 Untertanen ihren künftigen Monarchen aus.

Gab sich hingegen Diana die Ehre und besuchte ein Altersheim, kam ihr ungebremste Begeisterung entgegen.

Der Kampf von Diana gegen die Windsors war mit dieser Scheidung noch lange nicht zu Ende. Diana hatte ihren geliebten Titel verloren, ihr Mann ließ immer wieder Widerliches über sie verbreiten – und sie rächte sich, indem sie einfach auftrat und ihn der Lächerlichkeit preisgab. Wurde sie mal gefragt, ob ihr Exmann als König überhaupt geeignet sei, antwortete sie lächelnd: »Er ist nicht zum König geboren. Er würde lieber in der Toskana leben.«

Diana meisterte ihr Leben als geschiedene Frau besser als Charles seines als Liebhaber von Camilla. Diana erfuhr Wärme, Aufmerksamkeit und Anerkennung vom Volk. Mit ihren

»Popularitätswerten«, wie der Spiegel schrieb, »triumphiert sie über ihn und den Rest der Windsors, dieser Scheinfamilie, die so gar nicht New Wave ist«.

Denn instinktiv begriff sich Diana als ein Vorbild für alle Frauen, die von ihren Männern betrogen wurden. Während ihr Ex Grundsatzreferate über die Wonnen fleischloser Ernährung hielt, tauchte sie in einem schulterfreien, extra verkürzten schwarzen »Rachekleid« auf, zeigte einen Hauch von Busen und ihre Endlos-Beine: Mehr brauchte es nicht, und die Herzen flogen ihr zu.

Diana war die Verkörperung der jungen, sich suchenden Frau, Camilla das Gegenteil. Ein Foto zeigte die allgemeine Gefühlslage der Nation. Darauf sieht man Camilla neben einem Pferd – dazu die Schlagzeile: »Mit wem würden Sie lieber ins Bett steigen?«

Camilla hatte mit der Suche nach ihrer Identität längst abgeschlossen, Diana hatte erst so richtig begonnen. Sie reüssierte selbst bei den Feministinnen, die ihr dazu gratulierten, Charles richtig zur Kasse gebeten zu haben. Was niemand ahnen konnte, als dieses scheue Mädchen aus Althorp dem notorischen Fremdgeher Charles das »Jawort« gab, trat nach ihrer Scheidung ein: Diana wurde von der Frauenbewegung aufgenommen, von der US-Feministin Gloria Steinem in den höchsten Tönen gelobt. Auch dass sie kostenfrei im Kensington-Palast wohnen durfte, ein Sieg der Frau über den Mann, kam gut an.

So schrieb die Feministin Camille Paglia, was Diana wirklich verkörperte, die Mutter und die Madonna: »Sie ist eine sorgende Mutter, eine moderne Maria mit Lust auf Rock 'n' Roll.«

Modegöttin Diana

Anna Wintour, die alterslose Chefin der amerikanischen »Vogue«, soll die einflussreichste Frau der Modewelt sein. Das glaube, wer will. Die wahre Modediktatorin hieß einst Marie Antoinette und war Königin von Frankreich. Als diese am 13. Oktober 1779 aus Lust und Laune verfügte, dass alle Frauen am Hof Federn tragen sollten, waren Straußen-, Pfauen- und Papageienfedern innerhalb weniger Stunden in Paris ausverkauft. Die restlichen Straußen und Pfauen wurden flugs aus dem Verkehr gezogen und für die Königin reserviert. Als Marie Antoinette Äther mit Orangenblütenwasser als »Drink« erfand, gab es keinen Äther mehr in der Hofapotheke von Versailles.

Diktierte Marie Antoinette einst die Mode, so setzte Diana zwei Jahrhunderte später die Trends.

»Ich finde, dass Hüte wieder Spaß machen sollen«, verkündete die Prinzessin, die 100 Hutkreationen besaß und jedes Stück nur ein einziges Mal tragen durfte. Fortan waren Hüte wieder der letzte Schrei.

»Ich bin verrückt nach Perlen«, sagte die junge Frau, die Rubine, Brillanten, Saphire en gros hatte.

Fortan war Diana-Perlenmodeschmuck der Hit.

»Ich liebe Pullover mit vielen weißen und einem schwarzen Schaf«, lachte sie. Das sagte sie einfach dahin – und Tausende nahmen dieses Aperçu ernst: Fortan war dieses Pulli-Modell ein Hit. Der Hersteller kassierte 1,6 Millionen Euro.

Ob im Tarnanzug oder im Ballkleid – stets war Diana eine »Prinzessin der Mode«. Altmodisch gestreift begann sie 1981 beim Pferderennen in Ascot ihre Modekarriere, doch gewann sie in ihrer Ehe und darüber hinaus, wenn auch nicht an emotionalem, so doch zumindest an modischem Selbstbewusstsein. Dabei musste sie viele Kompromisse eingehen: Hohe Absätze waren tabu, da sie mit ihnen ihren Gemahl Prinz Charles um Haupteslänge überragt hätte. Nichts war für Charles schlimmer als eine Frau, die ihm »überlegen« ist. Und sei es nur körperlich.

Diana war erst die ideale britische Modekundin, dann die beste Botschafterin englischer Mode. Sie hatte das, was man heute »Glamour-Potenzial« nennt. Obwohl sie es anfangs nicht realisierte, wurde sie von vielen jungen Modemachern als eine »Trendsetterin« bewertet. Denn diesen Damen und Herren war sofort klar: Wer dieses Mädchen mit den Filmstarmaßen einkleiden darf, der wird berühmt, der wird reich. Ganz so einfach war es dann doch nicht. Der Hof der britischen Krone würde viel dulden, nur nicht die Frau eines Thronfolgers, die zum internationalen Modestar aufsteigt. Wie einst Wallis Simpson, die in Sachen Mode bis heute – außer von Diana – unerreicht ist. Sie und der Herzog von Windsor waren »Dandys«, beide androgyn, beide verzückten Frauen wie Männer, nicht nur mit ihrer Mode. Immerhin ließ sich König Edward VIII. seine Lust auf Wallis und deren Lust auf Kleidung den britischen Königsthron und dazu Millionen kosten. Einen zweiten Fall »Wallis« wollte man mit allen Mitteln vermeiden.

Diese Furcht war übrigens völlig unbegründet, da Charles Diana nicht liebte und ihr nie auch nur eine Sekunde lang die Aufmerksamkeit und das Geld schenkte, also die Gaben, die sein Großonkel Edward seiner Wallis zukommen ließ. Oder was sich Charles heute seine zweite Frau Camilla kosten lässt. Hier zahlt er ohne zu murren jede Rechnung, während er bei Diana seinen Geizhals herausstreckte.

Die Kleiderordnung bei den Windsors ist einfach. Privat wird getragen, was praktisch und billig ist. Weggeworfen oder gar versteigert zugunsten von Hilfsorganisationen wird nichts. Nur Diana bildete später eine Ausnahme und versteigerte einen Teil ihrer Abendgarderobe. Sonst gilt: Man könnte ja vielleicht Jahrzehnte später den einen oder anderen Saum kürzen und einen Abnäher wagen, um Getragenes nochmals in Form zu bringen. Da spielt es keine Rolle, wie unmodern die Kleider geworden sind. Man gibt sich eben in der Öffentlichkeit gern bescheiden, doch bei dieser »PR-Kampagne« geht es nur ums Image einer »bürgernahen, sparsamen, britischen Familie«, die sich ganz zufällig aus dem Mittelmaß der Oberschicht heraushebt, da sie eben royal ist.

Was die Queen trägt, wird in den unendlich vielen Zimmern des Buckingham-Palastes aufgehoben. Man hütet einen Modeschatz, der fast einem Museum gleicht, doch wem nützt das? Andererseits darf die Garderobe nur vom Feinsten sein, es wird alles maßgefertigt. Es ist ein Irrglaube, dass ein Mitglied der britischen Königsfamilie »von der Stange« kauft. Allein die Vorstellung, dass einst Queen Mum oder gar Königin Elizabeth II. je ein Kleid, ein Kostüm oder auch nur Schuhe aus dem aktuellen Angebot eines Kaufhauses oder eines Labels getragen hätte, gilt als unschicklich. Alles, was die königliche Familie an ihren Körpern trägt, ist extra für sie angefertigt. Alles sind Unikate.

Mit Diana kam erstmals eine Frau an den von Mottenkugeln durchwehten Hof, die persönlich Freude an Mode, am Umgang mit Modeschöpfer/-innen hat. »Man wollte ihr helfen. Man musste sie einfach mögen und zu ihr halten«, zitiert Modebiographin Georgina Howell den Briten David Sassoon. »Diana war so reizend und so gutgläubig.«

Nun dürfen wir uns nicht vorstellen, dass das Mädchen

Diana, von Charles in einer Nacht hektisch und lieblos zur Frau gemacht, bereits am Anfang ihrer Entwicklung zur eigenen Persönlichkeit eine Vorstellung davon hatte, was ein »persönlicher Stil« ist.

Diana war eine Kindergärtnerin, die ihre Wohnung selbst putzte. Sie hatte im Gegensatz zu allen Windsors wirklich gearbeitet, sie kannte den Wert des Geldes sehr genau und hielt ihren kleinen Haushalt zusammen. Sie führte genau Buch über das, was sie sich leisten konnte und was nicht.

Diana war kein Lolita-Model wie zum Beispiel Kate Moss, die bis heute alles spielen kann: Luder, Vamp, Jungfrau, Schlampe. Dianas Schwestern Sarah und Jane hatten sich längst dem biederen Windsor-Stil unterworfen. Ihre Schwägerin Fergie konnte mit ihren eher rundlichen Formen und ihrem ordinären Farb-Ungefühl auch nicht als Vorbild dienen. Schwiegermutter Königin Elizabeth II. trug, was bequem war, um lange Empfänge durchzustehen. Die Betonfrisur von Raine Spencer, Dianas Stiefmutter, war auch kein Lichtblick in der royalen Mode-Öde.

Von ihrem Ehemann Charles jedenfalls erhielt die junge Diana keinerlei Hilfe. Wie auch? Er hatte seine Herrenausstatter, er hatte seine Butler, seine Lakaien, seine Jagdfreunde – und Camilla, die ihm sagte, wie gut ihm selbst das grässlichste Grün stünde.

Der erste Designer, den Diana beauftragte, war David Sassoon: Er schneiderte für sie den berühmten blauen Wollmantel mit den Puffärmelchen, den sie bei ihrem ersten offiziellen Besuch in Brixton trug.

Geschichtsbewusst wie es niemand Diana zugetraut hätte, kopierte sie die hohen, dreispitzigen Hüte von einer gewissen Maria Fitzherbert. Fitzherbert war die Geliebte von Georg IV. (1762–1830), der ein eitler Wüstling, ein Spieler und Frauenheld war. Georg wurde 1820 nur König, weil sein Vater geisteskrank geworden war. 1985 beginnt Diana ihre »Dreispitz«-Karriere auf der Italienreise des Thronfolgerpaares. Für Charles natürlich mal wieder eine »abstoßende Kleidung«.

»Ja«, sagte Diana. »Ich kann machen, was ich will, ich werde ja doch kritisiert. Also machen wir es so!«

Was Diana für die britische Mode getan hat, ist heute kaum zu ermessen. Sie hat England und London überhaupt wieder in den Mittelpunkt des Mode-Interesses gerückt. Denn nach Mary Quant, die in den sechziger Jahren den Mini erfand, nach der Klapperdürr-Mode à la Twiggy, den sexy Stiefeln der Beatles-Frauen und den ausgeflippten Modeboutiquen in der legendären Carnaby Street herrschte eigentlich tote Hose an der Themse.

Modischer Schwung war bei den Royals unter Königin Elizabeth II. eher verpönt: Prinzessin Anne verbarg ihren sehr sinnlichen Körper meist unter strenger Military-Reiterkluft, Queen-Schwester Margaret trug meist kaftanähnliche Gewänder, die ihren dicken Trinkerbauch versteckten. Da kam nun Diana an, ein junges, hübsches Mädchen vom Land, das gern mit der Mode spielte: mal mit kurzen Kleidern, mal mit äußert figurbetonten Schnitten, dann wieder burschikos, frech und fast immer ein passendes Hütchen auf der stets makellosen Frisur.

Was immer Diana trug, sie machte es nie allen recht. Im Februar 1987 wurde Diana von der internationalen Liste der bestgekleideten Frauen gestrichen. Der Grund? Sie sähe »zu sehr wie ein Mannequin aus«. Das meinte jedenfalls Jackie Modlinger, die Moderedakteurin des »Daily Express«. Dafür wurde Prinz Charles als »bestangezogener Mann Englands« präsentiert.

Kein Wunder: Diana hatte damals nicht mal genügend Kleider für Empfänge und Auslandsbesuche mit Charles. Was immer seine Frau auch wollte, tat oder trug – für Charles war alles irgendwie zu teuer.

Dass Charles in dieser Zeit längst wieder eine Frau namens Camilla besuchte, die ihren Hosenstall nur mit einer Sicherheitsnadel zusammenhielt und ihn mit Zigarette im Mund und Drink in der Hand fröhlich empfing, wissen wir erst heute.

Aber schauen wir uns doch einige Kleider von Diana genauer an:

- Dianas eigentliche Modekarriere begann erst 1985, als sie in einem burgunderroten Kleid aus Prägesamt von Catherine Walker zur Premiere des Films »Zurück in die Zukunft« erschien: tiefer V-Ausschnitt, eine leichte Turnüre und eine große Satinschleife.
- Meisterwerke von Catherine Walker und anderen Designern wurden auf der Auktion am 26. Juni 1997 bei Christie's in New York versteigert. Die Idee dazu stammt übrigens von Prinz William. Samt und Seide aus dem Kleiderschrank von Prinzessin Diana brachten dabei 4,2 Millionen Euro ein. 80 Abend- und Cocktailkleider kamen hier unter den Hammer.
- Das berühmte bodenlange, blaue Samtkleid von Catherine Walker, das Diana im Weißen Haus trug, als sie mit Filmstar John Travolta tanzte, brachte die Rekordsumme von umgerechnet 210 000 Euro ein.
- Dianas Hüte erregten immer Aufsehen. Dabei orientierte sie sich an Joan Collins und ihrem Stil in der damals angesagten Serie »Denver Clan«. Philip Somerville putzte Diana wie auch Miss Collins heraus.
- Auch auf ihre Haare legte Diana sehr viel Wert. Bis 1986 ließ sie sich meist von Richard Dalton frisieren;

1987 ließ sie sich von Sam McKnight die Haare zu einem schickeren, platinblonden Bubikopf schneiden.

- Unvergessen ist auch das Tanzkostüm aus Satin, das sie 1985 auf der Bühne des Royal Opera House in Covent Garden trug; hier tanzte sie mit dem berühmten Wayne Sleeper eine vierminütige Einlage zu Billy Joels Song »Uptown Girl«. Was Charles zu einem Wutausbruch animierte.
- Catherine Walker schien, wie Tina Brown in der »Washington Post« einmal schrieb, »über einen sechsten Sinn zu verfügen, wenn es um Dianas Garderobe ging«. Sie wusste genau, wie Diana sich fühlte, und erkannte, welche Stimmung die Prinzessin ausstrahlen wollte. Für die Indienreise ähnelten die Kleider Bildern der sagenhaften indischen Paläste – was Diana sich flugs zunutze machte und mutterseelenallein vor dem Tadsch Mahal posierte. Um der Welt zu zeigen: Ich bin so allein. Und ich habe einen so untreuen Mann.
- Mit ihrer Mode, das wusste Diana genau, konnte sie immer wieder neue Stiche in Charles' verwundete Seele bohren. So im November 1992 vor der offiziellen Trennung: Da erschien sie in einem taillierten Walker-Kleid aus Duchesse-Seide. Wieder gehörten ihr die Schlagzeilen.
- Aber auch in schlichten Blazern machte Diana eine ausgesprochen gute Figur. Ja, sie machte eigentlich das männliche Kleidungsstück für die Frauen wieder tragbar. Der Stoff von Dianas Blazern, der fast wie Leinen aussieht, stammt übrigens aus Japan.
- Jeans und weißes Hemd und Todd's-Schuhe – Diana war immer ladylike gekleidet. Als sie einmal ihrem Mann Charles eine Designer-Jeans schenkte, betrachtete er diese nur angewidert.

- 1991 suchte sie für das legendäre Foto-Shooting mit dem Pariser Meisterfotografen Patrick Demarchelier für das Titelbild der »Vogue« eine spezielle Frisur. Sie fand sie bei Sam McKnight, der ihr einen modernen, pflegeleichten Haarschnitt machte. Und die Visagistin Mary Greenwell überzeugte Diana mit einem hellen Make-up.

Nun dürfen wir uns aber Diana nicht als eine Frau vorstellen, die aus reiner Lust und Laune zu diesem oder jenem Kleid griff. Diana wusste sehr genau, wie sie die Medien manipulieren konnte. Das nutzte sie auch genüsslich aus, um ihren Mann als Trottel dastehen zu lassen. Die britische Modejournalistin hat dafür den Ausdruck »Rache-Kleider« erfunden. Das trifft den Nagel auf den Kopf. Hier drei Beispiele:

- Als Charles sich als treusorgender Vater mit seinen zwei Söhnen in Schottland fotografieren ließ, versalzte ihm Diana die Suppe und sorgte selbst für Schlagzeilen: Sie erschien in einem schulterfreien Paillettenkleid auf einer Party. »Stil, Satz und Sieg für Di«, schrieb die Boulevardpresse.
- Als Diana ihre damals zwölf und neun Jahre alten Söhne in ein katholisches Obdachlosenasyl mitnahm, beauftragte sie einen Fotografen, sie abzulichten: volksnah in Jeans. Diana wusste genau, dass Charles an diesem Tag im Stresemann und mit Zylinder bei der Eröffnung der Rennen von Ascot erscheinen würde.
- Charles gab sein großes Fernseh-Interview, und die Nation lauschte. Nur: Wer erschien am nächsten Morgen auf Seite 1? Nicht Charles, sondern Diana! Die hatte kurzerhand eine Galerie-Eröffnung zu einem »Diana-Event« umfunktioniert: Sie erschien auf ho-

hen Absätzen, zeigte ihre sündig langen Beine in einem schwarzen Seidenchiffon-Minikleid mit freien Schultern. Es brachte ihren schönen Busen zu Geltung. Ihre Nägel waren tiefrot lackiert – was Charles hasste. Statt ihrem Ehering trug sie ihren Verlobungsring. Alles bis ins letzte Detail inszeniert. Und sie lachte – während Charles sich am Bildschirm wand. Es war das taktisch am klügsten gewählte Kleid, meinte das »Telegraph Magazine« dazu.

Diana konnte wirklich alles tragen: ein einfaches Tweedkostüm wie auf ihrem ersten offiziellen Foto mit Prinz Charles am Ufer des Flusses Dee auf dem schottischen Landsitz Balmoral. Oder enge Radlerhosen für den Sport oder einen Einteiler, der sinnlicher war als jeder Bikini.

Gianni Versace war der wohl wichtigste Designer in ihren späten Jahren. »Mein Bruder Gianni widmete 1995 der Prinzessin eine Kollektion – dazu gehörte zum Beispiel ein kurzes, hellblaues, schmales, knielanges Etuikleid, das sie als moderne, unabhängige, stilbewusste Frau zeigte. Eine Frau, die mit der Zeit geht und genau weiß, was ihr steht«, erinnert sich Donatella Versace, die seit der Ermordung ihres Bruders die Geschäfte führt.

Dass Charles über Dianas Kleider- und Kosmetikbudget von rund 5000 Euro pro Woche lästerte, wissen wir. Lässt sich Camilla heute für den Staatsbesuch in Ägypten für fast 150 000 Euro maßgeschneidert kleiden, verzieht er nicht mal eine Miene.

Sicher: Billig war Diana nicht. Für ihren persönlichen Unterhalt (Kleider nicht inbegriffen) soll sie pro Jahr angeblich 350 000 Euro ausgegeben haben. Die Presse behauptete, allein 150 000 Euro hätten Körper- und Seelenpflege jährlich verschlungen. Neben der üblichen Schönheitspflege beschäftigte sie Psychiater, Reflexzonenmasseure, Aromatherapeuten, Astrologen, Tarotkartenleger, Parapsychologen und diverse Esoteriker, mit denen sie ununterbrochen ihre Probleme diskutierte. Unter ihrer Kleidung trug sie einen weißen Kristall, der ihr zu einem klaren Verstand, zu Ausgeglichenheit und Harmonie verhelfen sollte.

Auch ließ sie ihre Gemächer im Kensington-Palast nach den Regeln des Feng Shui umstellen. Diana wollte damit »die Geister der Luft und des Wassers geneigt machen«.

Kleider und Yin & Yang mögen vielleicht einer geschundenen Seele für Stunden und Tage Hilfe sein – für ein glückliches Leben reichen sie nicht aus. Das wusste auch Diana. Doch sie hatte keine Chance, ihr Wissen für sich zu nutzen. Ihr viel zu früher Tod beendete das Leben einer Frau, die gerade erst begonnen hatte, sich selbst zu finden.

Diana und ihre Liebhaber

Es mag verrückt klingen: Aber Diana machte bereits als Teenager ihre Schwächen zu ihren Stärken. Keine konnte besser tanzen als Diana. Keine konnte besser schwimmen als Diana. Keine konnte einen Augenaufschlag so perfekt inszenieren wie Diana.

Das hat die Prinzessin nicht erst in der lieb- und eher sexlosen Ehe mit ihrem »Prince Charming« Charles gelernt. Die Mechanismen, wie frau die Aufmerksamkeit eines Mannes erregt – das scheint Diana von ihrer Mutter und – vielleicht – durch die Gene ihres »echten« Vaters geerbt zu haben.

Diana war das, was man etwas altmodisch einen »Backfisch« nennt. Ein schüchternes Mädchen, das sich kichernd der problembeladenen Beziehung seiner Eltern entzog und von einem Leben träumte, wie es in den Romanen von Barbara Cartland beschrieben wurde.

Keine gute Basis, um sich den Herausforderungen zu stellen, die damit verbunden sind, eine erwachsene Frau zu werden. Und das an der Seite des begehrtesten Junggesellen der Welt, des künftigen Königs von England.

Viele Frauen hätten unter diesen Umständen den Kontakt zu Männern völlig abgelehnt, und tatsächlich fand Diana am Anfang Sex überaus enttäuschend, wie Simone Simmons in ihrem Buch erzählt. Dazu kann ich nur anfügen: Eine in der Hochzeitsnacht wohl eher brutal entjungferte 19-Jährige ist kaum in der Lage, die gesamte Palette der Liebeskünste zu beherrschen, die ihr Mann weltweit erlernte – vor allem von seiner Geliebten Camilla. Nun ist Charles nicht gerade bekannt für Zärtlichkeit. Es muss schnell gehen! Der nächste Termin wartet. Der Chauffeur. Die nächste Rede.

Wir müssen uns dies ganz lebensnah vorstellen: Diana war ein hübsches, liebenswertes Fohlen, das von Charles »eingeritten« wurde. Was brutal klingt, aber der Wirklichkeit mehr entspricht als alle Märchen. Zärtlichkeit – verschoben auf morgen, wenn nicht gar übermorgen.

Diana verehrte, lüsterte vielleicht auch nach ihrem Leibwächter Barry Mannakee vom Sicherheitsdienst Royal Protection Squad. Zum ersten Mal begegneten die beiden sich bereits Anfang der achtziger Jahre. Diana fühlte sich sofort zu Mannakee hingezogen. Dieser untersetzte, kräftige Mann wurde ihr engster Vertrauter. Als eines Tages Colin Trimming, der Chef der Leibwache, ohne anzuklopfen Dianas Wohnzimmer betrat, sah er, wie sein Untergebener Mannakee Diana umarmte. Warum? Diana war wieder einmal wegen ihres Mannes in Tränen ausgebrochen, und Mannakee wollte sie nur trösten.

Das war zu viel für Charles. Hinzu kam, dass viele Palastangestellte nichts Besseres zu tun hatten, als Intrigen zu erfinden. Und so wurde Mannakee mit der Rolle des Diana-Liebhabers besetzt. Ob er wirklich mit Diana im Bett war – das wissen nur die Götter. 1987 starb Mannakee bei einem höchst seltsamen Unfall. Er saß auf einem Motorrad der Marke Suzuki und hatte einen Zusammenprall mit einem Ford Fiesta in South Woodford, in der Grafschaft Essex. Der Fiesta kam aus einer Seitenstraße angeschossen. Die Fahrerin des Ford Fiesta war eine gewissen Nicola Chopp, 17 Jahre jung. Nur: Gefunden wurde diese Nicola nie. Sie durfte untertauchen, wurde mit einer neuen Identität versehen und lebt heute wohl in Amerika.

Was Diana über diesen »Unfall« sagte, ist bekannt. Sie erzählte es ihrem Sprachtrainer Peter Settelen auf Tonband, auch Butler Paul Burrell wusste davon. Diana ahnte: Es war Mord. Was Diana auch Joseph Sanders, einem Freund, erzählte: »Die bringen alle um, die die Monarchie auch nur irgendwie gefährden.«

Mannakee hatte Diana noch vor seinem mysteriösen Tod eine Botschaft zukommen lassen: Pass auf dich auf! Bis heute glaubt niemand, dass Mannakee bei einem Motorradunfall ums Leben kam, nicht einmal der beste Freund von Prinz Charles. Dass Diana heimlich den Urnenfriedhof in London besuchte, wo Mannakees Asche liegt, gehört hingegen zu den unausgesprochenen Wahrheiten. Auch dass sie dem britischen Geheimdienst die Schuld an seinem Tod gab. Mannakee war es auch, der sie warnte, mit dem jungen Rittmeister Hewitt eine Beziehung einzugehen, da dieser seiner Meinung nach nichts Gutes im Schilde führte. Was war dieser Luftikus James Hewitt doch für ein Kaliber? Er hat Diana sexuell so befriedigt, dass für sie erstmals sogar eine orale Befriedigung ihres Geliebten in Frage kam.

Wie Dianas Mann, so erwartete auch der Buckingham-Palast von Diana, dass sie klaglos ihren Pflichten nachging, nach dem Motto: sich zeigen und schweigen.

Doch Diana brauchte Anteilnahme und Bestätigung. Nach dem Tod ihres Freundes Barry Mannakee 1987 hatte sie niemanden, der sie aufbaute, ihr Ratschläge gab und Zuneigung schenkte. Ihren Mann hielt sie für einen Jammerlappen. »Was ist denn nun schon wieder«, sagte er genervt, wenn sie auf ihn zukam. In der königlichen Familie fühlte sie sich isoliert, und ihren Schwestern konnte Diana sich auch nicht anvertrauen. Das betraf vor allem Jane, die mit Robert Fellowes, dem stellvertretenden Privatsekretär der Königin, verheiratet war. Auch ihrer Exfreundin Sarah Ferguson traute Diana nicht mehr. Nur ihrer früheren Wohnungsgenossin Carolyn Pride Bartholomew klagte sie: Ihr Prinz sei überhaupt kein Märchenprinz mehr.

Und die Presse bestürmte sie mit Fragen: Warum schlafen Diana und Charles in getrennten Zimmern? Warum verbringen sie getrennt Ferien? Liegt es etwa an dem Altersunterschied von zwölf Jahren, dass die 26-jährige Prinzessin von ihrem 39-jährigen Prinzen gelangweilt sei?

Dann kam Rittmeister James Hewitt. Er spielte anfangs zusammen mit Charles oder gegen ihn Polo. Und war – wie die damalige Polo-Managerin Lesley Player meint – nicht nur ein brillanter Reiter, sondern auch brillanter Liebhaber. Später gab Hewitt Diana Reitstunden. Aber was weitaus wichtiger war: Er brachte sie zum Lachen. Er hörte ihr zu. Alles, was sie erzählte, fand er interessant. Und das finden Frauen bekanntlich unwiderstehlich.

Hewitt, ein erfahrener Liebhaber, wusste um das erotische Geflüster, das sexuelle Vorspiel, so dass Diana später ihrer Therapeutin Simone Simmons gestand: »Er brachte mich etwa einen Monat, bevor wir wirklich Sex miteinander hatten, zum Orgasmus. Danach hatte ich keine Angst mehr vor dem, was mich erwartete.«

Wir müssen uns dies folgendermaßen vorstellen: Seit 1981 ist Diana mit Charles verheiratet, sie hat ihm bereits einen Thronfolger geboren, am 21. Juni 1982. Rechnen wir zurück, dann wurde Diana bei einem der seltenen Beischlafzeremonien im September 1981 schwanger. Also sicher nicht in der medial weltweit gefeierten Hochzeitsnacht.

Hinterher herrschte eher Funkstille im Bett von Diana und Charles. Er musste Brücken einweihen, Altersheime eröffnen, sich um Staatsgeschäfte kümmern, sie sich um ihren Sohn. Dass beide nicht gerade ein »sexuell auf Höhepunkte zusteuerndes Paar« waren, wusste nun jeder, der sich nur oberflächlich mit Diana und Charles beschäftigte.

Prinz Charles hatte einfach »keinen Bock« auf Diana. Zu viele Gespräche, zu viel Vorspiel, zu viele unnötige Sachen. Geht es doch nur um einen weiteren Thronfolger. Quasi als Sicherheit.

Ob der zweite Thronfolger Henry, heute »Harry« genannt, wirklich von Charles gezeugt wurde, also mit »königlichem Samen« gesegnet ist, das wollen wir einfach mal als gutmütige Royalisten annehmen. Tatsächlich glaubt doch kein Mensch, dass eine so junge, sexuell aktive Frau wie Diana immer nur darauf gewartet hat, bis ihr Mann sich bei seiner Geliebten Camilla ausgetobt hat – um sich dann den kärglichen Rest zu holen. Keine Frage: Diana, die ihren Ehemann verachtete, die intellektuell von ihrem Mann geächtete und eigentlich als eine »Fußnote der Geschichte« beiseitegelegte Ehefrau, war keineswegs eine Frau, die nur über Darmspülungen, Astrologie, Reinkarnation oder Energietherapien philosophieren konnte. Diana war eine junge, sexuell hoffnungsfrohe und begehrenswerte Frau mit Lust, Liebe, Sorgen, Interessen – und eben auch Liebesaffären.

Dass die meisten dieser Affären im wahrsten Sinne des Wortes »in die Hose der Männer« ging, war keineswegs die Schuld der »Hexe aus dem Kensington-Palast«. Im Gegenteil: Diana geriet (ihr Ehemann Charles eingeschlossen) immer an schwache, schwächliche, ja emotional gestörte Jüngelchen. Auch wenn deren Status in der Gesellschaft als Thronfolger, Lord oder Sir einen männlichen Anstrich bekamen. Es waren im Grunde hilflose Männchen, die sich einer Frau nicht gewachsen fühlten, wenn diese einen eigenen Charakter, einen eigenen Willen und vor allem eine eigene Durchsetzungskraft besaß.

Kein einziger der Herren, die uns als »Dianas Männer«

bekannt sind, hatte die Aura, den Charme oder das Charisma der schlauen, gewitzten und doch bisweilen überreizten Prinzessin.

Liebe war für Diana ein Lebenselixier. Nicht zu lieben, sondern geliebt zu werden. Was ein höchst bedeutsamer Unterschied ist: Wer liebt, leidet – wer geliebt wird, leidet bekanntlich wenig. So könnte man es aus dem Buch entnehmen, das auf Dianas Nachttisch lag: »Erich Fromm: Die Kunst des Liebens«.

Der französische Soziologe Jean-Claude Kaufmann hat genau über dieses Thema eine aufschlussreiche Analyse geschrieben. Er stellt fest: Wir leben alle mittlerweile mehr oder weniger solo. Unsere Lebensjahre nehmen zu. Wie leben wir nun in einer Generation von Singles? Wie werden wir fertig mit dieser sozialen und familiären Revolution? Ist die Einsamkeit der Preis, den wir für unseren Egoismus zahlen? Ja – hat uns der Wunsch nach Unabhängigkeit jetzt neue Freiheit geschenkt? Oder hat er uns eine völlig andere Abhängigkeit gebracht? Eine Abhängigkeit nach »Ich bin ich«? Nach einer Freiheit, die paradoxerweise unbeantwortet bleibt?

Das sind exakt die Fragen, die sich eine junge Frau wie Diana auch gestellt hat, getrieben von dem Wunsch, letztlich doch den »Prince Charming«, den Traumprinzen, zu treffen.

Denn in ihrem bisherigen Leben hat sich ihr Prinz als hilflose Marionette streitender Lobbyisten in der royalen Hierarchie herausgestellt: ein Mann, der weder Mann (in Dianas sexuellen Wünschen) geschweige denn ein »Kerl« ist, der spontan nicht mehr macht, als seine Reitstiefel per Royal Navy aus Schottland nach Norfolk einfliegen zu lassen.

Und jetzt?

Charles hat der jugendlich-kantig-knackigen Diana eine verblühende Frau mit Cellulitis und keinem astralförmigen Körper vorgezogen: Camilla.

Wen wundert es, dass Diana, gestählt durch tägliches, hartes Fitness-Training, sich ihres Körpers und dessen Ausstrahlung erst heimlich, dann auch öffentlich immer bewusster wird?

»Er sieht sehr gut aus«, sagte sie 1995 – und zeigte auf ein Bild von John F. Kennedy Jr. im US-Magazin »People«.

John Fitzgerald Kennedy jr. ist das zweite Kind von US-Präsident John F. Kennedy und seiner Frau Jackie. Als der kleine John drei Jahre alt war, wurde sein Vater in einem bis heute nicht geklärten Mordfall umgebracht. Der kleine John rührte die Welt zu Tränen, als er an der Hand seiner Mutter an Papas Sarg salutierte.

John wurde von Stund an von der Presse verfolgt. Was Diana weltweit wohl am besten nachvollziehen konnte. Ob er mit Hollywood-Nixe Daryl Hannah liiert oder mit Pop-Ikone Madonna im Bett war – der kleinste Schweißtropfen von John war der Weltpresse eine Meldung wert. Im Jahr 1995 gründet John Kennedy Jr. das Politik-Magazin »George«. Auf den Titelblättern: Arnold Schwarzenegger, kostümiert als George Washington, der erste Präsident der Vereinigten Staaten.

Was liegt näher, als auch Prinzessin Diana zu einem Interview zu bitten? Vielleicht sogar für einen Titel? Natürlich mit dem Fotografen ihrer Wahl. Dieses Foto würden selbst Honorarkönige wie Herb Ritts, Richard Avedon oder Annie Leibovitz für »einen Apfel und ein Ei« in Szene setzen.

Kennedy und Diana trafen sich. In Vorgesprächen hatte Diana ein Interview abgelehnt und auch ein Titelbild. Da sie wegen »anderer Geschäfte« ohnehin nach New York musste, vereinbarten die Büros von Diana und Kennedy zumindest ein Gespräch in ihrer Suite im Carlyle Hotel an der Upper East Side, in das sie aus Sicherheitsgründen einchecken musste. Seit dem vermeintlichen Attentat auf Expräsident Jimmy Carter verfügt dieses Hotel über ein »ausgewogenes Sicherheitskonzept«.

Diana bewohnte eine der drei Penthouse-Suiten (die anderen wurden zu diesem Zeitpunkt vom Kronprinzen von Saudi-Arabien bewohnt, bewacht von Sicherheitskräften, die in England ausgebildet worden waren – man kannte sich also). Diese Suiten haben herrliche Panoramafenster (schusssicher) mit einem Ausblick auf den Central Park, den uns bisher nur Woody Allen in seinem Meisterwerk »Manhattan« präsentierte. Die Räume sind eine Mischung aus französischem Rokoko und neuenglischer Schlichtheit; wie in all diesen Suiten gibt es einen Flügel, den wohl keiner wirklich in Dur und Moll je in Angriff nahm. Die Kosten damals für eine Nacht: 3200 Pfund.

Was die keineswegs sparsame, aber mit Geld sehr wohl gepflegten Umgang gewohnte Diana als »äußerst hoch« monierte.

Laut Diana-Freundin Simone Simmons war Diana von Kennedy »hingerissen, vor allem von seinem amerikanischen Charme und dem Körper, den er hart trainierte, um ihn in Form zu halten«. Später berichtete Diana ihrer Vertrauten Simmons: »Wir redeten miteinander, eines führte zum anderen, und schließlich landeten wir im Bett. Die Chemie stimmte einfach.«

Hören wir uns die britische, die moralische Version von Dianas Butler Paul Burrell an. Danach war dies eine rein »geschäftliche«, also keine geschlechtliche Beziehung. Angeblich ist die Annahme, die beiden hätten eine Affäre gehabt, »lachhaft«.

Tote können nicht mehr dementieren – auch nicht bestätigen: John F. Kennedy Jr. starb als Pilot mit seiner Frau Carolyn und deren Schwester Lauren am 16. Juli 1999 bei einem Flugzeugabsturz vor Martha's Vineyard.

Der Insel, die Diana immer besuchen wollte und sogar davon träumte, einmal dort zu leben.

Nur: John F. Kennedy Jr. war keineswegs der Einzige, der der Jägerin Diana ins sexuelle Netz ging.

In Italien hing man früher nach der vollzogenen Hochzeitsnacht das blutgetränkte Bettlaken aus dem Fenster, um allen zu signalisieren: Es ist passiert. Bei Charles und Diana wäre diese Zeremonie sinnlos gewesen. In der Hochzeitsnacht jedenfalls passierte nichts. Gar nichts. Diana war nach den Anstrengungen der Hochzeitszeremonie ermattet. Und Charles? Er hatte schlichtweg keine Lust auf seine Frau. Wen hatte Diana? Für Sex? Niemand! Entweder starben ihre Freunde auf ungeklärte Weise, wie Leibwächter Mannakee, oder sie waren, wie James Gilbey, einfach Freunde, mit denen man am Telefon Onanie betreiben konnte.

Kein Wunder, dass sie für Hewitt ein gefundenes Opfer war.

Um sich nicht sofort als Geliebte eines schlichten Captains zu outen, ging Diana während ihrer Zeit mit Hewitt oft mit anderen Herren aus. Und ließ sich mit diesen auch fotografieren, wobei sie es verstand, den Bildern einen Hauch von Verruchtheit zu verleihen.

So erschien sie bei öffentlichen Anlässen in Begleitung von Major David Waterhouse und dem Bankier Philip Dunne. Es war ein gewohntes Bild, dass Diana öfter Begleiter, sogenannte »Walker« an ihrer Seite hatte. Dass sie aber mit einem Mann ins Bett ging, der für den Reitstall verantwortlich war, erstaunte später alle: »Es war schlichtweg unvorstellbar«, sagte eine ihrer besten Freundinnen. So ging es auch ihrem Bruder Charles Spencer, der verklärt beschwor: »Hand aufs Herz, meine Schwester Diana hat in ihrem ganzen Leben nur mit einem einzigen Mann geschlafen, und das ist ihr Ehemann.«

Unsinn. Über Dianas Verhältnis mit Hewitt, der bei seinen Kameraden den Spitznamen »Red Setter« hatte, wussten viele

Bescheid. So plauderte ein Stallbursche aus, dass die beiden sich »mitten in der Reitschule küssten und schmusten«.

Es kommt noch konkreter: Mitte November 1988 war Hewitt in die Combermere-Kaserne, nicht weit von Windsor, versetzt worden. Der Stallbursche berichtet: »Ich machte das Pferd der Prinzessin für ihre Reitstunde um halb vier fertig und führte es zur Reitschule, weil draußen schreckliches Wetter herrschte. Die beiden haben sich in der Reitschule getroffen. Ich stand auf einem Aufstiegsockel und habe ihnen zugeschaut. Ich sah, wie seine Hände auf ihrem Rücken die Bluse hochwanderten. Die Bluse hat nicht in ihren Reithosen gesteckt. Sie schmiss sich an ihn ran, und er schmiss sich an sie ran.«

Wer wusste alles von der Sexaffäre? Auf jeden Fall Dianas frühere Mitbewohnerin Carolyn Bartholomew, Freundin Mara Berni, der das Restaurant San Lorenzo in Knightsbridge gehörte, wo Diana und Hewitt oft gemeinsam zu Mittag aßen. Sie vertraute auch ihrem Sicherheitsbeamten Ken Wharfe, der sie zusammen mit Hewitt begleitete, so dass die Rendezvous eher den Eindruck von ungezwungenen Verabredungen als von Liebestreffen machten.

Diana wäre nicht Diana gewesen, hätte sie Hewitt nicht auch für ihre Rache an ihrem Ehemann Charles missbraucht. Als der seinen 40. Geburtstag mit 500 Gästen feierte, wusste Diana, dass er auch seine Geliebte Camilla Parker Bowles eingeladen hatte. Und so lud sie ihrerseits eben ihren Geliebten James Hewitt ein.

Doch schnell begann sich Diana mit Hewitt zu langweilen. Denn inzwischen hatte sie etwas entdeckt, was ihr bisher unbekannt war: ihre sexuelle Anziehungskraft auf Männer. Die wird sie in den kommenden Jahren leidlich ausnutzen.

Als Diana den smarten, gutaussehenden Kunsthändler Oliver Hoare kennen- und lieben lernt, vertraut sie sich sofort ihrem Stab an Astrologen und Wahrsagern an. Die ihr pflichtschuldig bestätigen, was sie zu hören wünscht: Ja – sie kann die zweite Mrs. Hoare werden.

Nun, wenden wir uns diesem Herrn Oliver Hoare einmal genauer zu. Und zwar nicht so, wie dies die britischen Medien bisher machten: devot, weil sie wissen, dass Prinz Charles mit Hoare befreundet war.

Keine Frage: Hoare hatte Diana verführt, die auch wiederum leicht zu verführen war. Die Affäre mit Hewitt war am Ausklingen, und in Dianas Bett herrschte mal wieder gähnende Leere. Da kam ihr dieser attraktive Kunsthändler mit seinen braunen Augen, seinem dichten schwarzen Haar genau gelegen: »Er konnte jeden mit seinem Charme betören«, sagte Diana.

Nur: Wieder hatte sie auf einen Schwächling gesetzt, auf einen, der sie nur ausnutzte. Wenn Diana auch hier wenigstens sexuell auf ihre Kosten kam.

Hoare hatte jahrelang versucht, die Aufmerksamkeit von Charles und seinem höfischen Klüngel zu erreichen. In Wahrheit war er damals nur ein Protegé einer älteren, reichen Dame aus Persien, die ihm den Zutritt zur Londoner Gesellschaft verschaffte. Sie hieß Hamoush Azodi-Bowler und lebte prunkvoll in dem ehemaligen Studio des Malers Augustus John in Chelsea. Sie hatte Hoare nach Teheran mitgenommen, wo er sich für islamische Kunst und Sufismus, eine mystische Strömung dieses Glaubens, interessierte. Zurück in London, leitete er die islamische Abteilung des Auktionshauses Christie's. 1976 heiratete er Diane de Waldner, die Erbin eines französischen Ölimperiums, und begann sich als Kunsthändler zu etablieren – spezialisiert auf orientalische Kunst mit eigener Galerie im vornehmen Stadtteil Belgravia.

Durch seine Frau, deren Mutter eine Freundin der Königinmutter war, lernte Hoare Charles und Diana auf einer Party in Windsor Castle kennen. Da beide Interesse an islamischer Kunst und östlicher Mystik hatten, freundete er sich mit Charles an – und legte Diana flach.

Hoare war 16 Jahre älter als Diana, Experte für Dinge, die ihr völlig schleierhaft waren – und er war sehr sexy.

Hoare klärte Diana Anfang der neunziger Jahre gut auf: über islamische Kunst, den Sufismus und besonders über Sex. Den sie von Hewitt nicht mehr wollte, weil sie jetzt Hoare als ihren »Sex-Guru« erkannte. Er interessierte sich weitaus weniger für Diana als für sein eigenes Ego. Er schenkte ihr zwar antike Armbänder und einen persischen Teppich, aber ich denke, wir dürfen getrost Dianas Therapeutin Simone Simmons Glauben schenken, die schrieb: »In meinen Augen war die Prinzessin von Wales nur eine weitere Kerbe an seinem Bettpfosten. Denn Hoare pflegte auch ein intimes Verhältnis mit Ayesha Nadir, einer wunderschönen Türkin, die mit dem ehemaligen Besitzer der Kaufhauskette Polly Peck verheiratet war.«

Diana – eifersüchtig wie eh und je – dachte allen Ernstes daran, sich als schwanger zu erklären. Von Hoare. Um ihn zu zwingen, sich zu ihr zu bekennen. Tatsächlich gibt es Gerüchte, dass Diana von Hoare schwanger gewesen sein soll und sich zu einer Abtreibung entschloss. Wie gesagt, das sind Gerüchte. Doch wie wir im Hause Windsor wissen, sind Gerüchte meist wahrer als das, was die Windsors als »Wahrheit« veröffentlichen.

Erstmals lag Diana, die Frau des künftigen Thronfolgers, im Bett eines verheirateten Mannes. Und der dachte gar nicht daran, diesen Status auch nur irgendwie in Frage zu stellen. Er genoss es. Typisch Mann.

Diana reagierte auf die Lügen und Ausflüchte von Hoare

wie jede eifersüchtige Frau: Sie schrie ihn an, wenn er mal wieder Ausreden fand, sie weinte. Denn Hoare hatte längst noch andere Probleme. Seine Frau war hinter seine neue Affäre gekommen. Er verschwand tagelang, meldete sich nicht.

Hoare, kein Herr von Stärke, redete sich heraus. Bei Diana und seiner Frau. Was auf Dauer schiefgehen musste. Er wurde unzuverlässig. Sie vereinbarte ein Treffen mit ihm, und er erschien nicht.

Schließlich wurde Hoare alles zu viel. Er reagierte wie jeder schwache Mann: Er verließ beide Frauen. Er zog aus der ehelichen Wohnung in Kensington Ende 1993 aus, mietete sich eine gegenüber der eher billigen Wohngegend am Londoner Bahnhof Victoria Station.

Dort blieb er genau zwei Monate. Dann kroch er reumütig zu seiner reichen Frau zurück. Die – gewitzt – ihren untreuen Ehemann so knapp bei Kasse hielt, dass ihm gar nichts übrigblieb, als bei ihr zu bleiben.

Dass Hoare später Diana in die Schlagzeilen brachte, weil sie ihn angeblich mit Telefonaten bombardierte und terrorisierte – das können wir getrost als eine weitere Ausrede eines Mannes betrachten, der alles war, nur eines nicht: Diana gewachsen.

Auch ihre nächste Affäre hat Diana wieder mit einem Mann, der ihr nie und nimmer gewachsen war: Will Carling.

William David Charles Carling wurde 1965 geboren, war also vier Jahre jünger als Diana. Er war der Kapitän der legendären Rugby-Mannschaft Englands in den Jahren 1988 bis 1996, in denen er 96 Matches gewann. Sein Spitzname »bum face« bezeichnet den bulligen, liebenswert bis einfältigen Rugby-Spieler recht genau. Diana lernt ihn kennen, als sie einen Personal-Trainer für sich sucht, um ihre Form und ihre Fitness zu steigern.

Diana stand in dieser Zeit auf stramme Muskeln und echten Sex. Immerhin war sie eine junge Frau mit Wünschen, Begierden und vor allem auch der Sehnsucht, im Bett Erfüllung zu finden. Was sie bei James Hewitt und Oliver Hoare gelernt hatte, sollte schließlich nicht verkümmern. Ob sie wirklich im Bett mit Will war? Wir können es nicht beschwören. Wir dürfen es aber annehmen. Carling war ein Muskelpaket, der sich kaum an irgendwelchen intellektuellen Künsten erfreute, aber dafür war er bekannt für seine Manneskraft.

Wills Frau Julia, eine Fernsehansagerin, nutzte sofort die Gunst der Stunde. Sie machte Diana für das Scheitern ihrer Ehe verantwortlich. Natürlich öffentlich. Im September 1995 wurde bekannt, dass die Carlings sich trennen wollten, und Julia sagte ganz offen, dass Diana daran schuld sei. Dabei bezog sie sich bewusst auf den Skandal, den gerade erst Dianas Verhältnis mit Oliver Hoare entfacht hatte. Aber wir sollten nicht alles glauben. Oliver Hoare war keineswegs Opfer, er war Täter – Will Carling hingegen war eher Opfer als Täter. Und Diana war eines nie: eine männermordende Sirene. Ja – sie lernte allmählich den Genuss von Sex zu schätzen, auch mit verbotenen Männern. Aber sie als eine Diana zu sehen, die nichts anderes im Kopf hatte, als ihre eigene Befriedigung, ihren eigenen Orgasmus, ihre eigene Liebesfähigkeit ständig neu erproben zu wollen – diesen Part der Geschichte können wir ihrer Schwägerin Fergie überlassen, obwohl Diana jetzt vom »männermordenden Vamp« zur »Männerdiebin« aufstieg. Diana hatte wohl weitaus interessantere »Trophäen« als ausgerechnet diese beiden eher schwachen Herren.

In diesem Zusammenhang stellt sich auch die Frage: Hat er oder hat er nicht? War er ihr Geliebter oder nicht? Die Rede ist von Popstar Bryan Adams. Gesichertes Wissen ist nur, dass

Adams, der 1959 in Ontario in Kanada geboren wurde, nicht nur als Musiker weltberühmt wurde, sondern auch als Fotograf – und als enger Helfer für das Projekt »The Prince's Trust« von Prinz Charles. Ob er hier mit Prinzessin Diana zusammenkam? Wir wissen nur, dass sich die beiden sehr nahe standen. Dass Adams genau in das Beuteschema von Diana gepasst hätte. Er ist weltberühmt: Seine raue Stimme scheint wie gemacht für Rockballaden, aber auch für Frauen, die sich nicht nur nach dieser rauen Stimme sehnen. Er sang mit Tina Turner, Sting, Rod Stewart, Barbra Streisand, Ex-Spice Girl Mel C und privat wohl auch für Diana.

Paul Burrell deutet in seinem Buch an, die Prinzessin habe zu Lebzeiten etliche Affären geführt, unter anderem mit einem prominenten Musiker. Und das war Bryan Adams.

Die ehemalige Freundin von Bryan Adams unterstützt diese These nicht nur, sie führt in der Zeitung »Mirror« an, dass die Beziehung zwischen Diana und Bryan Adams im Jahr 1996 stattgefunden habe und zum Ende ihrer Beziehung mit dem Musiker führte.

Bryan Adams selbst hingegen hat genug Stil, um zu schweigen. Es war vielleicht eine Liebelei, die er als Gentleman nie und nimmer kommentieren oder gar zugeben würde.

Wer auch immer wieder als Dianas Liebhaber ins Spiel gebracht wird, ist Kevin Costner. Zwar machte Fergie zuallererst Costner ganz offensichtliche Angebote, doch es war Diana, die den amerikanischen Superstar »erlegte«. Der sprach oft mit Diana am Telefon, bot ihr sogar eine Rolle im zweiten Teil des Kassenerfolges »Bodyguard« an – doch Diana war wohl mehr an dem Mann Costner als an dem Regisseur interessiert. So dürfen wir auch hier der geschundenen Seele von Diana wünschen, dass der charmante, witzige Kevin bei ihr »nicht nur mit dem Wolf tanzte«.

Der Chirurg Dr. Hasnat Khan war ohne Frage die größte Liebe von Diana – nach Prinz Charles. Sie lernte den damals 36-Jährigen im Jahr 1996 bei ihren Besuchen in verschiedenen Krankenhäusern kennen – und soll laut »Sunday Mirror« vom 5. November gesagt haben: »Ich will ihn heiraten und von ihm Kinder bekommen.« Was Diana allerdings als »Quatsch« abtat. Da Dr. Khan grundsätzlich keine Interviews gab und gibt, kennen wir von ihm zu diesem Thema nur den Satz: »Ich bin sehr beschäftigt. Ich beantworte keine Fragen.«

Tatsächlich aber war Diana von diesem faszinierenden Pakistani beeindruckt und fühlte sich zu ihm hingezogen. Und auch Dr. Khan erlag, wie so viele, Dianas Verführungskünsten: Sie zog sich sogar einen Operationskittel an, um bei einer Herzoperation, die Khan im Londoner Harefield Hospital ausführte, dabei sein zu können.

Natürlich übernachtete auch Dr. Khan häufiger im Kensington-Palast, als dies den Hofschranzen lieb war. Aber wer einmal in die erotischen Fänge von Diana geriet, der blieb meist über längere Zeit ein Gefangener der Prinzessin der Liebe.

Khan war es auch, der Diana wieder mit dem »normalen Leben« vertraut machte. Er nahm sie mit zum Biertrinken in ein Pub, in Londoner Jazzkeller, wo niemand damit rechnete, dass sich ausgerechnet Diana – mit schwarzer Perücke getarnt – mit dem dicklichen Doktor am Ecktisch vergnügte.

Gerne hätte Diana Hasnat länger behalten. Diesmal war es aber er, der Schluss machte. Er wollte und konnte nichts mit dem Presserummel um seine Person und die seiner Freundin anfangen. Auch ging ihm das ganze höfische Getue gegen den Strich. Dabei versuchten beide, ihre Liebe zu retten. Ließ sie ihm eine Nachricht zukommen, nannte sie sich Dr. Allegra, und er war DDG – Drop Dead Gorgeous. Hasnat wurde aber auch »Dornröschen« gerufen, wenn er nach einer Nachtschicht bis drei Uhr nachmittags ausschlief.

Paul Burrell schrieb in seinen »Erinnerungen an Diana«: »Glück ist das entscheidende Wort, denn mit Dr. Hasnat Khan war sie so glücklich, dass sie förmlich schwebte. So hatte ich sie nie zuvor erlebt – und sollte sie nie wieder so erleben.« Dennoch scheiterte die Beziehung daran, dass Hasnat Khan sich nicht für ein Leben an Dianas Seite entscheiden konnte.

Eigentlich war Dianas letzter Herzbube unwiderstehlich: Er war reich, charmant, galant, witzig, diskret, zärtlich. Er hatte nur zwei Fehler: Er war ein notorischer Playboy, und er war der Sohn von Mohamed Al-Fayed, dem erklärten Feind des britischen Establishments. »Muss ich auf irgendwen Rücksicht nehmen? Nein! Wir beide sind jung, ungebunden und geschieden«, ließ Diana verbreiten – und machte mit ihren Küssen die Ferienromanze mit dem ägyptischen Milliardärssohn Dodi Al-Fayed im Juni 1997 weltweit öffentlich. »Wie gut kann ich Jackie Kennedy verstehen, die den reichen Onassis geheiratet hat«, verglich sie ihrer beider Situation: »Jackie fühlte sich auch so allein, suchte Halt und Hilfe.«

Sehen wir uns Dodi genauer an. Geboren 1956 in Alexandria in Ägypten. Ausbildung: Elite-Internat »Le Rosey« in der Schweiz. 1973 besucht Dodi die Militärakademie von Sandhurst – wie Prinz William und Prinz Harry später. Der immens reiche Sultan von Brunei, Papas Freund, hält die schützende Hand über Dodi. Der spielt Polo, Golf, Tennis, fährt Ski. Und macht nebenbei Karriere: 1980 produziert er in England mit Clive Parsons das Musical »Breaking Glass« mit Songs von David Bowie. 1981 folgt der Sportfilm »Chariots of Fire« mit der Musik von Vangelis. Der Film gewinnt vier Oscars. Die nächste Produktion, »Murder By F/X«, wird ein Flop, was Dodi nicht weiter stört. Ab 1988 pendelt Papas Liebling zwischen seinen Villen in Hollywood und London.

Außerdem gehören ihm ein Apartment in New York, ein Châlet in Gstaad und eines in Aspen. Auch sein Familienstand ist keineswegs außergewöhnlich, als er Diana freit: Dodi ließ sich 1988 nach acht Monaten Ehe von dem Fotomodell Suzanne Gregard scheiden, die eine Abfindung von 2 Millionen Euro kassierte.

Nicht minder standesgemäß sind seine Freunde: »The Brit Pack« mit Schauspieler Hugh Grant, Model Liz Hurley, Produzentin Julia Verdin, Ex-Fergie-Lover Johnny Bryan. Auch die Damen, die er vor Diana genoss, können sich sehen lassen: »Pretty Baby« Brooke Shields, Sinatra-Tochter Tina, Soft-Porno-Girl Koo Stark (die Ex von Prinz Andrew), Churchill-Enkelin Charlotte Hambro, Rod Stewarts Exfrau Britt Ekland, Sängerin Lynsey de Paul, Yul-Bryner-Tochter Tania, Mimi Rogers (nach Tom Cruise), Model Marie Havlin, High-Society-Girl Susannah Constantine, die Weltstars Winona Ryder und Charlotte Lewis.

Wie und wo aber trafen sich Diana und Dodi? Eine gute Frage, die wir hier klären können. Es war Jahre vorher, bei einem Polomatch, das Dodi als Sieger über das Team von Prinz Charles verließ. Dann verbrachte Diana – zum Entsetzen des Königshofes – nach ihrer Scheidung ihre Ferien mit ihren Kindern in St. Tropez, ausgerechnet in der Villa von Mohamed Al-Fayed. Der rasch seinen Sohn einfliegen ließ: Eine so gute Gelegenheit, sich als Liebesbote aufzuspielen, ergab sich nicht jeden Tag. Ob Diana damals Dodi bewusst verführte, um sich als glückliche Frau den Paparazzi zu zeigen? Und was geschah später, in Dianas und Dodis letzten Turtelferien? Da zeigte Diana unter ihrem Leoparden-Einteiler plötzlich »Bauch«. Einen Bauch mit einem Kind? Wir wissen es nicht. Wir wissen aber, dass Diana den Windsors einmal mehr ihre Macht zeigen, sie demütigen wollte: die Mutter des künftigen Königs von England im Bett mit einem

Muslim! Das war genau der Tropfen, der das Fass zum Überlaufen brachte. Ein Muslim als Stiefvater des künftigen Königs? Unmöglich!

Wo aber trafen sich Diana und Dodi in ihren Liebesstunden in London? Im Apartmenthaus der Familie Al-Fayed an der Park Lane. Dodis Apartment liegt im 4. Stock, sein Vater Mohamed, seine Onkel Salah und Ali leben in anderen Stockwerken. Im 7. Stock befinden sich Büros und eine große Küche, die für alle Familienmitglieder rund um die Uhr Essen und Getränke liefert.

Die Atmosphäre in Dodis Apartment war elegant, glamourös und strahlte unendlichen Reichtum aus. In den Vasen standen frische Blumen. Überall Fotos mit Dodi und Hollywoodstars wie Burt Reynolds, Christopher Reeves, Robert Downey jr. Dazu ein Ölgemälde von Diana und das erste Foto, das Diana Dodi mitbrachte – zu ihrem ersten Rendezvous in seinem Apartment. Haushälterin Karen Mackenzie erinnert sich: »Das war im Juni 1997. Dodi war total nervös. Er wollte, dass alles – Blumen, Drinks, einfach alles – absolut perfekt war. Dann erschien sie, trug ein Cocktailkleid, Schuhe mit hohen Absätzen. Sie sah sehr förmlich aus. Dann organisierte Dodi, dass ihnen etwas von Harry's Bar gebracht werde – was Diana völlig verrückt fand, etwas aus einer Bar kommen zu lassen. Später hockten die beiden auf dem Boden, sahen fern, knabberten Snacks auf dem Sofa, sprachen stundenlang«. Von Treffen zu Treffen fühlte sich Diana heimischer, kam schließlich in Jeans und T-Shirts.

War Dodi Dianas große Liebe? Mit Sicherheit nicht.

Hätte sie ihn geheiratet? Wohl kaum.

War sie schwanger von ihm? Sorry, das wissen wir nicht! Was wir glauben zu wissen, haben wir von französischen und britischen Ermittlungsbehörden. Und deren Aussagen sind in etwa so zuverlässig wie die von Wetterfröschen.

Schließlich wurde Diana wenige Stunden nach ihrem Tod mumifiziert. Angeblich auf Anweisung ihrer Familie! Wer sollte das gewesen sein? Ihr in Südafrika lebender Bruder? Ihre auf einer schottischen Insel lebende Mutter? Nein, auch dieser Befehl gehörte zum brillant abgestimmten Szenario.

In diesem einen Punkt sind sich Martine Monteil, die Pariser Ermittlungsrichterin, Lord Stevens, der britische Untersuchungsexperte, und Rosa Monckton wieder einmal seltsam einig: Diana war nicht schwanger! Wie aber konnte das Lord Stevens acht Jahre nach Dianas Tod herausfinden? Da Diana in Paris nachweislich nicht auf eine Schwangerschaft untersucht wurde – und als mumifizierte Leiche in England genau diese Spuren absolut abgetötet waren. Was jeder Pathologe bestätigen kann.

Irgendwie wird man den Verdacht nicht los, dass da bis heute immer noch viel, sehr viel vertuscht wird.

Wer Diana alles verraten hat

Wer steckt uns Journalisten die kleinen Geheimnisse hinter den dicken Mauern von Windsor Castle und dem Buckingham-Palast? Wer hat uns verraten, dass Charles es auf seinem Landsitz Highgrove mit Camilla mal hinter dem Sofa so richtig lustig hatte? Wer hat uns berichtet, dass sich Prinz Andrew in der Karibik von einem Fotomodell oral befriedigen ließ?

Woher wissen wir, dass Charles gerne zu »Duschdas« greift? Und die Duchess of York, besser bekannt als »Fergie«, auf dem First-Class-Flug von Miami nach London die Passagiere erfreute, indem sie sich stark angeheitert eine Kotztüte über das rote Haupthaar zwängte und mit Zuckertütchen um sich warf?

Vieles wissen wir durch Sehen, Hören, Nachfragen, Nachgucken, Recherchieren. Vieles wissen wir aber auch von royalen Plaudertaschen. Als da beispielsweise wären:

Lady Colin Campbell – eine seltsame Adelige

Die geschiedene Frau von Lord Colin Campbell hatte unmittelbaren Zugang zur Königsfamilie – dank der Beziehungen ihres Mannes, der als Kunsthändler in New York arbeitet. Lord Campbell gehört bis heute zu den engsten Vertrauten der Windsors – und durch ihn bekam auch seine Frau direkten Zugang zu den royalen Kreisen.

Von Lady Campbell erfuhren wir erstmals Direktes aus

den Schlafzimmern von Charles und Diana. Zum Beispiel: »Wenn er sich im Kensington-Palast aufhält, schläft Charles in seinem Ankleidezimmer und lässt Diana die Einsamkeit des ehelichen Schlafzimmers genießen. Ich hörte von einem seiner Freunde, dass er lieber einen Bootsmast berühren würde, als mit ihr zu schlafen, und dass sie lieber den Mast nehmen würde als ihn.«

Wer ist eigentlich diese Lady Colin Campbell? Sie wurde 1949 auf Jamaika geboren, allerdings als Georges William Ziadie.

Warum? »Ich wurde mit einer gewissen Abnormalität geboren. Ich hatte zusammengewachsene Schamlippen und eine deformierte Klitoris«, gestand sie 1997 in einem Interview.

Als Georgia Ziadie ging sie nach New York und wurde Model. Sie traf 25 Jahre jung einen 27-jährigen Briten aus dem Hochadel: Lord Colin Campbell. Nach wenigen Tagen Bekanntschaft heirateten die beiden in Elkton, Maryland. Nach 14 Monaten war der Ehe-Spuk allerdings wieder vorbei.

Lady Campbell erinnert sich heute: »An Sex war er (Lord Colin, Anm. d. Autors) überhaupt nicht interessiert. Dafür trank er exzessiv.« Lord Campbell konterte: »Ich war in dieses schreckliche Wesen nicht eine Sekunde verliebt. Wäre ich nüchtern gewesen – nie hätte ich sie geheiratet.«

Lady Campbell schrieb auf, was sie hörte und besser wusste als andere. Sie war es, die Dianas Affäre mit James Hewitt enthüllte. Diese Enthüllung brachte ihr Todesdrohungen ein. Lady Colin Campbell hörte von einem (dem Autor nicht unbekannten) Finanzier: »Sie sind besser sehr vorsichtig bei dem, was Sie schreiben. Ich will damit nicht sagen, dass Sie etwas von den Mitgliedern des Königshauses zu befürchten hätten. Aber ›es gibt Kreise‹, die Sie ausradieren, wenn diese der Meinung sind, dass Sie die Monarchie diffamieren.«

Die Lady unbeirrt: »Ich weiß, dass Diana eine vertrauliche

Beziehung zu dem Inspektor (ihr Leibwächter Barry Mannakee, Anm. d. Autors) unterhielt, der bei einem dubiosen Unfall gestorben ist. Als die maßgeblichen Stellen das (die Beziehung, Anm. d. Autors) herausfanden, versetzten sie ihn. Und als sie Wind davon bekamen, dass er sich an die Öffentlichkeit wenden wollte, schmiedeten sie Pläne, um ihn loszuwerden. Das hat Diana mir selbst erzählt.«

Tatsache ist: Dianas Leibwächter Barry Mannakee starb im Juli 1987 – bei einem höchst mysteriösen Unfall. Der bis heute nicht aufgeklärt wurde und wohl nie aufgeklärt wird. Wie der seiner »Chefin« Diana wohl auch nicht.

Lady Colin Campbell notierte in ihrem Buch »Diana privat«: »Diana war 1994 schwanger von ihrem Freund Oliver Hoare und hat das Baby abtreiben lassen.«

Sophie – die plaudernde Ehefrau von Prinz Edward

Sophie Rhys-Jones, die mit Prinz Edward verheiratete Tochter eines Reifenhändlers und einer irischen Sekretärin, war PR-Managerin. 2001 traf sie sich mit einem »Scheich«, der in Wahrheit der Undercover-Reporter Mazher Mahmood war, eine Art Günther Wallraf in der englischen Gesellschaft.

Sophie plauderte aus:

- »Die Königin ist für mich eine alte Tante«, beleidigte sie ihre Schwiegermutter.
- »Schwul jedenfalls ist er (Edward, Anm. d. Autors) nicht. Ich kann mir aber eine künstliche Befruchtung vorstellen«, brachte Sophie ihren eigenen Mann später in Erklärungsnot.
- »Er hält sich für einen Denker. Aber die Leute lachen ihn nur aus, grinsen über ihn«, so Sophie über Thronfolger Charles.

- »Die (Fergie) wird immer ein dickes Problem haben – ihre Kinder auch ...«

Marie-Christine von Kent – »Prinzessin Penetrant«

Wenige Tage nach den harmonischen Feiern zum 80. Geburtstag von Queen Elizabeth II. bahnte sich in der britischen Königsfamilie ein weiterer Skandal an: Die 61-jährige Prinzessin Michael von Kent, die geborene Baronin Marie-Christine von Reibnitz, wurde in Venedig turtelnd mit dem 20 Jahre jüngeren russischen Möbel-Unternehmer Michail Krawtschenko gesehen.

Die in England als »Prinzessin Penetrant« verhöhnte Prinzessin hat sich jedenfalls als Plaudertasche längst geoutet.

So gab »Princess Pushy« bei der Hochzeit von Prinz Andrew mit Sarah Ferguson ihren wenig königlichen Kommentar ab: »Unglaublich ordinär.«

Und wieder kommt der journalistische Trickser Mazher Mahmood ins Spiel. Der diesmal verbal die Frau des Cousins der britischen Königin, Prinzessin Michael von Kent, hinters Licht führte – und ihre wenig royalen Worte wiedergab:

- Charles hat Diana nie geliebt. Er heiratete seine »Gebärmutter«.
- Charles war immer extrem neidisch auf Diana.
- Charles hasste es, dass Diana die »Königin der Herzen« wurde.
- Charles will unbedingt, dass Camilla Königin von England wird.
- Außerdem plauderte die Prinzessin von Kent aus: »Charles wird niemals zugunsten seines ältesten Sohnes (William) auf den Thron verzichten.«

Barbara Cartland – die Spottdrossel in Chiffon

Dame Barbara Cartland nahm nie ein Blatt vor den Mund:

- Als Dianas Vater Lord John Spencer von einem Schlaganfall genesen war, meinte sie: »Wenn Raine so weitermacht, wird die Hochzeit eine Katastrophe.«
- Als Barbara Cartland ihre Teilnahme an der Hochzeit von Charles und Diana einforderte, riefen Charles-Getreue nach einem »Sondergesetz«: einer Vorschrift, die alle von einer Hochzeit grundsätzlich ausschließt, die nicht direkt mit Braut und Bräutigam verwandt sind. »Dann hätte auch Camilla zu Hause bleiben müssen«, meinte die Dame.

Mal rief sie Diana zur Ordnung – »Sie wusste doch, wen sie heiratet!« Oder: »Sie soll sich nicht so zickig aufführen, schließlich ist sie die Frau des künftigen Königs.«

Weitaus brisanter ist Barbara Cartlands Ansicht über die wirklichen Gründe des Scheiterns der Ehe von Charles und Diana: »Weil sie keinen oralen Sex mit ihm haben wollte, dagegen hat sie sich gesträubt. So einfach ist das. Da musste ja alles schiefgehen!«

Wer seine Zunge sonst nicht im Zaum halten konnte:

Dianas Exprivatsekretär Patrick Jephson schreibt in seinen Enthüllungen »Schatten einer Prinzessin«:

»Diana war paranoid, intrigant, verlogen. Sie litt unter Verfolgungswahn, hatte Angst vor Mordanschlägen. Sie trug immer ein Messer in ihrer Handtasche. In ihrer Wohnung im Kensington-Palast suchte sie nach Wanzen, da sie überzeugt war, abgehört zu werden.«

Einzig realer Punkt: »Charles hatte ein Verhältnis mit Tiggy.« Das war das Kindermädchen von Dianas Kindern.

Dass Jephson dies schrieb, hat folgenden Grund: Er wurde wie viele andere von der königlichen Familie nach seinem Ausscheiden geschnitten, bekam keinen Job mehr.

Diana-Vertraute Judy Wade schreibt in »The Truth«:

»Dianas einzig wahre Liebe war Dr. Hasnat Khan. Mit ihm wollte Diana ein neues Leben anfangen. Dr. Hasnat war aber außer sich, da Diana ihr Abkommen nicht einhielt, die Romanze geheimzuhalten. Sie wollte ihn dazu zwingen, zu ihr zu stehen, sie zu heiraten. Da brach er mit ihr.«

Und Diana-Biographin Kate Snell weiß in »Her Last Love«:
»Diana wollte ihre große Liebe, den pakistanischen Herzchirurgen Dr. Hasnat Khan, nur mit ihrer Affäre mit Dodi Al-Fayed eifersüchtig machen. Damit Dr. Khan endlich zu ihr steht.«

Einzig realer Punkt an diesen Aussagen: Diana war in Dr. Khan verliebt, war heimlich bei Herzoperationen dabei, besuchte Dr. Khans Familie in Pakistan.

Diana liebte den Jazzfan, den Mann, der Leben rettete. Doch er wollte sein Leben nicht ändern. Er wollte weiterhin in »Ronnie's Scotts Club« gehen, Musik hören – und nicht immer mit einer Frau an seiner Seite, die eine schwarze Perücke trug und den ganzen Abend auf den Boden guckte, um nicht doch erkannt zu werden.

Dianas Coiffeuse Natalie Symons erzählt:

»Ihre Kleider waren Diana auf einmal um den Busen herum zu eng. Das erstaunte mich, da die Schneider ihre Maße kannten. Ich bin sicher, dass sie eine Brustvergrößerung hat machen lassen.«

Dianas Liebhaber, Rittmeister James Hewitt erinnert sich gleich in zwei Büchern (»Eine verliebte Prinzessin«, »Liebe und Krieg«): »Diana liebte mich. Voll Leidenschaft. Sie wollte sich von Charles trennen.« Ganz bewusst lässt er anklingen, dass Prinz Harry nicht unbedingt ein eheliches gezeugtes Kind von Charles sei.

Dass Hewitt später als »Ratte« gebrandmarkt wurde – ich kann es verstehen: Ein Gentleman genießt und schweigt!

Trevor Rees-Jones, der einzige, der den Todesunfall in Paris überlebte, enthüllt in »Der Leibwächter. Was geschah wirklich, als Diana starb?«: »Diana wollte sich am Königshaus rächen. Dodi war ihr nie gewachsen.«

Der britische Ex-Feldwebel Glyn Jones (47) behauptet öffentlich: »Es gibt ein Sexvideo von Diana und James Hewitt. Sie küssten sich unter einem riesigen Baum. Diana trug einen langen Reitmantel und sonst gar nichts. Alles, was er anhatte, war ein Hemd. Sie hatten leidenschaftlichen Sex, und wir mussten jede kleinste Einzelheit filmen.« Auf wessen Befehl dies geschah, bleibt ein Geheimnis. Ein britischer Geheimdienstler behauptet: »Die Kopie des Diana-Sexvideos liegt in einem Zürcher Banksafe.«

Am schlimmsten traf Diana jedoch der Verrat ihrer Mutter, Frances Shand Kydd, die Diana für das Scheitern ihrer Ehe mit Charles verantwortlich machte. Bereits während Dianas Ehe mit Prinz Charles war ihre eigene Mutter immer auf der Seite des Thronfolgers: Sie beschimpfte Diana als »widerliche Person«, als »Geldverschwenderin«, als »absolut ungeeignet für das Königshaus« und machte ihr massive Vorwürfe, egal, was Diana auch tat. Als sie die beiden Kinder zu McDonald's führte, als sie William in ein Obdachlosenheim mitnahm – es dauerte meist nur einen Tag, bevor ihre Mutter hysterisch die Tochter durchs Telefon anbrüllte. Mit Worten, die absolut jenseits allgemein gebräuchlicher Umgangsformen waren. Zu tief saß Dianas Wut auf ihre Mutter nach dem verheerendsten Telefonanruf, den sie jemals erhielt. Da warf die Mutter Diana mit undeutlicher Stimme Obszönitäten und unanständige Worte an den Kopf. Warum? Weil sie als jetzt supergläubige Erzkatholikin nicht die Gesellschaft von muslimischen Männern akzeptieren konnte.

Es war das letzte Telefongespräch, das Frances mit ihrer Tochter wenige Wochen vor Dianas Tod führte. Dianas Mutter wohnte damals auf der schottischen Insel Seil, sie gehörte einer bigotten Glaubensgemeinschaft an – und war wohl sturzbetrunken, als sie ihre Tochter im Kensington-Palast erreichte.

Nachdem Diana den Hörer aufs Telefon geknallt hatte, versprach sie ihrem Butler Paul Burrell: »Ich habe vor, nie wieder mit meiner Mutter zu sprechen.«

Paul Burrell schrieb dazu in seinem Buch »A Royal Duty«: »Wie prophetisch und traurig waren jene Worte – weil sie es eigentlich nicht tun wollte. Damit muss ihre Mutter jetzt leben, für den Rest ihres Lebens.«

Frances Shand Kydd schrieb nach dem Telefonat ungefähr ein Dutzend Briefe von ihrer schottischen Insel aus an Diana und verlangte, dass sich ihre Tochter bei ihr entschuldigte. Sie haben richtig gelesen: Die keifende Mutter verlangte, dass sich ihre Tochter bei ihr gefälligst zu entschuldigen habe!

Im Palastbüro wurden auf Anweisung der »Chefin«, wie Burrell die Prinzessin stets nannte, die Briefe in einen Sammelumschlag gesteckt und zurückgeschickt – ungeöffnet. Paul sagte: »Die Prinzessin erkannte die unverwechselbare Handschrift ihrer Mutter immer. Sie nannte sie ›Pokerstift-Handschrift‹, weil sie so dick war.«

Nach dem Tod ihrer Tochter wollte sich Frances von jeder

Schuld reinwaschen. Dies wurde aber erst öffentlich, als Dianas Butler Paul Burrell im Zuge der Untersuchung über den Unfall in einem Gerichtsverfahren aussagen musste. Dort stellte er klar, was Wahrheit und Lüge war, wenn Dianas Familie dem Richter nun weismachen wollte, sie hätten der verstorbenen Prinzessin nahegestanden. Was nachweislich nicht stimmte! Paul Burrell erinnert sich in seiner Aussage sehr genau an diesen Abend sechs Monate vor der Tragödie in Paris im Jahr 1997. Er war in der Speisekammer des Kensington-Palastes. Am oberen Ende der Treppe befand sich Dianas Wohnzimmer. Paul sagte aus: »Ich konnte hören, wie die Prinzessin oben schluchzte. Es war ein atemloses Schluchzen, unkontrolliert. Dann hörte ich ihren Ruf: ›Paul, komm schnell, komm schnell.‹ Sie hing über dem Geländer, schrie hinunter.«

Paul ging zur Prinzessin. »Sie winkte mich mit der Hand zu sich heran. Ich setzte mich mit gekreuzten Beinen zu ihr auf den Boden und lauschte dem Gespräch.«

Es war die undeutlich sprechende Stimme von Frances Shand Kydd. Was Paul hörte, war ein Sturzbach von Flüchen und bestürzender, versteckter Andeutungen wegen der Beziehung zu moslemischen Männern. Das Gespräch fing damit an, dass die Prinzessin immer noch bittere Gefühle gegenüber ihrer Mutter wegen eines Zeitschriftenartikels hegte. Die Zeitschrift hatte ein Interview mit Frances Shand Kydd geführt, die das Scheitern der Ehe von dem Prinzen und der Prinzessin von Wales und andere persönliche Fakten ausführlich darstellte. Paul sagte: »Die Prinzessin betrachtete den Artikel als Verrat von ihrer eigenen Mutter.«

Der Artikel verursachte einen Bruch in der Beziehung, aber es war nicht der letzte Schlag. Der letzte Schlag, der wirkliche Grund für den vollständigen Zusammenbruch in der Mutter-Tochter-Beziehung, aber war dieser Telefonanruf. Den Diana beendete, indem sie den Hörer aufknallte – und weinte.

Mehr als einmal schwor sich Diana: »Ich werde kein Gespräch mit meiner Mutter mehr führen.« Immer wieder gab sie als liebende Tochter dann doch nach, um hinterher in Tränen aufgelöst vor dem Marmorkamin im Kensington-Palast auf dem flauschigen Teppich zusammengekauert zu sitzen und in ihren weißen Frotteebademantel zu schluchzen.

Unfassbar, dass genau diese hartherzige, von Wut, Hass, Neid und giftiger Ablehnung gegen ihre Tochter zerfressene Frau sich bei einer Gerichtsverhandlung vom »Spencer-Clan« gegen Dianas Butler Burrell von Anwälten so darstellen ließ, als sei sie die einzige Person im Leben Dianas gewesen.

Wer jemals mit Frances Ruth Shand Kydd gesprochen hat, weiß, wovon ich rede. Es war kein Vergnügen. Ich hatte einmal diese Dame wegen eines Interviews am Telefon, und dabei habe ich feststellen müssen, dass sie ihre Tochter wohl wirklich mehr hasste als liebte. Es waren ins Telefon gebellte Worte, die mich in dem Verdacht bestätigen, dass Dianas Mutter möglicherweise zu Recht 1996 ihren Führerschein wegen Trunkenheit verloren hat.

Dabei sollte statt dieses Telefonats eigentlich im Sommer 2001 ein Interview vor Ort stattfinden. Alles war perfekt geplant: Zusammen mit NBC-Reporterin Daphne Barak sollte ich auf der schottischen Insel Isle of Seil Prinzessin Dianas Mutter treffen. Die Insel liegt zwölf Meilen südlich der schottischen Ferienmetropole Oban und ist mit dem Festland durch eine herrliche alte Brücke verbunden. Eine Brücke, die weltberühmt ist als »Bridge over the Atlantic Ocean«.

Hier wohnte Frances in einem niedlich-kleinen Bungalow mit dem Namen »Callanish«, aus dem sie einen grandiosen Blick über den Nordatlantischen Ozean hatte. Hier konnte man einfach an ihre dicke, hölzerne Tür klopfen, hinter der nicht Orgelmusik oder andere klassische Töne zu hören waren, sondern die Boyband Boyzone.

Irish Sea!

Bis zu ihrem Tod war Frances Shand Kydd eine Frau, die aussah, als sei sie einem jener Modejournale entsprungen, das ihre Tochter als Chefredakteurin hätte führen können.

Ebenso hochaufgeschossen wie ihre Tochter, feingliedrig und selbst im Alter noch höchst attraktiv. Dass sie eine Zigarette nach der anderen rauchte, lässt erahnen, mit welchen Süchten sie ein Leben lang im Clinch lag.

Nach zwei Ehen war Frances vom anglikanischen zum katholischen Glauben konvertiert, doch die von Rom aus gelenkte Glaubensgemeinschaft war Frances zu wenig streng. Also schloss sie sich einer strenggläubigen Gemeinde auf der idyllischen Insel Seil an. Eine Gemeinde, die Frances gern und oft unterstützte, für die sie auch ganz offiziell als Mutter Ihrer Königlichen Hoheit Diana Prinzessin von Wales den Klingelbeutel herumgehen ließ, um auch von den geizigsten Schotten einen kleinen Obolus zu ergattern. Auch für eine Stiftung für behinderte Kinder sammelte die schmallippige Frances, schenkte ihnen die Liebe, die sie ihrer Tochter nie richtig zuteil werden ließ.

Es ging also wegen des Interviews hin und her, zwischen New York (Daphne Barak), Zürich (mein Standort) und der Isle of Seil. Mal war die Lady von Seil am Telefon witzig, amüsant, meist jedoch zynisch und oft auch – besonders abends – unausstehlich. Da war es wahrlich kein Vergnügen, sie erneut an ihre Zusagen für das Interview zu erinnern.

Im Ernst: Ich dachte oft, sie sei bereits gegen 17 Uhr schottischer Ortszeit gut abgefüllt, so viel erzählte sie, lallend und nicht gerade zusammenhängend. Dann war sie wieder von aufbrausendem Temperament, das einem fast den Hörer vom Ohr schlug, dann wieder angenehm, bevor sie ein anderes Mal wohl mal wieder ihrem strikten Alkoholverbot ein Schnippchen geschlagen hatte.

Mal wurde unser Treffen auf eine, mal auf zwei Wochen

verschoben, dann ging es überhaupt nicht, ein anderes Mal würde es gleich morgen passen – was allen Beteiligten unmöglich war. Irgendwann war auch der letzte Kameramann, der letzte Tonmeister, die in Aberdeen noch zu buchen waren, entnervt. Genauso wie die angeschlossenen Redaktionen, die das ja alles zu zahlen hatten. Auch die Aus- und Zwischenfälle.

Schließlich traf Daphne Barak die Mutter von Diana doch noch. In London. Ohne mich, aber mit meinem Fragenkatalog gerüstet. Was wiederum zu einem Irrwitz führte: Erst sollte das Interview im Londoner Lieblingslokal von Frances, im »Caraffini's« in der Lower Sloan Street stattfinden. Dann hieß es: »Wenn auch nur der Name Diana fällt, ist das Interview zu Ende.« Schließlich trafen sich die beiden Damen im Hotel Dorchester, und es fand etwas statt, das man als Interview kaum bezeichnen kann, sondern höchstens als ein kurzes Befragen einer Frau, die weder Lust noch Laune hatte, irgendetwas zu beantworten. Trotzdem ist dies wohl das letzte Interview mit Dianas Mutter Frances Shand Kydd, unter der Diana ihr Leben lang litt.

Daphne Barak: Sie hetzen von einer Wohltätigkeitsveranstaltung zur nächsten …

Frances Shand Kydd: … ja. Ich treibe seit zehn Jahren Spenden für HCPT auf.

DB: Für wen?

Frances Shand Kydd: Das ist eine Stiftung, die behinderten Kindern hilft.

DB: Seit Ihre Tochter Diana vor zwei Jahren in Paris starb, fragen sich viele Menschen: Was haben Sie seit ihrem Tod gemacht?

Frances Shand Kydd: Ich habe mich immer mit Schottland identifiziert. Alle meine Stiftungen sind schottisch. Ich bin

Schirmherrin aller schottischen Fischer und deren Familien.

DB: Immer wieder wird Ihnen unterstellt, dass Diana von Ihnen Ess-Brech-Störungen und Magersucht geerbt hat.

Frances Shand Kydd: Unsinn.

Sie bestellt sich ein dickes Sandwich.

DB: Wie ehren Sie das Andenken Ihrer Tochter?

Frances Shand Kydd: Ich werde vor Weihnachten noch in das Spital gehen, das Diana kurz vor ihrem Tod besucht hat. Das war ihr letzter Auftritt. Das Spital bat mich eineinhalb Jahre lang – so gehe ich jetzt eben hin, in der Hoffnung, dort nicht belästigt zu werden.

DB: Wie verbringen Sie Weihnachten?

Frances Shand Kydd: Zu Hause, in Schottland. Letztes Jahr verbrachte ich es mit meinen zwei Töchtern (Sarah und Jane, Anm. d. Autors) und meinem Sohn Charles. Ich liebe es, abends für viele zu kochen. Nur Frühstück machen, das hasse ich.

DB: Fühlen Sie sich an Weihnachten besonders an den Verlust Ihrer Tochter Diana erinnert?

Frances Shand Kydd: Egal, was die Medien über mich geschrieben haben. Ich weiß, dass sie immer noch in den Herzen der Menschen ist. Ich erhalte immer noch Briefe aus aller Welt. Geld für Arme und Hilfsbedürftige zu sammeln, vorwärts zu schauen – das ist die beste Erinnerung an Diana.

DB: Was hat Sie besonders getroffen?

Frances Shand Kydd: Missachtung! Sie war meine Tochter. Sie wurde geliebt. Ich liebte sie.

DB: Welche Momente erinnern Sie immer wieder an Diana?

Frances Shand Kydd: Es war die Vorfreude auf ihre Geburt, dann die Geburt selbst und alle die Jahre, als Diana jung und glücklich war und die Welt noch nichts von ihr wusste.

DB: Sie tragen einen wunderschönen Ring!

Frances Shand Kydd: Er symbolisiert das Leben meiner zwei Kinder, die ich verloren habe: John, meinen ältesten Sohn, und Diana, meine jüngste Tochter.

Auch wenn sich Frances in ihrem letzten Interview versöhnlich zeigte, so dürfen wir nicht vergessen, dass Frances nie die Gelegenheit hatte, sich mit ihrer Tochter wirklich zu versöhnen: Diana starb, als Tochter und Mutter im Streit lagen. Die guten Nachrufe von ihrer Mutter haben sie nicht mehr erreichen können.

Dianas Reaktionen auf ihre Verräter/-innen waren immer gleich: Sie trennte sich von ihnen, sie sagte nichts. »Sie war ein Mensch, der sich von heute auf morgen von dir abwenden konnte. Und das total«, sagte ihre Freundin Rosa Monckton.

Die Zeiten ihrer neurotischen Verfolgungsangst waren vorbei. Diana hatte ein untrügliches Gedächtnis: Sie lehnte die ab, die sie verletzt hatten. Sie begann sich am Ende ihres Lebens wie von einem Panzer zu befreien. Sie liebte, wen sie wollte, sie verkörperte den Glanz einer Frau, die sich von einem Trödler der Gefühle verabschiedet hat.

Die Macht der Bilder – Diana wusste diese wohl zu nutzen. Am Ende war es ihr egal. Sie wurde ein Mythos. Diana lebte längst in einer Sphäre, die sie auf jeden Fall unsterblich machen würde. Sie hat sich selbst zu einem Kunstwerk erhoben, zu einem Stück Poesie, zu einer Art gelebten Roman.

Für Charles war es ein Segen des Himmels, des Schicksals, einer Familie oder der Geheimdienste, dass seine Frau starb: mit einem ägyptischen Playboy, mit einem betrunkenen französischen Chauffeur, in einem deutschen Mercedes. Und das in Paris.

Diana – auf der Suche nach dem Sinn des Lebens

In dem kleinen viktorianischen Hexenhäuschen herrscht das fahle Licht eines verhangenen, britischen Sommertages.

Eine füllige Frau in kaftanähnlichem Gewand, dicken goldenen Ohrringen und ausgetretenen Pantoffeln starrt mit tiefschwarzen Augen in eine Kristallkugel, ein Erbstück ihrer Großmutter, einer Zigeunerin. Angeblich soll die Kugel 500 Jahre alt sein.

Kurz steht die schwerhüftige Dame hinkend auf, um ihrem Lebensgefährten nebenan Mut zuzusprechen. Sie geht seit einer bösen Arthrose gekrümmt, ihr Lebensgefährte leidet an Krebs.

Die 57-jährige Frau blickt aus dem Fenster, hängt metaphysischen Gedanken nach, versucht Kontakte zwischen Verstorbenen und Lebenden herzustellen, träumt von Ufos, die in der zu erwartenden hellen Vollmondnacht landen – hinter ihrem Häuschen am Ende des 1000-Seelen-Dorfes Lower Pilsley in der armseligen Grafschaft Derbyshire.

Es ist ein trüber Nachmittag, dieser 13. August 1997. Und keine grünen Aliens, Zombies oder sonst in der Intergalaxis hausenden Außerirdischen landen hinter dem Haus, auf einer Grünfläche schwebt lediglich ein gold-grün gestrichener Hubschrauber ein.

Es steigen aus: die Prinzessin von Wales und ihr Geliebter, der Milliardär-Erbe Dodi Al-Fayed. Die beiden Lieblinge des internationalen Jetsets haben einen besonderen Druck auf ihren leidgeprüften Seelen. Wer könnte ihnen da besser psychologisch-esoterische Hilfe geben als Rita Rogers, die Wahrsagerin von Lower Pilsley?

Es mag für rationale Ohren kaum glaubhaft klingen, aber es ist eine Tatsache: Die 36-jährige zweifache Mutter, geschieden und die berühmteste Frau der Welt – sie sucht bei einer dubiosen Wahrsagerin und Kristallkugel-Guckerin Hilfe.

Der 41-jährige, einmal geschiedene, kinderlose Hollywoodproduzent und Oscar-Gewinner (»Chariots of Fire«) sucht nach Hunderten von One-Night-Stands abseits von Ferraris und Rolls-Royces sein Seelenheil bei einer Frau, die für 55 Euro die Zukunft weissagt.

»Ich weiß, es klingt verrückt«, vertraute Diana ihrem Haus- und Hofbiographen Andrew Morton an, »aber ich glaube, dass geliebte Menschen, die gestorben sind, sich aus einer anderen Welt heraus an mich wenden.«

Ganz weltlich fliegen an diesem sonnigen Nachmittag Diana und Dodi vom Dach des Londoner Kaufhauses »Harrods« in das rund 120 Kilometer entfernte Dorf Lower Pilsley. Um sich von einer Frau die Zukunft voraussagen zu lassen, die dafür normalerweise 250 Euro pro Sitzung verlangt, bei den beiden jedoch etwas mehr. Was Diana stets sofort und mit einem zugeneigten Bonus überwiesen hat.

Immerhin ist Rita Rogers eine bekannte Hellseherin, die bereits mit der Polizei zusammengearbeitet hat. Angeblich will sie bei Mordfällen den Tipp »gesehen« haben. Das aber meint nur sie.

Es ist der zweite Besuch, den Diana persönlich und heimlich bei Rita Rogers macht. Normalerweise ließ sie sich von dem »Medium« per Telefon beraten. Was bedeutet, dass Diana Frau Rogers mehrfach die Woche konsultierte. Denn die Prinzessin nahm »die Kraft der Gefühle« sehr ernst und glaubte felsenfest an Voraussagen in Horoskopen.

So hat sie dank Rita Rogers Kristallkugel ihr Umfeld längst in Freund und Feind geteilt. Fergie, ihre einstige Freundin, fiel dabei ins Abseits. Jetzt will sie unbedingt wissen, ob sie mit ihrem neuen Freund Dodi Al-Fayed endlich Glück hat.

Niemandem vertraute Diana mehr persönliche Geheimnisse ihres Lebens an als Rita Rogers. Niemandem gab sie sich mehr preis. Niemandem offenbarte sie ihre innersten Gefühle, Wünsche, ja Träume mehr als dieser seltsamen Frau in Plüschpantoffeln. Mit Rita konnte sie abseits von Jetset, Landminen, Hungersnöten, Aids-Kranken, Krankenhausbesuchen, Scheidungssorgen, Windsor-Ärger und Zukunftsängsten offen reden. Und in die Kristallkugel starren, aus der »Medium Rita« die Zukunft Dianas sah.

Wobei eine besondere Spezialität von Rita war, Kontakt mit Verstorbenen aufzunehmen. Nun wollte Diana natürlich von ihrem geliebten Vater Johnnie, dem 8. Earl Spencer, wissen, was er ihr über Liebe, Lust und Leidenschaft mit dem ägyptischen Playboy aus dem Jenseits mitzuteilen habe. Wir ahnen es: nicht viel. Hier bleiben – seltsam – alle Quellen stumm. Zumal selbst die dümmste Hellseherin in England die seit Jahrzehnten kursierenden Gerüchte kannte, dass Diana eben an diesem Johnnie Spencer hing, doch dass er nur eben leider nicht der wirkliche Vater war. Dies zu offenbaren wäre aber selbst einer Hellseherin zu »heiß« gewesen.

An diesem 13. August will Diana, dass sich auch ihr Neu-Geliebter Dodi Al-Fayed seinen Problemen stellt – mit seiner Exgeliebten Kelly Fisher, die weinend vor TV-Kameras klagte, dass Diana ihr Dodi ausgespannt habe. Dass Dodi verlangt habe, Liebe mit Diana und Kelly zu machen. Was so absurd ist, dass es nur in Amerika bis heute einen Prozess darüber gibt.

Tatsächlich besuchte Diana ihre Hellseherin Rita auch aus anderen Gründen: Sie wollte Ritas krebskranken Freund besuchen – ihm Mut zusprechen.

Der Besuch bei »Medium Rita« brachte dennoch Zukunfsträchtiges zutage – so posaunte doch kurz später Dodis Vater Mohamed Al-Fayed in die Welt: »Die beiden lieben sich – und sie werden heiraten.«

Bei diesem letzten Besuch am 13. August lässt Diana ihrem Dodi den Vortritt. Rita sieht für Dodi wahrlich Ungaubliches voraus: »Sie befinden sich in großer Gefahr. Hüten Sie sich, ja meiden Sie ganz besonders schwarze Autos!«

Kurz vor Dianas und Dodis Todesfahrt im Tunnel d'Alma will Rita Rogers ihre Prophezeiung noch konkreter formuliert haben: »Es wird einen Unfall geben – einen schweren Unfall – mit einem schwarzen Mercedes!«

Tatsächlich stirbt Dodi in dem schwarzen Leih-Mercedes der Firma »Etoîle«, die es – seltsam, seltsam – heute in Paris nicht mehr gibt. Es ist ein schwarzer Mercedes 280 S, kurz vorher gestohlen, dürftig repariert (von einer Werkstatt, die kurz nach Dianas Tod den Betrieb einstellte) und angemietet vom »Ritz«, dem Hotel seines Vaters Mohamed Al-Fayed. Diana wird aufgrund ihrer Verletzungen, die sie sich beim Unfall dieses schwarzen Mercedes in der Nacht des 31. August 1997 zuzog, die Nacht nicht überleben.

Nur: Können wir dies alles glauben? Diese Vorhersagen? Ist dies nicht wieder ein neues Märchen einer hochbegabten Selbstdarstellerin wie Rita Rogers?

Tatsächlich gehört Rita Rogers zu den sogenannten »seriösen« Hellsehern. Was immer dies auch heißen mag. Ihre Klientel besteht aus wichtigen Wirtschaftsfürsten, und selbst Politiker pilgern zu ihr.

Ob Rita Rogers an diesem 13. August 1997 allerdings wirklich den Tod von Dodi und Diana in einem »schwarzen Auto« vorausgesehen hat?

Egal: Das war Grund genug für die beiden renommierten Journalisten Nicholas Farrel vom »Spectator« und Marc

Roche von »Le Monde«, ein Buch über 44 Seiten zu schreiben. Der reißerische Titel »Diana une mort annoncée«, also »Diana – ein angekündigter Tod«.

Lassen wir dies mal so stehen. Interessant ist es auf jeden Fall. Zumal Diana nicht die Einzige war, die sich mehr oder weniger genau an Voraussagen ihrer »Gurus« hielt – oder in diesem Fall eben nicht, was dann zu ihrem verhängnisvollen Tod führte.

Bei Promis und Weltstars ist es ein neuer Trend, sich für eine tolle, jugendliche Ausstrahlung und echtes Seelenglück den »persönlichen Jesus« zu suchen.

Meist ist das ein spiritueller Lehrer, ein holistischer Arzt, ein buddhistischer Lama, ein Zen-Mönch oder ein anderer Guru. Die Lehre heißt in etwa immer: Weg vom materiellen Denken, weg vom Egoismus und sinnentleertem Dasein! Dafür hin zu mehr Lebensqualität, hin zur Wellness des Herzens und echtem spirituellem Glück.

Wegbereiter für dieses neue Bewusstsein waren unter anderem Stars wie Tina Turner, Shirley McLaine, Richard Gere, Linda Evans oder Richard Chamberlain. Denn sie haben eines erkannt: Auch wenn man alles Geld und allen Ruhm der Welt besitzt, kann man von Ängsten, Sorgen, innerer Unruhe, Süchten und seelischen Leiden geplagt werden. Darum suchen die Berühmtheiten dieser Welt spirituelle Lehrer und Heiler auf, die ihnen dann zu friedvollen Gedanken, Lebensfreude und Glück verhelfen.

»Die Wege und Methoden zu neuem Glück, Gesundheit und mehr Schönheit sind vielfältig«, schreibt der Schweizer Esoterik-Experte René Tischler. »Rechtes Denken, Yoga, Lichtmeditation, heilende Mantras, Channeling, Yoga, Atemtechniken, Selbsterfahrungsseminare oder spirituelle Workshops gehören zum Alltag wie Essen und Trinken. Damit alles noch mehr Spaß macht, ergänzen oft Heilmethoden das neue Lebensgefühl: wie Chi-Gong, Tai-Chi, Edelsteinmedizin, Heilklänge, Handauflegen, Ayurveda, Heilen mit Farben, ätherischen Ölen, Aura Soma und Bachblüten.«

US-Professor Dean Ornish, der mit seinem Bestseller »Heilen mit Liebe« für Aufsehen sorgte, setzt sich für die Spiritualität ein: »Wer meditiert«, so Ornish, »gewinnt Kraft, wird ruhiger, hat kurzum mehr Spaß an Essen, Sex, Musik und Kunst.«

Wie finden die prominenten Schauspieler, Sängerinnen oder Stars ihren spirituellen Lehrer? Vieles läuft über Mundpropaganda. Auf Partys oder persönlichen Einladungen wird oft der entscheidende Tipp gegeben. Das neue Seelenheil braucht aber etwas Zeit (ein Luxus, der dem Normalbürger oft fehlt) und das nötige Kleingeld. In der Regel spielt sich die Transformation in spirituellen Zentren und Instituten, Häusern der Stille oder in Aschrams ab. Hier bieten bekanntere und weniger berühmte Lehrer oder Heiler ihre esoterischen Kurse, Seminare, Einzelsitzungen oder Workshops an.

Einer der ganz Großen auf diesem Gebiet ist Deepak Chopra. Zum Ayurveda-Arzt und spirituellen Lehrer in La Jolla (Kalifornien) pilgern Demi Moore, Modeschöpferin Donna Karan oder Exbörsengigant Michael Milken. Beatle George Harrison widmete ihm sogar den letzten Song vor seinem Krebstod 2001. Russlands Expräsident Michael Gorbatschow, Prinz Charles, Popstar Michael Jackson und sogar Nobelpreisträger holen sich bei ihm Rat. Dr. Chopra schrieb Bestseller (zum Beispiel: »Ageless body« oder »Quantenheilung«). Der neue Prophet und ehemalige Maharishi-Schüler lehrt seine Anhänger eine Ton-Meditation: »Meditation ist eine der mächtigsten Werkzeuge, um Harmonie aufzubauen. Sie ist der Geburtsplatz für Glückseligkeit, Liebe und innere Intelligenz.«

Filmstar Shirley MacLaine reiste vor einigen Jahren ins Licht-Institut nach Santa Fe. Auf der Couch steckte ihr die spirituelle Heilerin und New-Age-Pionierin Chris Griscom goldene Akupunkturnadeln in die Stirn. Das Resultat transformierte Shirley MacLaines Leben nachhaltig: Sie sah vor ihrem geistigen Auge frühere Leben als russische Tänzerin, Haremsfrau oder als Pirat wie in einem Film ablaufen. Was sie alles bei dieser Sitzung erlebte, beschrieb der Showstar in ihrem Bestseller »Tanz im Licht«.

Dieses Buch sollte auch für Prinzessin Diana ein Schlüssel zum neuen Ich werden.

Einen totalen Wandel erlebte auch Popsängerin Tina Turner, als eine Freundin sie mit der buddhistischen Shosu-Bewegung bekannt machte. Im Alter von 33 Jahren begann sie, täglich das meditative Mantra »Nam-myo-ho-renge-kyo« zu singen. Die Meditation gab ihr schließlich die innere Kraft, sich von ihrem tyrannischen Mann Ike zu lösen. Noch heute kniet Tina Turner regelmäßig zu Hause vor einem kleinen Altar, um heilige Mantra-Laute zu rezitieren und so spirituelle Energie zu gewinnen.

Die Gästeliste im Syda-Yoga-Zentrum von Gurumayi, einer modernen indischen Heiligen, die in South Fallsburg im Staate New York lebt, würde das Herz jedes Promi-Agenten höher schlagen lassen. Sängerin Diana Ross war schon dort, genauso wie das berühmte Model Isabella Rosselini, Filmstar Don Johnson oder Schauspielerin Melanie Griffith. Gurumayi gibt stets in modischer Versace-Kleidung ihre Siddhi-Yoga-Lektionen. Sie singt diverse Mantras vor, zeigt spezielle Yoga-Positionen und Atem- und Lichtmeditation. Blockieren negative emotionale Muster den inneren Fortschritt, gibt die erleuchtete Heilige persönliche Anweisungen. Nach zwei bis drei Wochen kehren Gäste mit jeder Menge Shakti-Energie nach Hause zurück, um im nächsten Jahr wiederzukommen.

Als der bekannte Weltstar Richard Chamberlain (»Dornenvögel«) eine tiefe Krise durchlebte und so sehr litt, dass er beinahe daran zerbrach, pilgerte er zu Guru William Brugh Joy. Der heute 60-jährige Arzt hat in der oberen Mojave-Wüste in Kalifornien eine spirituelle Ranch eingerichtet. Hier erlernte Chamberlain den Transformationsprozess, eine Mischung aus Chakra-Heilen, Spiralmeditation und Transfer von Energiefeldern. »Manche Lehrer sind Hallen. Manche sind Treppen. Um Weite und Tiefe im Bewusstsein zu erfahren, musst du beide finden«, lehrt Dr. Brugh Joy.

Mit Popdiva Madonna hat sich auch Diana ausgetauscht. Wobei die Sängerin bereits damals mitten in einem erstaunlichen persönlichen Wandel steckte: Madonna hatte sich spirituellen Dingen zugewandt. Sie pilgerte zur indischen Heiligen Meera, praktiziert heute jeden Morgen mindestens eine Stunde Ashtanga-Yoga und besucht in Hollywood bei Rabbi Berg – wie übrigens auch Sängerin Barbra Streisand – eifrig kabbalistische »Bibelstunden«.

Die Plattenmilliardärin über ihre neu gefundene Weisheit: »Das Wissen der Kabbala wird die Menschheit erleuchten. Wahres Glück hat mit Äußerlichkeiten nichts zu tun. Es ist das Herz, das uns zu einem höheren und besseren Bewusstsein transformiert, und nicht der Kopf.«

Fergie, die Herzogin von York, suchte zur gleichen Zeit wie Diana spirituelle Hilfe. Allerdings waren beide zu diesem Zeitpunkt bereits so zerstritten, dass sie ihre gegenseitigen spirituellen Sitzungen und Erfahrungen nicht mehr miteinander austauschen konnten und wollten. Und doch waren beide fast parallel auf der Suche nach einem neuen Sinn und vor allem nach einem neuen Halt in ihrem Leben.

Ihr inneres Glück fand Fergie unter anderem beim indischen Wunderheiligen Sai Baba. Sie ließ es sich auch nicht nehmen, einen Workshop »Leben, Tod und Übergang« bei der Schweizer Sterbeforscherin Elisabeth Kübler-Ross in Virginia auf ihrer »Healing«-Farm mitzumachen. »Elisabeth ist eine der wenigen Menschen, die wissen, was bedingungslose Liebe ist«, lobte Fergie in der CNN-Talkshow die einst in Arizona lebende, heute verstorbene Ärztin.

Die spirituelle Pionierin, so der Schweizer Esoterik-Spezialist und Autor René Tischler, lehrte in ihren Kursen auch die Grundsätze der Reinkarnation. »Die Menschen formen ihr Schicksal selbst durch ihre früheren Leben. Wir kommen auf diese Erde zurück, weil wir normalerweise noch was lernen müssen.«

Dass es lange Gespräche am Telefon zwischen Diana und Filmstar Richard Gere gegeben hat, bestätigen uns viele Biographen. Dabei ging es nicht um Liebe oder gar Sex, sondern um geistige, sprituelle Dinge. Gere, dessen Filmpartnerin Julia Roberts die bedingungslose Liebe der Mutter Teresa (deren Bild in Roberts' Wohnzimmer hängt) verehrt, sieht im Dalai Lama seinen Guru und Heiler. »Der Buddhismus hat mich stark verändert. Ich lebe jetzt mit der Überzeugung, dass alle Wesen nach dem echten Glück und Licht suchen. Wir sind alle Brüder und Schwestern auf dem demselben Weg. Wir wollen das Leiden beenden, laufen vor dem Leid fort wie vor dem Feuer.«

Der Schauspieler sieht den Sinn der Existenz im vollständigen Glück. Am meisten beeindruckte ihn Buddha und sein System, dem Leiden zu entkommen und dieses Glück zu erreichen. Für dieses Ziel meditiert Gere regelmäßig in einer kleinen Hütte in Nordindien, wo der Dalai Lama im Asyl lebt. »Dadurch werden meine Probleme viel leichter. Der Druck wird genommen, und ich gewinne Ausgeglichenheit.«

Einer, der wenig Wert auf prominente Fans legt, ist der dänische Lama Ole Nydahl. Dafür scharen sich in seinen über

300 buddhistischen Zentren in aller Welt Tausende von Studenten. »Schöne Autos und große Wohnungen haben uns nicht glücklich gemacht. Wir müssen unser Glück wie Buddha woanders suchen.« Der ehemalige Philosophiestudent und Boxer Nydahl ist zusammen mit Filmheld Steven Seagal der bekannteste westliche Dharma-Lehrer. Sein Leitspruch: »Wir müssen eines erkennen: Unser Geist ist klares Licht.«

Natürlich hat Diana auch mit Yoga mehr als nur experimentiert. Das hatte sie sich ebenfalls bei Prominenten abgeguckt. Das Resultat jahrelanger disziplinierter Yoga-Praxis lässt sich bei »Love-Story«-Star Ali MacGraw sichtbar nachweisen: Es scheint, als habe die heute 60-jährige Dame offenbar damit die ewige Jugend gepachtet. »Meine Love-Story mit Yoga begann, als ich einer Freundin wiederbegegnete, die sich dank ihrer Yoga-Lehrerin total verändert hatte. Sie war vital, besaß einen straffen Körper, sah blendend aus und strahlte totale Lebensfreude aus. Ich fand das faszinierend und wollte dasselbe für mich tun.«

Heute gibt es ihr Video, auf dem sie ihre Yoga-Übungen zeigt, in Buchhandlungen zu kaufen. Ihr eifert seit geraumer Zeit die ehemalige Baywatch-Schönheit Pamela Anderson nach: »Beim Yoga habe ich eine spezielle Atemtechnik entwickelt, damit Seele und Körper miteinander harmonieren. Echte Schönheit kommt von innen.«

Dieser Weisheit kann sich auch der japanische Zen-Meister Kobun Chino Roshi anschließen. Der 63-jährige Erleuchtete, der das berühmte Tassajara-Zen-Kloster in Kalifornien aufbaute, bereist inzwischen die halbe Welt und besucht auch jedes Jahr seine Zen-Gemeinschaft in der Schweiz, um den Schülern bei ihrem spirituellen Streben nach höchstem Glück behilflich zu sein. Sein prominentester »Anhänger« ist der Amerikaner Steven Jobs, der Gründer der Computerfirma »Apple«.

Es ist keineswegs so, dass nur Diana oder Stars an »übersinnliche Mächte« glauben. Vom deutschen Exaußenminister Hans-Dietrich Genscher ist ebenfalls bekannt, dass er bei Verhandlungen oder Vorträgen stets zwei Heilsteine (Lapislazuli: gibt Klarheit im Denken; Rosenquarz: Mitgefühl, Liebe für den Mitmenschen) in der Tasche seines Anzuges trug. Uneingeweihte halten ein solches Tun für puren Aberglauben. Doch wer sich mit der Edelsteinmedizin ernsthaft befasst, kann den Steinen gewisse Kräfte nicht absprechen.

»Spiritualität ist gesellschaftsfähig geworden«, erklärt Georg Schmid, Professor für Religionsgeschichte an der Universität Zürich den Guru-Boom. Tatsächlich suchen selbst die Mächtigsten der Welt Zuflucht im Übersinnlichen:

Hillary Clinton nahm mit Hilfe der New-Age-Mystikerin Jean Houston Kontakt mit der längst verstorbenen Präsidentengattin Eleanor Roosevelt auf. Boris Jelzin legte seine Operationstermine nicht nur mit Ärzten, sondern auch mit seiner Hausastrologin Jewgenija Dawitaschwili, genannt »Madame Dzhuna«, fest. Ebenso wie Deutschlands Großverleger Axel Springer sich auf seine Hausastrologin verließ, so soll sich auch Frankreichs Präsident François Mitterrand (1916–1996) von Starastrologin Elizabeth Tessier, einem früheren »Dior«-Model, beraten haben lassen, wenn es um Entscheidungen über Personen und Termine ging.

Fest im Griff der Sterne waren auch Ronald und Nancy Reagan. Die Astrologin Joan Quigley war die engste Vertraute des Präsidentenpaares. Sie legte fest, wann Reagan den Vertrag über Mittelstreckenraketen zu unterschreiben hätte – am 8. Dezember 1987 um 14.00 Uhr.

Seit ihrer Scheidung von Prinz Charles versank Diana immer mehr in dem esoterisch-bizarren Wust von Psychologen, Astrologen, Hellsehern, Kartenlegern und Darmspülern.

Den Beginn ihrer Karriere als Reisende durch die esoterischen Welten markierten die ersten Darmspülungen, die sich Diana anfangs selbst verordnete. Damit wollte sie ihre Zornesausbrüche unter Kontrolle bringen. Früher, nach Streitereien mit Charles, drosch sie im Schlafzimmer mit einem Tennisschläger auf die Betten oder setzte sich ins Auto und raste durch die Gegend.

Nun schwor sie auf New-Age-Therapien: Regelmäßige Einläufe, Darmspülungen mit warmem Wasser, sollten »den ganzen Hass aus mir« (O-Ton Diana), respektive aus ihren Innereien holen!

Im sechzehnten und siebzehnten Jahrhundert waren Klistiere eine Selbstverständlichkeit. Wurden sie jedoch zu häufig angewandt, konnte es, aufgrund der Stimulation der Rektalzone, zu einer sexuellen Fixierung kommen. Dies genau machte sich auch der Urgroßvater von Charles – der legendäre »Bordellkönig« Edward VII. (1841–1910) – zunutze und ließ sich im Pariser Edelpuff »Le Chabannais« Klistiere verabreichen.

Prinzessin Diana wollte mit ihren Darmspülungen etwas anderes erreichen: Sie sah den Einlauf nicht als medizinisches Mittel, sondern durch ihn sollte die Befreiung ihrer Seele und ihres Körpers von jedwedem »Ballast« erreicht werden. Sie wollte sauber in Körper und Seele sein und sich vor allem von Charles befreien.

Nur: Glaubersalz und Einläufe sind eine auf Dauer wenig befriedigende »Therapie« für seelische Probleme. Auch wenn damals Diana dem Glauben vieler anhing, sich damit von sogenannten »Schlacken« zu befreien.

Diana fand einen weiteren Lehrer in Peter Settelen, einem früheren Opernsänger. Insgesamt hatte sie sechs Lektionen bei ihm. Wobei ihr wichtigstes Ziel war, bis Ende April 1993 so frei reden zu können, dass sie auf Englands erster Konferenz über Bulimie und Ess-Störungen eine 80-minütige Rede halten konnte.

Settelen fing ganz von vorn an, brachte Diana bei, mit Steinchen im Mund zu sprechen – genauso, wie der Redner Demosthenes es seine Schüler im alten Griechenland gelehrt hatte. Es ging nicht nur darum, die Atemtechnik und Aussprache der Prinzessin zu verbessern, der Stimmtrainer schrieb ihr auch zehn Reden, die der Prinzessin helfen sollten, ihre Gedanken zu ordnen und Argumente zu strukturieren.

Settelen nahm mit Genehmigung der Prinzessin seine Lehrstunden auf Tonbänder auf. Diana verpflichtete ihn, diese Bänder frühestens nach ihrem Tod freizugeben. Wobei Diana 1992 keinesfalls damit rechnete, dass sie nur mehr knapp fünf Jahre zu leben hatte. Tatsächlich enthüllen diese Bänder Hochbrisantes und nicht, wie die britische Presse glauben machen könnte, nur das allgemeine Gerede.

Diese geheimen Bänder waren sogar die Grundlage für die weltweit aufsehenerregende Biographie »Diana, ihre wahre Geschichte«, die der britische Autor Andrew Morton 1992 veröffentlichte. Auf den Tonbändern spricht die Prinzessin über:

- ihre quälende Eifersucht,
- ihre mehr als fünf Selbstmordversuche,
- ihren Kampf gegen Bulimie.

Von diesen Bändern wissen wir auch, dass Diana sehr wohl das gesamte Manuskript von Andrew Morton kannte. 320 getippte Manuskriptseiten schmuggelte Dianas Freund James Colthurst in den Kensington-Palast, ebenso ein kleines Aufnahmegerät, mit dem Diana weitere Hinweise gab, auch wurden fünf Stunden Tonbandmaterial ihrer Gespräche mit Settelen zu Dianas Biographen gebracht.

Von den Settelen-Aufnahmen wissen wir, dass Autor Morton und Zwischenträger Colthurst verschlüsselte Namen am Telefon wählten und sich in abgelegenen Restaurants trafen, um ihre Verschwörung geheim zu halten. Als die Bombe platzte und das Buch herauskam, hatte Diana einen großen Sieg errungen: Charles, der mal wieder seinen Kopf in den Sand steckte, wurde von seiner Mutter ultimativ aufgefordert, sich von Diana zu trennen – und sich scheiden zu lassen.

Ende April 1993 sprach Diana perfekt vor dem Kongress über Ess-Störungen.

Die geheimen »Settelen-Bänder« zeigen auch, wie Diana mit der Sprache und ihrem Sprachtrainer flirtet und sich so gibt, als müsste man sich sofort in sie verlieben.

Was sie aber Settelen anvertraute, war alles andere als lustig. So erzählte sie, dass sie bereits bei der Hochzeit Zweifel gehabt habe. Zumal sie unter den geladenen Gästen genau die Frau erblickte, die ihr das Leben und das Lieben unmöglich machen sollte: Camilla Parker Bowles.

Doch Diana brauchte mehr als Astrologen und Sprachtrainer. Auch eine Tarotlegerin musste ihr helfen.

Betty Palko ist wohl eine der berühmtesten Hellseherinnen Englands. Fünf Jahre hat sie unter anderem Prinzessin Diana beraten. Wobei Frau Palko ihr anfangs einmal pro Monat die Tarotkarten legte, später wöchentlich.

»Sie hatte starke emotionale Probleme«, verriet Betty Palko später. Kritiker hingegen werfen ihr vor, dass sie genau mit ihrer Karten- und Hellseher-Kunst Diana »wieder in eine absolute Unsicherheit zurückbrachte«.

Was Betty Palko wiederum anders sieht: »Ich denke, das Wichtigste ist, was ich ihr bei einer Lesung sagte: Seien Sie sehr sorgfältig bei der Auswahl Ihrer Berater, das Wichtigste ist doch, dass Sie in diese Vertrauen haben und ihnen auch trauen können. Denn ich sah damals eine Menge von falschen Beratern um sie herum.«

Betty Palko machte Diana mit der mystischen Welt des 78-Blatt-Tarot-Kartensatzes vertraut. Mit diesen Karten verstand es Miss Palko auch, sich als »Medium« einzubringen, um für ihre Kunden mit längst Verstorbenen in Kontakt zu treten. Bei Diana war es immer wieder ihr Vater, mit dem Diana über das Medium Palko kommunizierte.

Während eines sogenannten »Readings« erscheinen Palko im Geist die verstorbenen Freunde oder Angehörigen des Kunden. Diese erzählen Palko dann angeblich das Wichtigste aus dem Leben der betreffenden Person.

Mit Hilfe der verstorbenen Angehörigen findet die liebenswürdige und entschlossen auftretende Hellseherin irischer Abstammung Prophezeiungen und Ratschläge für die vis-à-vis sitzende Person. Dabei geht es ihr nicht nur um das mentale Wohl der Ratsuchenden, sondern auch um das tägliche Leben. Aus Diskretionsgründen spricht Betty Palko kaum von ihrer Verbindung mit Prinzessin Diana, die sie weltberühmt gemacht hat.

So viel aber verrät sie: Auch jetzt, da Diana in der geistigen Welt weile, habe sie noch enge Verbindung zur verstorbenen Prinzessin. Vor dem schrecklichen Autounfall habe sie Diana nicht warnen können, denn ihre fünf Jahre lang geheim gehaltene Beziehung sei damals durch die Indiskretion der Boulevardpresse – das Telefon Dianas war angezapft und abgehört worden – »aufgeflogen«.

Mit bewundernswerter Selbstkritik meint die selbstbewusste Irin, dass es ihr doch niemand geglaubt hätte.

Es gibt wohl kaum eine Therapie, die Diana nicht zumindest einmal versucht hat. Zumal sie sich nie auf eine Therapie

Diana im Mittelpunkt der Aufmerksamkeit.
Nicht wenige ihrer Auftritte Mitte der neunziger Jahre dienten dazu, Charles eins auszuwischen – wie 1994, als Diana mit diesem Kleid die Titelseiten beherrschte.

oben: Diana unterschied nicht zwischen Arm und Reich – ihr Herz stand all denen offen, die Hilfe brauchten oder ein schweres Leid zu tragen hatten.
unten: Diana machte mörderische Landminen zum Politikum, als sie kurz vor ihrem Tod nach Ex-Jugoslawien reiste. Ein hohes Sicherheitsrisiko, das sie bewusst einging.

Zwei Frauen, die sich um das Leid der Welt sorgten – Diana und Mutter Teresa, die nur fünf Tage nach Diana, am 5. September 1997, starb.

Dianas Liebhaber, die ihr viel gaben, aber doch nie schenkten, wonach sie sich sehnte: (im Uhrzeigersinn) Rugbystar Will Carling, Reitlehrer James Hewitt, Chirurg Dr. Hasnat Khan, Kunsthändler Oliver Hoare.

Glückliche Stunden vor dem tragischen Ende:
Diana turtelt mit Dodi Al-Fayed im Mittelmeer auf der Jacht
»Jonikal«. Ein Dorn im Auge der Royals.

Diana das Opfer – im berühmten TV-Interview mit Martin Bashir setzte Diana auf Charme und ihren berühmten Augenaufschlag.

oben: Ein Volk in Trauer – Hunderttausende pilgerten Anfang September 1997 zum Kensington-Palast, um Diana die letzte Ehre zu erweisen. Buckingham

unten: Zwei Halbwaisen und ein Bruder mit schlechtem Gewissen – Prinz William, Dianas Bruder Charles Spencer und Prinz Harry bei der Beerdigung Dianas am 6. September 1997.

Dianas »Buben« sind heute Männer –
Thronfolger William (rechts) und »Dirty Harry«,
der feierfröhliche Prinz Henry, bei einem offiziellen Fototermin
im Clarence House.

allein verließ, sondern mehrere gleichzeitig »genoss«: Sie war jahrelang geradezu süchtig nach immer neuen Gurus, Geistheilern, Medien. Ob Urschrei oder seltsam anmutende Energiezelte in irgendwelchen Hinterhöfen Londons, ob Handauflegen, Kristallkugel- und Aroma-Therapien – nichts ließ die Prinzessin von Wales aus, um sich irgendwie einen Stabilisator in ihrem schwankenden Leben zu suchen.

Anfangs machte sie ihre Ausflüge in die Heiler- und Wunderwelt noch mit ihrer Schwägerin Fergie, die ebenfalls nicht ihren Stand in der royalen Familie fand und esoterische Hilfen in Anspruch nahm. Als Fergie dies jedoch alles ausplauderte und Dianas Suche nach dem Sinn des Lebens öffentlich machte, brach Diana schnell mit ihrer alten Freundin.

Heute wissen wir, dass Diana keineswegs auf jeden Scharlatan reinfiel, sondern sehr genau wusste, was sie wollte, was sie brauchte und wer ihr helfen konnte. Vor allem: Wer ihr zuhörte.

In dieser Hinsicht war Diana eine typische Frau der neunziger Jahre des letzten Jahrhunderts, in denen besonders Frauen, meist verlassen oder zumindest unverstanden von ihren Männern, versuchten, sich selbst ein neues Bewusstsein zu erarbeiten. Dianas Leben – das ist auch und besonders das Schicksal einer Frau. Denn beachten wir einmal nicht die Privilegien, die sie als britische Adelige und als Frau des englischen Thronfolgers genoss, sehen wir das, was der Existenzialist Jean-Paul Sartre den »nackten Menschen« nannte: einen Mensch, verletzt, verletzbar, geschunden, gequält in seiner Seele.

Gerade das macht Diana zu einer so einzigartigen Frau: Sie versuchte aus eigener Kraft, sich eigene Kraft zu holen. Dazu gehört eben auch das Hören auf andere Menschen, die diametral anders sind, leben und denken als wir.

Wobei Diana ein sehr gutes Gespür hatte, welche Menschen ihr wirklich helfen wollten und konnten – und welche nicht. Susie Orbach zum Beispiel, eine berühmte, weltweit anerkannte Expertin für Ess-Brech-Störungen, war für Diana jahrelang die wichtigste Beraterin gegen ihre Bulimie. Von Orbach unterstützt, gab Diana auch dem BBC-Reporter Martin Bashir am 5. November 1995 heimlich im Kensington-Palast das Sensationsinterview, das am 20. November 200 Millionen Menschen in 100 Ländern sahen und dem in diesem Buch ein eigenes Kapitel gewidmet ist.

Wer hilft – dem wird geholfen

- Diana war selbst eine Wunderheilerin, denn wem sie half – dem wurde geholfen:
- 2 Millionen Dollar bekam die Stiftung für Cerebralerkrankte von ihr.
- 1,6 Millionen kamen den Opfern von Landminen zugute.
- 1,4 Millionen stellte sie der Krebsvorsorge zur Verfügung.
- 1,3 Millionen bekam das Kinder-Krebszentrum in Chicago.
- 1 Million stellte sie dem Marsden-Kinderhospital und dem Gilda-Krebs-Verein zur Verfügung.
- 640 000 Dollar gab sie der Leprastation von Chamba in Indien.
- Mit weiteren Hunderttausenden von Dollar unterstützte Diana die Kinder-Krebs-Stationen in Londoner Kliniken und Aids-Kliniken in London und São Paulo.
- Dank Dianas Hilfe konnte die »Ty-Hafan«-Klinik in Cardiff eröffnet werden – für die sie 1995 ein Konzert mit Startenor Luciano Pavarotti organisierte. Einnahmen: 200 000 Dollar.

- 1991: Diana hält Thais Bispo dos Santos in São Paulo in den Armen – heute ist er gesund.
- 1996: Diana besucht Danielle Stephenson – heute tanzt Danielle wieder.
- 1996: Diana legt Sandra Txijica in Angola die Hand auf – heute ist sie gesund.
- 1997: Mehr als 15 Mal besucht Diana die kranke Victoria – heute ist sie gesund.

Es klingt vermessen: An ihrer Schönheit hat Diana sich zu Tode gesehen und sich bei ihren geistigen Gurus genügend esoterische Nahrung geholt. Bei der Rache an ihrem Mann lag sie am Ende ihres Lebens absolut in Führung. Aus dem Bild von ihr, das in dem Kitschfilm »Charles & Diana – das Traumpaar« präsentiert wurde, ist sie herausgetreten. In Indien und Nepal, in Spitälern und Waisenhäusern hat sie Unberührbare, Leprakranke, Aids-Kinder und Minenopfer geherzt.

Die Kraft dazu gab ihr nicht die königliche Familie und auch keine PR-Beraterin: Diana schöpfte dies alles aus sich. Charles hatte brillante Berater, Diana gerade mal Menschen, die sie die esoterischen Grundbegriffe lehrten. Sie verstand es, sich in Szene zu setzen. Männer hat sie allerdings nie ganz verstanden.

Doch stellen wir uns Diana vor, würde sie heute noch leben.

Längst wäre sie für den »Friedensnobelpreis« vorgeschlagen worden. Sie hätte sich aktiv eingemischt. Zum Beispiel in der Auseinandersetzung zwischen Indien und Pakistan, zwischen England und Nordirland. Zusammen mit Bill Gates, dem reichsten Mann der Welt, wäre sie die beste Botschafterin gegen Aids. Würde sie ein »Life-Aid-Konzert« präsentieren – nicht einer könnte abseitsstehen.

Die Auseinandersetzung zwischen arabischer Kultur und

dem Abendland würde vielleicht menschlicher ablaufen: Diana liebte zwei Muslime – Dr. Hasnat Khan und Dodi Al-Fayed – und war gleichwohl Botschafterin des westlichen Lebensstils, ohne sich anzumaßen, dass dieser grundsätzlich dem muslimischen überlegen sei. Sie wäre heute wohl eine »Botschafterin der Herzen«, die Grenzen durch ein Lächeln, durch ein Bild überwinden würde. Allerdings will die Welt von 2007 das genauso wenig wie die Welt von 1997.

Ihren Exmann Charles hatte Diana schon zu Lebzeiten zu dem graduiert, was er ist: ein Sohn, der nur auf den Tod seiner Mutter wartet. Den armseligen Charles würde Diana auch heute bei jedem Auftritt der Lächerlichkeit preisgeben.

Ob sie noch mal geheiratet hätte? Und wenn ja, wen? John F. Kenndy Jr. ist tot. Andere Männer dieser »Gewichtsklasse« hat es im Leben von Diana nicht gegeben. Auch wenn Mohamed Al-Fayed sich für diese Beziehung ruiniert hätte: Sein Sohn war für Diana ein Sommer-Sexausflug.

Und der Herzchirurg Dr. Hasnat Khan? Der muss vielleicht damit leben, nicht den Mut gehabt zu haben, zu einer Frau zu stehen, die ihn wirklich liebte.

Das Interview der Befreiung

»Ich werde kämpfen, weil ich glaube, dass ich eine Rolle zu erfüllen habe.« Das sagte Prinzessin Diana in den letzten Interviews vor ihrem tragischen Tod. Auszüge aus diesen und früheren Interviews Dianas zeigen den Weg der scheuen Kindergärtnerin zur emanzipierten Frau, zur berühmten Mutter, zum Weltstar. Vom Volk wurde sie als »Königin der Herzen« geliebt, von Politikern als politische Aktivistin gefürchtet. Denn weltweit kämpfte Prinzessin Diana gegen Armut, Diskriminierung und Kriegsgreuel.

1981 erlebte die Welt die Hochzeit des Jahrhunderts. Der künftige König von England, Prinz Charles, heiratete Lady Diana Spencer.

Aber das Märchen sollte nicht lange andauern.

Wie alles kam, was kommen musste, das hat Diana 1995 in ihrem legendären Interview mit BBC-Reporter Martin Bashir der Welt offenbart.

Es war ein Interview der besonderen Art: Diana trug erstmals dunkle Schminke unter ihren blauen Augen, ihre Haare waren anders als gewohnt frisiert. Sie hatte alles eingeübt, mit diversen Beratern. Sie ließ sich immer wieder die Videoaufnahmen vorspielen, um sich noch besser in Pose zu setzen.

Was nun folgt, sind Auszüge aus den Interviews mit dem Medien-Profi Martin Bashir. Aufgenommen in drei Sitzungen im November 1995 im Kensington-Palast:

Diana: Mit 20 glaubt man, auf alles vorbereitet zu sein. Man glaubt zu wissen, was einem bevorsteht. Ich glaubte damals, ich könne auf Unterstützung meines Mannes zählen.

Martin Bashir: Was erwarteten Sie von der Ehe?

Diana: Wenn man wie ich geschiedene Eltern hat, möchte man auf keinen Fall wiederholen, was man miterlebt hat. Ich wollte unbedingt, dass es funktioniert.

MB: Liebten Sie Ihren Mann Prinz Charles?

Diana: Ich liebte meinen Mann über alles und wollte, dass wir alles miteinander teilen.

MB: Waren Sie auf die Belastungen vorbereitet?

Diana: Nein. Überhaupt nicht. Ich war damals in meinen Augen nichts anderes als ein molliges Mädchen und konnte das enorme Interesse an mir nicht begreifen. Ich verstand wirklich nicht, was an mir Besonderes sein soll.

MB: Wie schafften Sie den Sprung von Lady Diana Spencer zur meistfotografierten Frau der Welt?

Diana: Na ja, es dauerte lange, bis ich verstand, warum sich die Leute so für mich interessierten. Aber im Laufe der Jahre betrachtete ich mich als Produkt, das in einem Regal steht und sich gut verkauft. Und die Leute verdienen eine Menge Geld mit mir.

MB: Hat man Sie alleingelassen?

Diana: Ja. Ich war isoliert von allem. Ich konnte nur untergehen oder schwimmen.

MB: Und was taten Sie?

Diana. Ich schwamm. Ich begriff die Pflichten, das enorme Interesse und die schwere Rolle, die mein Mann und ich im Interesse des Königshauses und Englands hatten.

MB: Fühlten Sie sich von den Medien geschmeichelt?

Diana: Nein, weil mit der Aufmerksamkeit der Medien eine Menge Eifersucht verbunden ist.

MB: Doch Sie fanden Ihren Weg.

Diana: Ja. Ich engagierte mich mehr und mehr für Menschen, die von der Gesellschaft zurückgewiesen wurden – für Drogenabhängige, Alkoholiker, Misshandelte. Zu ihnen fand ich einen persönlichen Draht. Ich habe große Hochachtung vor diesen Menschen. In Sterbespitälern sind die Menschen viel offener, verwundbarer und realer.

MB: Daher gingen Sie in Spitäler, Armenhäuser?

Diana: Ich erinnere mich noch genau an meinen ersten Besuch in einem Spital. Ich saß an Krankenbetten, hielt den Menschen die Hand. Viele fanden das schockierend. Für mich ist das völlig normal.

MB: Sie selbst litten unter Depressionen?

Diana: Ja. Ich hatte eine postnatale Depression. Als ich sie analysierte, merkte ich, wie mich die Veränderungen förmlich überwältigt hatten. Mein Körper sagte: Ich will ausruhen.

MB: Wie reagierte die königliche Familie auf Ihre Depressionen?

Diana: Sie verschaffte allen ein großartiges neues Etikett: Diana ist labil, Diana ist seelisch unausgeglichen.

MB: Sie versuchten sogar, sich selbst böse Verletzungen zuzufügen?

Diana: Na ja, ich fügte mir Wunden an Armen und Beinen zu. Heute verstehe ich Menschen, die so etwas tun.

MB: Sie hatten auch Bulimie?

Diana: Ja, jahrelang. Das ist wie eine geheime Krankheit. Man fühlt sich nie sicher, weil das Selbstbewusstsein auf dem Tiefpunkt ist. Man fühlt sich nichts wert, zu nichts nutze. Man hat keinerlei Selbstbewusstsein. Man füllt sich den Magen. Dann ekelt man sich vor dem aufgeblähten Bauch und gibt alles wieder von sich.

MB: Was war der Grund für Ihre Bulimie?

Diana: Dass mein Mann und ich den Schein wahren mussten, dass in unseren vier Wänden enorme Angst herrschte.

MB: Und heute?

Diana: Heute bin ich frei davon.

MB: Glauben Sie, dass die Geliebte Ihres Mannes, Camilla Parker Bowles, ein Faktor beim Scheitern Ihrer Ehe war?

Diana: Na ja, es war eine Ehe zu dritt. Sie war also etwas zu bevölkert. Da war eine Person zu viel.

MB: Und Sie wehrten sich.

Diana: Ich hatte es absolut satt, als Nervenbündel betrachtet zu werden. Ich bin ein starker Mensch. Vielleicht gibt es eine Menge Frauen, die das Gleiche durchmachen und sich nicht wehren können, wenn ihr Selbstwertgefühl zerstört wird.

MB: Haben Sie beiden Söhnen erklärt, dass Sie sich scheiden lassen?

Diana: Ja. Ich erklärte, was geschah. Sie nahmen es wie Kinder auf, mit vielen Fragen. Ich hoffe, sie beruhigt zu haben.

MB: Nach der Trennung aber wurde alles anders.

Diana: Das Leben wurde für mich sehr schwierig. Die Leute meines Mannes waren sehr beschäftigt, mir Steine in den Weg zu legen.

MB: Wer genau war Ihr Feind?

Diana: Das Lager meines Mannes, denn ich bekam immer mehr Aufmerksamkeit, über meine Arbeit wurde mehr gesprochen als über ihn. Aber ich machte gute Sachen. Ich wollte niemandem weh tun. Ich würde nie jemanden im Stich lassen.

MB: Und dann tauchte das Gespräch von Ihnen mit James Gilbey auf.

Diana: Es war schrecklich. Immer diese Anspielung, dass ich irgendetwas Drastisches tun werde, weil ich die Grenzen der Ehe nicht mehr ertragen konnte. Daraus eine Liebelei zu James abzuleiten, war falsch und unfair.

MB: Was passierte genau?

Diana: James ist ein sehr zärtlicher Mensch. Man unterstellte, dass wir eine ehebrecherische Beziehung hatten. Und das stimmt nicht.

MB: Dann sprachen Sie noch mit Oliver Hoare?

Diana: 300 Mal sollte ich ihn angerufen haben. Nein. Ich tat es nicht.

MB: Wollte man Sie aus Neid kaputtmachen?

Diana: Ich glaube, es war aus Angst, weil ich eine starke Frau geworden bin.

MB: Ging Ihre Beziehung zu Ihrem Reitlehrer James Hewitt über eine enge Freundschaft hinaus?

Diana: Ja, das tat sie. Ja. Es bekümmert mich sehr, dass ein Freund von mir, dem ich vertraut hatte, mit mir Geld verdient. Das nahm mich wirklich mit. Ich war am Boden zerstört, als sein Buch erschien. Ich war so naiv, ihm zu glauben.

MB: Waren Sie mit James Hewitt untreu?

Diana: Ja, ich betete ihn an, ja, ich war in ihn verliebt. Aber ich war damals sehr allein und auch sehr schwach.

MB: Heute aber leben Sie doch weitgehend allein?

Diana: Nein. Ich bin nicht wirklich allein. Ich habe großartige Freunde, ich habe meine Kinder. Und ich habe meine Arbeit. Wenn man allerdings im Kensington-Palast wohnt, kommt man sich schon ein bisschen isoliert vor.

MB: In welcher Rolle sehen Sie sich in Zukunft?

Diana: Ich wäre gern eine Botschafterin. Wenn ich ins Ausland reise, kommen allein aus England 60 bis 80 Fotografen mit. Warum sollen die nicht Orte aufnehmen, wo Menschen die Mitglieder einer Königsfamilie in diesem Alter nie gesehen haben. Sie besitzen nun Wissen. Die Saat ist da. Ich hoffe, sie wird aufgehen.

MB: Was genau wollten Sie erreichen?

Diana: Ich will, dass sie menschliche Emotionen, die Unsicherheiten, die Hoffnungen und die Träume anderer kennenlernen.

MB: Glauben Sie, doch noch Königin zu werden?

Diana: Nein. Ich wäre gern eine Königin in den Herzen der Menschen, aber ich sehe mich nicht als Königin dieses Landes.

MB: Was ist Ihr Wunsch?

Diana: Ich werde hinausgehen und die Welt erobern, meinen kleinen Teil beitragen, so, wie ich es kann.

MB: Wer sind heute die wichtigsten Personen in Ihrem Leben?

Diana: Das sind meine beiden Söhne William und Harry. Ihnen will ich eine gute Mutter sein. Sie will ich zu Menschen erziehen, die Menschen lieben.

MB: Und die britische Presse ist immer dabei!

Diana: Die britische Presse verzeiht nichts. Sie hetzt mich. Jede Absicht wird ins Gegenteil verdreht, alles, jede kleine Geste kritisiert.

MB: Ist es denn in anderen Ländern anders?

Diana: Ja, völlig. Ich werde in anderen Ländern mit Höflichkeit empfangen. Ich werde respektiert als das, was ich bin, für was ich kämpfe.

MB: Wollen Sie darum England verlassen?

Diana: Ich glaube, jede andere Person hätte England längst verlassen. Aber ich kann nicht. Ich bin gebunden. Ich habe meine Söhne.

MB: Wie niemand aus der königlichen Familie zuvor beziehen Sie auch Stellung zu aktuellen politischen Fragen.

Diana: Ich war gerade in Bosnien, habe Kriegsgräber bei Sarajevo und Opfer der Landminen besucht. Es war eine erschütternde Reise, eine wirklich sehr erschütternde Erfahrung. Ich fordere daher England und die Welt auf, diese Landminen zu ächten, zu verbieten.

MB: Sie hoffen also auf die Liebe?

Diana: Ich glaube tatsächlich, dass unsere Welt anders und besser aussehen würde, wenn wir Menschen uns wieder daran erinnern, dass wir Menschen lieben.

MB: Und was ist Ihr persönlicher Wunsch?

Diana: Ich wünsche mir nichts sehnlicher, als einmal ohne Fotografen ein privates Leben zu führen, und ganz einfach glücklich und zufrieden zu sein.

Diana – ihre letzten 24 Stunden

Der Morgen des 30. August 1997, einem Samstag, zieht langsam und klar vor dem Luxushotel Cala di Volpe an Sardiniens Costa Smeralda auf. Die 60-Meter-Jacht »Jonikal«, gekauft im Sommer 1996 für 20 Millionen Dollar von Milliardär Mohamed Al-Fayed, schaukelt sanft im azurblauen Wasser. Die »Jonikal« ist die Nr. 51 auf der Liste der größten Privatjachten der Welt: vor der »Lady Haya«, ein Geschenk für gute Geschäftsbeziehungen vom Multimilliardär John Latsis an den dritten Sohn des verstorbenen saudischen Königs Fahd, und nach der »Cedar Sea II«, die der Mouawad-Familie gehört, die wiederum die Juwelen-Firma »Mondera« ihr Eigen nennt. Auf der »Cedar Sea II« machte übrigens Russlands Expräsident Boris Jelzin Ferien, auch Popstars wie Ricky Martin und Christina Aguilera feierten hier die After-Show-Party nach der Verleihung der World Music Awards in Monaco.

Neben der »Jonikal« besitzt Al-Fayed noch den alten, aber wunderschön restaurierten Schoner »Sakara«. Sein Sohn Dodi hatte für seine privaten amourösen Abenteuer ebenfalls eine eigene Liegewiese, das alte Kanonenboot »Cujo«, das Dodi auch als schwimmendes Mannschaftshotel für Al-Fayed-Angestellte umbauen ließ.

Die »Jonikal« ist ein wunderschönes Schiff. Gebaut wurde es von der berühmten italienischen Werft Codecasa, eine Leichtstahl-Konstruktion nach einem Entwurf des bekannten Designers Vincenzo Ruggiero. Die »Jonikal« ist ein sehr sicheres Schiff: 24-Stunden-Radar, nur zwei wirkliche Zugangsmöglichkeiten, Landeplatz für den »Harrods«-Hubschrauber, direkte Verbindung zum »Harrods«-Hauptquartier und Spezialfunk für verschlüsselte Nachrichten von Eigner Al-Fayed, der, immer auf der Hut vor englischen Geheimdiensten, sehr genau wusste, warum er hier keinerlei Kosten scheute. Denn spätestens seit Englands konservative Regierung unter John Major die Einbürgerung Al-Fayeds ablehnte (oder besser ablehnen musste), hat der britische Geheimdienst MI 6 ein ausführliches Dossier über den gebürtigen Libyer (und eben kein Ägypter, wie er gern angibt) und seine ganze Familie angelegt. Die Königstreuen lehnen genau diesen Mohamed mit aller royalen Macht ab. Dass Prinz Philip, der greise Gemahl von Königin Elizabeth II., außerdem einen Hang zu »Rassismus« hat, ist etwa so neu wie die Tatsache, dass die Welt keine Scheibe ist, sondern ein Ball.

Die »Jonikal« ist auch sehr schnell: Mit fast 18 Knoten kann sie jedes Boot, auf dem Paparazzi ihre langen Teleobjektive schussbereit halten, mühelos abhängen. Das gelang ihr aber nicht mit dem Helikopter von Paparazzo James Andanson, der in der Beziehung zwischen Diana und Dodi etwas Ähnliches sah wie einst in der Verbindung von Kennedy-Witwe Jackie mit dem griechischen Reeder Aristoteles Onassis. Und die Bilder von Dodi und Diana auch »Paris Match« als Titelbild verkaufen konnte. Denn bei diesem Spiel geht's um Geld, um viel Geld! Doch zurück zu jenem 30. August 1997.

8.00 Uhr: Bordkoch Christiano frühstückt zusammen mit Chefstewardess Debbie Gribble, einer sportlichen Neuseeländerin, die diskret dafür sorgt, dass der an Bord gereichte Champagner Dom Pérignon Millesime stets eisgekühlt in makellos saubere Kristallgläser fließt, dass die Betten jeden Tag frisch bezogen sind und das Essen ganz nach Lust und Laune der Gäste serviert wird. Ihr untersteht nicht nur Chefkoch Christiano, sondern noch drei weitere Köche, die im Schichtdienst zusammen mit fünf Oberkellnern rund um die Uhr für das leibliche Wohl der Passagiere zu sorgen haben.

Neben Debbie sorgt das britische Hausmädchen Laura für die Gäste. Die junge Amerikanerin Myriah Daniles ist Dodis persönliche Masseuse, sein französischer Diener René Delorm sorgt wie in Paris dafür, dass Dodi und Diana keinen Finger krümmen müssen. Handtücher, Getränke, Zeitungen – alles wird auf einem Silbertablett serviert, damit die beiden sich ihren Hauptbeschäftigungen widmen können: Reden, Sonnenbaden, mit Handys und Computern die Welt über ihr Glück informieren. Als eine Mücke Diana störte, herrschte Dodi Debbie an, woraufhin Diana Debbie ungeniert fragte: »Debbie, sind diese arabischen Männer eigentlich immer so?« Debbie ehrlich: »Ich weiß es nicht, Ma'am!«

Für die Sicherheit der Prinzessin sollen Trevor Rees-Jones und Alexander »Kez« Wingfield sorgen, zwei aus dem 38-köpfigen Sicherheitsteam der Fayed-Familie. Rees-Jones und »Kez« sind alte Kumpel: Kez gehört zum Wachpersonal von Al-Fayeds Villa über den Klippen von Castel Ste-Thérèse, ein Paradies aus Terrassen, Gärten und Swimmingpools. Rees-Jones gehörte zur »Spezialtruppe« von Al-Fayed, war stationiert in dessen Einsatzbüro an der Park Lane in London. Er war zunächst mit Dodi im Harrods-Helikopter vom Hubschrauberlandeplatz Battersea zum Flughafen Stanstead nördlich von London geflogen, um in der Gulfstream erst nach Paris, dann nach Nizza zu fliegen – wo die Liebesreise mit Diana und Dodi begann.

Leitender Kapitän der »Jonikal« ist der erfahrene italienische Kapitän Luigi Del Tevere, der zudem von Skipper Stefano von Dodis altem Kanonenboot »Cujo« unterstützt wird.

8.45 Uhr: Diana und Dodi stehen auf. Die britischen Medien wollen und dürften bis heute nicht schreiben, dass die beiden natürlich in einem Bett geschlafen haben – und nicht nur das! Es ist geradezu peinlich, wie britische Medien genau das ausblenden, was auf der Insel einen Wert hat wie nirgends auf der Welt: Sex! Ganz natürlicher Sex – und nicht Sex à la Charles, der sich in seinen Phantasien als »Tampon« in Camilla sieht!

9.00 Uhr: Diana erscheint, die Haare leicht angefeuchtet, nach hinten gekämmt, bereits geduscht, im einteiligen weißen Badeanzug. Sie schwimmt zweimal um die »Jonikal«, begleitet von Leibwächter Wingfield. Eine immerhin fast 300 Meter lange Strecke im offenen Meer!

Die »Jonikal« dümpelt immer noch vor Cala di Volpe, dem eleganten, exklusiven, von Aga Khan einst finanzierten Seebad für Reiche, Schöne und Möchtegernreiche an der Costa Smeralda vor Sardinien. Zwischenzeitlich wird mit London Kontakt aufgenommen, um die GIV – den Gulfstream-Jet von »Harrods« – nach Olbia anzufordern.

9.30 Uhr: Diana und Dodi (beide frisch geduscht) lassen sich von Butler René Delorm das Frühstück servieren: Orangensaft, Müsli, Früchte, Toast, Honig und Tee.

10.00 Uhr: Debbie und Laura packen Dianas Kleider und ihre Ferienlektüre (»Being Jewish«) in sechs Koffer mit dem offiziellen königlichen Wappen und Zeichen HRH »Her Royal Highness«. Dodi lässt sich von Masseurin Myriah gegen seine chronischen Rückenschmerzen behandeln.

10.30 Uhr: Kapitän Luigi bestellt per Funk drei Taxis an Land. Sechsmal schippern die Beiboote zwischen »Jonikal« und dem Steg hin und her.

11.30 Uhr: Diana (Hosenanzug, schwarzes Top, Todd-Slipper) steigt mit Dodi (Hemd, Weste, Jeans) und Leibwächter Trevor Rees-Jones in ein Taxi.

12.50 Uhr: Diana, Dodi, Debbie, Myriah, die Leibwächter Rees-Jones und Wingfield sowie Butler Delorm besteigen die in den dezenten grünen Farben lackierte Gulfstream IV von »Harrods«, immatrikuliert mit den Zeichen G-HARF. Bis heute ist immer noch ungeklärt, wer die beiden Herren waren, die sich höchst unauffällig im Terminal umsahen und genau beobachteten, wie Gavino Sann, ein Fotograf der »Nuova Sardegna«, und Luigi Folino, ein freier Kameramann, sich mit Hilfe eines Krans neun Meter in die Luft bewegten, um so Diana und Dodi besser »abschießen« zu können. Was den beiden unauffälligen Herren sichtlich Spaß machte, sie aber nicht bewog, irgendwie einzugreifen. Was jeder sonstige Passagier wohl sehr wohl getan hätte, würden sich vor seinen Augen solch waghalsige Manöver abspielen.

13.04 Uhr: Das war die vom Tower in Olbia auf Sardinien festgelegte Abflugzeit für die Gulfstream. Da zu diesem Zeitpunkt die edlen Damen und Herren aber nicht alle an Bord waren, suchte Olbia sofort beim Kontrollzentrum für den europäischen Flugverkehr in Brüssel um eine neue Abflugzeit nach. Die auch gewährt wurde: neuer Abflug um 13.30 Uhr.

13.30 Uhr: Der zweistrahlige Jet hebt Richtung Paris ab. Diana und Dodi lesen, trinken Mineralwasser, reden. Sie sitzen vorn in den großen Ledersesseln des Jets. Hinten dösen die Angestellten.

Der Jet fliegt über Italien, die Schweiz, Frankreich und, da gutes Wetter herrscht, direkt nach Paris.

15.22 Uhr: Der grün-goldene »Harrods«-Jet landet in Le Bourget, dem Privatflughafen von Paris, nur wenige Kilometer vom öffentlichen Großflughafen Paris-Charles de Gaulle entfernt. Angeblich hat der Flughafen – so heißt es später – keinerlei Signal erhalten, das einen VIP-Flug ankündigte. Tatsache ist jedoch, dass sowohl die italienischen als auch die französischen Sicherheitsbehörden – und damit auch die britischen und amerikanischen – von Landung und Anwesenheit der »berühmtesten Frau der Welt« in Frankreich wussten, und sie kannten auch ihr Reiseziel: Paris.

Die britische Botschaft war (angeblich) nicht informiert worden, die französische sehr wohl. Am Ende der Landebahn warteten Motorräder und schwarze Limousinen der Abteilung SPHP – Service de Protection des Hautes Personalités, eine Art VIP-Sicherheitsteam. Die SPHP besteht aus bestens ausgebildeten Polizeibeamten, deren Aufgabe es ist, alle wichtigen ausländischen Besucher sicher durch Paris zu begleiten. Diese Herren sind wenig zimperlich im Umgang mit bildersüchtigen Fotografen und geldgeilen Paparazzi. Mit den SPHP-Männern hätte Diana keinerlei Probleme in Paris gehabt. Die französische Regierung hat diese Eskorte unaufgefordert zum Flughafen geschickt – also wusste sie zumindest vom Eintreffen Dianas in der französischen Hauptstadt.

Dodi – ganz ägyptischer »Macho« – bestand aber auf seinen eigenen Bodyguards. Schließlich ist er ein Al-Fayed. Was sich als fataler Fehler herausstellen sollte. Oder war dies gar kein Fehler von Dodi? War dies die erste Tat von Henri Paul, dem Sicherheitschef des »Ritz« – nebenberuflich soll er ja auch für den britischen MI 6 und den französischen Geheimdienst gearbeitet haben! Und sich auf später entdeckten sechs Konten immerhin 210 000 Euro für »geleistete Dienste« haben überweisen lassen.

Egal: Bei Dianas Ankunft warteten jedenfalls nicht nur

französische Beamte und Polizisten, sondern auch einige Paparazzi, darunter Fabrice de Chassery von der Fotoagentur Laurent Sola.

Das jedenfalls rief Louis Demarque, den Direktor der »Transair« auf den Plan, dessen Firma für die Ankünfte der illustren Gäste zuständig war: »Wir sahen die Paparazzi hinter den Absperrzäunen. Denn unser VIP-System basiert ja gerade darauf, unsere Gäste vor solchen Störungen zu bewahren. Bis heute bedauern wir, dass wir nicht die Macht hatten, Diana und ihren Freund davor zu schützen.«

Demarque weiter: »Diana war sehr ruhig, Dodi hingegen genervt. Er bat uns auch, ihm diese Fotografen vom Hals zu halten. Besonders wollte er nicht von ihnen verfolgt werden. Andererseits erklärte er, dass sie es eilig hätten und schnell verschwinden wollten.«

Ich war inzwischen fünf Mal – auch sofort nach Dianas Tod – in Le Bourget, um Informationen über eine demnächst landende Berühmtheit, unter anderem US-Popstar Mariah Carey, zu erhalten. Natürlich bekam ich keine Antwort, nur den deutlichen Hinweis, doch sofort zu verschwinden.

Mit dem BLICK-Fotografen Dominik Baumann und mit meinem professionell fotografierenden Sohn Steven Glogger als »Fotografen« spielte ich dreimal jede Möglichkeit durch, wie die Bilder entstanden sein könnten, die Diana und Dodi beim Verlassen des Jets zeigten. Bilder, die um die Welt gingen, Bilder, die auch ich mit Freude drucken ließ.

All das geht nicht ohne einen Tipp der Behörden. Es ist schlicht unmöglich, Fotos in dieser Art ohne Hilfe zu bekommen, da die Winkel des verbauten, alten Flughafens zu eng sind, selbst auf dem Autodach stehend, um einen Privatjet zu fotografieren, wenn dieser nicht sehr genau ins Blickfeld gelotst wird. Und das wurde er, fraglos!

Die Paparazzi – nicht gerade die Herren mit den feinsten Manieren der knipsenden Branche – müssen genau gewusst haben, wohin die Gulfstream IV vom Tower aus dirigiert und an welcher Pforte der spätere Konvoi durchgelassen würde. Es gibt nur zwei videoüberwachte und gesicherte Ausfahrten, eine dritte steht ausschließlich den Mitgliedern der französischen Regierung und höchsten Staatsgästen zu, aber eben auch den Beamten der SPHP, der Abteilung zur Sicherheit diplomatischer Gäste.

Nebenbei: Viel Vergnügen, wenn Sie diesen Ausgang aufsuchen oder allein mit einem Fotografen davor herumlungern. Schneller wurden Sie noch nie »aus dem Verkehr« gezogen!

15.30 Uhr: Vor der Gulfstream wartet eine illustre Gesellschaft:

- Zwei von Al-Fayeds Hotel »Ritz« herbeorderte Fahrzeuge, ein Mercedes und ein Range Rover.
- In Rufnähe stehen drei Männer der französischen SPHP-Sicherheit, die bis heute nicht identizifiert wurden oder werden sollten. Diese Herren sehen sich das Treiben völlig gelassen an, Bilder dieser Herren verschwinden später sehr diskret und sind bis heute nicht bei Agenturen erhältlich, als habe es diese Männer nie gegeben.

Wir halten kurz fest: Die französische Regierung wusste also von Dianas Ankunft. Sie kannte im Zweifelsfall auch den Weg von Le Bourget zu dem Pariser Stadtwald Bois de Boulogne, wo sich das Paar die alte Villa des verstorbenen Herzogs von Windsor ansehen wollte. Der lebte hier im Exil von 1953 bis zu seinem Tod 1972 – seine Frau Wallis starb hier geistig umnachtet 1986.

Wir dürfen uns natürlich auch nicht ganz naiv stellen: Selbstverständlich wurde das Paar Diana und Dodi weiterhin nicht aus den Augen gelassen. Spätestens zu diesem Zeitpunkt, so erfahre ich später bei Recherchen, wussten auch britische Behörden von der Anwesenheit Dianas in Paris. Kürzlich gaben auch amerikanische Geheimdienste zu, dass sie Diana bis zu ihrem letzten Atemzug abgehört haben.

15.35 Uhr: Die Gruppe wird aufgeteilt:

- Diana, Dodi und Leibwächter Trevor Rees-Jones steigen in den Mercedes 600, gesteuert von Dodis Pariser Leibchauffeur Philippe Dourneau.
- Stewardess Debbie, Masseurin Myriah, Bodyguard Alexander »Kez« Wingfield und Dodis Butler René Delorm folgen im von »Ritz«-Sicherheitschef Henri Paul gesteuerten Range Rover. In dem sich auch das Gepäck von Diana und Dodi türmt. Wobei Henri Paul direkt von einem Tennismatch mit seinem besten Kumpel Claude Garrec nach Le Bourget fuhr.

Ich habe auch diese Szene nachträglich überprüft. Es ist nicht einfach, sechs großvolumige Koffer auf die Ladefläche eines Range Rovers so zu verteilen, dass vier Menschen noch einigermaßen bequem sitzen können und der Fahrer noch ein Mindestmaß an Sicherheit gewähren kann. Dass Henri Paul mit Garrec Tennis spielte, habe ich ebenfalls überprüft. Es stimmt auch, dass Henri Paul, der spätere »Todesfahrer«, 600 Flugstunden absolviert hat und das ohne jeden Alkohol, ohne jeden Stimmungsaufheller.

Übrigens kannte Diana ihren späteren »Todesfahrer« Henri Paul bereits von ihrem ersten Liebeswochenende mit Dodi im Pariser »Ritz« vom 25. bis zum 27. Juli 1997. Da waren beide inkognito in Paris. Das heißt: Die Geheimdienste wussten genau, wo Diana und Dodi waren, gaben aber keinerlei Hinweise an die Presse oder die Fotografen.

Um es noch mal zu betonen: Alle Gespräche von Diana

und Dodi – welches Handy sie auch immer benutzten – wurden abgehört. Wer das verneint, ist ein ahnungsloser Zeitgenosse.

Als kleine Zwischenbemerkung sei an dieser Stelle folgendes erwähnt: Zusammen mit Fotograf Steven Glogger bin ich alle Strecken, die Diana und Dodi in Paris zurückgelegt haben, bis dato achtmal abgefahren. Auch die Strecke zwischen Le Bourget und dem Bois de Boulogne, dem Exhaus des Herzogs und der Herzogin von Windsor, das Mohamed Al-Fayed 1986 vom Pariser Bürgermeisteramt – damals war noch Jacques Chirac Pariser Bürgermeister – für 99 Jahre für die kleine »Aufwandsentschädigung« von 150 000 Euro pro Jahr mieten konnte. Dafür bekam er sogar die »Médaille de chevalier de la Légion d'honneur« aus der Hand des damaligen Präsidenten François Mitterrand. Ein kleines Trostpflaster für das, was sich Al-Fayed die Renovierung kosten ließ: 10 Millionen Euro.

Natürlich durchfuhr ich auch den »Todes-Tunnel«, bis heute mindestens 30-mal – um ja nichts zu übersehen, obwohl wir dabei meist von rasenden Autos fast von der Fahrbahn gekippt worden wären. Dazu aber später mehr.

Hier muss ich klarstellen: Alle, wirklich alle Zeitangaben in den Büchern über Diana und Dodi und ihren Tod sind entweder falsch, frei oder bewusst erfunden oder einfach nur ungenau!

Warum ich mir da so sicher bin? Nun, ich bin, wie gesagt, die Strecke zwischen Le Bourget und der »Windsor-Villa« an der Route du Champ d'Entraînement Nr. 4 am Rande des Bois de Boulogne bei Neuilly achtmal abgefahren: mit einem Mercedes, einem schwarzen Mercedes, wie ihn bei dieser Fahrt auch Diana und Dodi nutzten! Wir schafften die Strecke nie unter 35 Minuten. Und das an einem Tag mit verhältnismäßig ruhigem Verkehr.

Es ist also unmöglich, diese Wegstrecke innerhalb von zehn Minuten, geschweige denn von 20 Minuten zurückzulegen! Unmöglich! An jedem Nachmittag, den ich diesen Weg unter Aufsicht eines Fotografen fuhr, brauchten wir stets mehr als 35 Minuten. Warum? Weil der Verkehr auf der vier- bis fünfspurigen Umgehungsstraße so grauenhaft ist, dass eine schnelle Fahrt fast unmöglich ist. Da wundert es nicht, dass die Paparazzi hier leichtes Spiel hatten. Mit ihren schnellen Honda-Suzuki-Motorrädern konnten sie überholen, schneiden, sich zurückfallen lassen – und hatten immer ein Bild in der Kamera. Fotografiert wurde durch die leider nicht verdunkelten Scheiben des Ritz-Mercedes! Einmal musste Chauffeur Dourneau sogar eine Vollbremsung wagen, als ein schwarzer Peugeot 205 sich so eng neben den Mercedes zwängte, dass die Gefahr eines provozierten Unfalls bestand.

16.15 Uhr: Diana und Dodi treffen in der Windsor-Villa an der Route du Champ d'Entraînement ein, am Bois de Boulogne, wo nachts die Transvestiten auf Kundenfang gehen.

Dort werden sie von Dodis Hund Shoe, Hausmeister Gregory-Martin Sancho und dem italienischen Innenarchitekten Mario Tizani begrüßt. Der soll den Umbau realisieren, da Dodi damit liebäugelt, hier mit Diana als seiner »Königin des Herzens« zu wohnen. Die Videobänder der Sicherheitskameras zeigen allerdings, dass Diana und Dodi ihr angeblich »zukünftiges Heim« im Schnelldurchgang angeguckt haben müssen: Sie waren gerade mal 28 Minuten in der Villa!

16.35 Uhr: Dianas Gepäck wird von Henri Paul in Begleitung von Dodis Diener René Delorm im Range Rover in die Zehnzimmerwohnung der Familie Al-Fayed in der Rue Arsène-Houssaye an den Champs-Élysées gebracht.

Stewardess Debbie, Masseurin Myriah und Bodyguard

Alexander »Kez« Wingfield werden von Henri Paul zum »Ritz« gefahren, wo sie Quartier beziehen.

17.00 Uhr: Diana und Dodi treffen im »Ritz« ein, wo alles wie bei ihrem ersten Besuch bereitsteht: die »Imperial-Suite« im ersten Stock, bestehend aus zwei Zimmern, einem Salon, einem kleinen Esszimmer und einem immens großen Bad. Die Möbel stammen alle aus dem 18. Jahrhundert, der Preis für uns Normalsterbliche würde 8000 Euro betragen – pro Nacht!

Und wieder steht der schwarze Peugeot 205 vor dem Hotel, der schon auf der Autobahn Probleme machte. Kes Wingfield geht auf den lässig ans Auto gelehnten Fahrer zu und bittet ihn, künftig Distanz zu halten!

17.10 Uhr: Dodi telefoniert aus dem »Ritz« mit seinem Butler René, der zwischenzeitlich in der Fayed-Wohnung an der Rue Arsène-Houssaye alles für einen Besuch seiner Herrschaft vorbereitet. »Bereite Drinks vor«, lautet die Anweisung.

17.30 Uhr: Diana lässt sich im »Ritz« von der hoteleigenen Coiffeuse Sabrina frisieren. Dodi fährt zwischenzeitlich – begleitet von Bodyguard Trevor Rees-Jones – die nicht mal 50 Meter zum gegenüberliegenden Juwelier Repossi im Mercedes 600.

Alberto Repossi hat sein kleines, aber feines Juwelier-Eldorado an der wohl nobelsten Ecke der Welt, zwischen Boucheron, Van Cleff & Arpels, Piaget, Bulgari, Patek Philippe, Mikimoto und Dior, direkt in der schattigen Ecke gegenüber dem Hotel »Ritz«. Repossis Spezialkunden sind Araber und Asiaten – wie der Sultan von Brunei, der sich das gewaltige Gebäude neben dem »Ritz« und dem französischen Kriegsministerium besorgen ließ. Und, obwohl er eine 50-Meter-Schwimmhalle einbauen ließ, fast nie dort wohnt.

Alice Valentin, die Nichte von Albert Repossi, reicht Dodi den bereits Wochen vorher in St. Tropez und dann in Monte Carlo bei der dortigen Repossi-Filiale neben dem Luxushotel »Hérmitage« von ihm bestellten Ring. Bereits Mitte August wurde Albert Repossi nach St. Tropez bestellt. Dort wählte Dodi in einem diskreten Hotel (dem »Byblos«) aus den vorgelegten Entwürfen den Ring »Dis-moi oui« (Sag ja zu mir!) aus, während Diana sich italienische Schuhe in den Nachbarboutiquen ansah.

»Sie müssen ihn am 30. August gegen 15 Uhr im Hotel Ritz in Paris abliefern«, sagte Dodi. Da er sich aber an genau diesem Tag verspätete, wurde es 17.30 Uhr, als Dodi zusammen mit Bodyguard Trevor Rees-Jones und einer Sekretärin des »Ritz« den Ring abholte.

Es sollte der Verlobungsring für Diana sein. Wert: 200 000 Euro. Die natürlich nicht Dodi zahlt – das wird später sein Vater übernehmen, der alles im Leben von Dodi bezahlt hat.

18.30 Uhr: Diana ruft Freunde in London an:

- Ihre Busenfreundin Rosa Monckton (Enkelin von Sir Walter Monckton, ein Höfling von Queen Mum). Mit ihr war sie in verschwiegenen Ferien in der griechischen Ägäis – genau zwischen den beiden Lustfahrten mit Dodi. Rosa ist Direktorin bei Tiffany's in London, ihr Mann Dominic Lawson war Redaktionsdirektor des »Sunday Telegraph«. Laut Rosa sagte Diana: »Ich bin glücklich«, aber sie meinte auch, dass sie nicht mit Geschenken von Dodi überhäuft werden will. »Von Heirat sprach sie nicht.«
- Ihren Lieblingsjournalisten Richard Kay (ein smarter, leider nicht immer verschwiegener Berater), der bei der »Daily Mail« arbeitete. »Nie klang die Prinzessin glücklicher«, schreibt Kay später, der mehr weiß, als er je schreiben wird. »Es gab niemandem, dem sie je anvertraute, dass

sie heiraten wollte – noch, dass sie in ›anderen Umständen‹ sei.«

- Ihren Butler Paul Burrell (»mein Fels«, wie sie ihn nannte). Ihm sagte sie, wie sehr sie sich auf ihre »beiden Männer freue«, also auf ihre beiden Söhne William und Harry. Und dass sie glücklich sei, »morgen nach Hause zu kommen«.

Paul Burrell ist genau der Mann, der später von den Beratern von Prinz Charles vor Gericht gezerrt wurde, weil er angeblich Privates von Diana beiseitegeschafft haben soll. Erst als die Queen die Klage zurückziehen ließ, war Ruhe. Dass Dianas Mutter und Dianas Schwestern in einer Nacht-und-Nebel-Aktion Dianas geheime Briefe und Archive verbrannten, spricht auch nicht gerade für eine »familiäre Beziehung« zwischen Tochter, Mutter und Schwestern.

19.00 Uhr: Diana und Dodi lassen sich wieder mit dem Mercedes 600 in die Rue Arsène-Houssaye fahren, einer eher idyllischen Nebenstraße der Champs-Élysées, gegenüber dem wohl berühmtesten Triumphbogen der Welt, dem Arc de Triomphe.

Hier prügeln sich bereits Paparazzi mit Gérard, einem der Sicherheitsmänner des Apartmenthauses – in dem, nebenbei bemerkt, auch eine der berühmtesten Opernsängerinnen der Welt ihre Pariser Absteige hat.

19.10 Uhr: Diana und Dodi haben das Hotel »Ritz« verlassen. Die Arbeitszeit von Sicherheitschef Henri Paul endet. Er fährt mit seinem kleinen schwarzen Mini Cooper zu seiner rund 800 Meter entfernten Wohnung in der Rue des Petits-Champs und parkt vor einem der berühmtesten Lesbenlokale der Welt, dem »Champmeslé« in der legendären Rue Chabanais, der Straße, in der sich einst der Urgroßvater von Prinz Charles – der berühmte »Bordellkönig Bertie« – von Mätressen liebevoll in einem extra für ihn gebauten »Liebesstuhl« und einer »Liebes-Kupfer-Wanne« verwöhnen ließ.

Was trank Henri Paul hier? Laut Angaben des Pariser Untersuchungsrichters Hervé Stéphan muss er sich geradezu vollgegossen haben. Wie anders lautet da die Aussage seines Freundes und Tennispartners Claude Garrec: »Er trank gar nichts! Er schaute gegen 22.00 Uhr nur kurz rein, sagte: ›Salut les filles! A plus tard …‹ (Hallo – bis später), setzte sich hinters Steuer seines Minis und fuhr ab.«

Hat Paul sonst getrunken? »Nein. Mal ein Bier. Das war's schon!« Also sind die wunderbaren Geschichten, dass Henri Paul geradezu eine Zechtour durch die Bars in seiner Gegend an diesem Abend geführt haben soll, allesamt politisch motiviert erlogen. Er war nicht im »Le Pélican«, er war nicht in »Harry's Bar«, er trank nicht im »Champmeslé«, er soff nicht im »Le Bourgogne«. Dass der kleine Bretone in seinem Bücherschrank Erotik-Bücher von Henry Miller stehen hatte, prädestiniert ja nicht direkt dazu, die berühmteste Frau der Welt totzufahren.

19.30 Uhr: Diana nimmt ein ausgiebiges Bad und telefoniert mit ihren beiden Söhnen im schottischen Balmoral. Dodi telefoniert ebenfalls, mit seinem Stiefonkel Hussein Yassin, dem Expresseattaché an der Botschaft von Saudi-Arabien in Washington, der an diesem Wochenende auch in Paris ist. Dodi ruft auch Husseins Nichte Joumana an, die in Paris weilt – angeblich teilt er ihr mit: »Unsere Ehe wird auf wahrer Liebe basieren.«

Dann duscht er. Der 55 Jahre alte, in Marokko geborene Butler René – der fließend Arabisch, Französisch und Englisch spricht – legt Dodis Kleidung für den Abend parat. Dodi hat Delorm in Kalifornien kennengelernt und nahm ihn sofort als seinen Butler unter Vertrag.

20.00 Uhr: Dodi (Jeans, hellgraues Hemd, braune Lederjacke, Cowboystiefel) zeigt Butler René den Ring von Albert Repossi, sagt angeblich: »Heute abend werde ich sie um ihre Hand bitten.«

20.30 Uhr: Diana (enge weiße Jeans, ärmelloses Top, schwarze Versace-Slingpumps, schwarzer Blazer) erscheint im Grünen Salon, lässt Julio Iglesias auflegen, trinkt ein halbes Glas kalten Chablis, Dodi einen Wodka auf Eis. Sie essen frische Blinis mit Kaviar, sie schmusen.

21.20 Uhr: Auf der Straße herrscht Kampfstimmung! Immer mehr Paparazzi – und inzwischen auch Schaulustige – drängen sich auf den Bürgersteigen der kleinen Straße. Einige skandieren »Diana, Diana«, andere sind fassungslos, wie so ein Auflauf in Paris stattfinden kann, ohne dass die Polizei einschreitet. Doch die Polizisten schlendern über den überbreiten Fußgängerweg und scheinen nicht daran interessiert, was sich nur fünf Meter von ihnen abspielt.

Diana und Dodi brechen auf. Sie steigen unter Blitzlichtgewitter in den bereitstehenden Mercedes 600, lassen sich die Einbahnstraße hinabfahren, bevor sie wenden und in den gigantischen Kreisel rund um den Arc de Triomphe einbiegen.

Langsam lassen sie sich auf der linken Fahrspur der Champs-Élysées Richtung Place Concorde fahren. Warum? Weil Dodi Diana einen geschlossenen Club zeigen will – den Homosexuellenclub »Le Queen«, gleich neben der Boutique von Rodier. Dieser Club war wegen Drogenmissbrauchs geschlossen worden. Hier plant Dodi, eine neue Art von »Fashion-Café« mit den schönsten Models der Welt zu eröffnen. Was mit Dianas Hilfe garantiert ein Mekka für alle Paris-Besucher geworden wäre.

Per Handy fragt Dodi Claude Roulet, den stellvertretenden Direktor des »Ritz«, ob alles in Ordnung sei mit der Reservierung für 21.45 Uhr im vornehmen Pariser Edelbistro »Chez Benoît«.

Dodi und Diana besprechen ebenfalls, ob sie hinterher nicht lieber in ein anderes Apartment der Fayeds fahren sollten, um Ruhe vor den lästigen Paparazzi zu haben. Dieses Apartment liegt in der Wohnanlage Passy-Kennedy, direkt neben dem großen Radio-Gebäude und beherbergt viele sogenannte »Vertraute« von Politikern und Radio-Größen. Diese »Vertrauten« sind allerdings meist langbeinig, blond, jung und hören auf Namen wie Giselle, Yvette, Caroline, wobei die Nachnamen in diesen Kreisen unwichtig sind.

Um zur Wohnanlage Passy-Kennedy zu kommen, müssten Diana und Dodi den Tunnel d'Alma durchqueren – den Tunnel, in dem beide später sterben sollen.

21.45 Uhr: Diana und Dodi wollen ins Nobelbistro »Chez Benoît« am Centre Pompidou, wo beide vor Wochen schon einmal heimlich Händchen hielten und sich küssten – und niemand sie erkannte!

21.53 Uhr: Entnervt von den Paparazzi fliehen Diana und Dodi zurück in Papas Hotel »Ritz«. Sie wollen jetzt im hoteleigenen Edelrestaurant »L'Espadon« essen, am Ende des mit Spiegelschränken und Luxusgütern bestückten langen Ganges – wo sie bereits beim Eintritt in den Spiegelsaal angestarrt werden.

Diana weint. Erst die Jagden der Paparazzi und dann noch das Anstarren beim Betreten des Restaurants – das ist an ihrem letzten Abend mit Dodi zu viel für sie. Morgen muss sie zurück nach London, um endlich wieder ihre beiden Söhne in die Arme nehmen zu dürfen, die aus ihren schottischen Ferien von Schloss Balmoral zurückkehren, bevor sie in ihre Internate zurückmüssen.

Interessant ist an dieser Stelle die Aussage von John McNamara, ehemaligem Oberinspektor von Scotland Yard und Leiter der Untersuchung des Unfalls im Auftrag von Mohamed Al-Fayed: Er identifizierte nach exaktem Studium der Überwachungskameras vor dem »Ritz« einige »Schaulustige« als Angehörige des britischen Geheimdienstes und Mitglieder anderer ausländischer Dienste.

22.00 Uhr: Diana und Dodi essen allein in der »Suite Impérial« (138 Quadratmeter) im ersten Stock. Da gibt es doch tatsächlich ein Video, das zeigt, wie Dodi und Diana die Treppe zur Imperial-Suite hochsteigen, beobachtet von Bodyguard Trevor Rees-Jones. Diana bestellt Omelette mit Spargel, Dodi gegrillte Seezunge. Angeblich – was britische und amerikanische Behörden allerdings genau wissen – ruft dann Dodi seinen Vater an, sagt ihm, wie glücklich er sei. Dann gibt er Diana den Hörer, die Al-Fayed sagt, dass sie ebenfalls glücklich sei. Zumal sie ein Kind erwarte. Lug, Trug, gut erfunden oder Wahrheit? Würden die Briten die abgehörten Gespräche der Öffentlichkeit preisgeben, wüssten wir mehr.

22.10 Uhr: Die Leibwächter Rees-Jones und Wingfield trinken Mineralwasser und essen je ein Club-Sandwich in der Bar des »Ritz«. Dort sehen sie (angeblich!), wie Henri Paul, der Sicherheitschef des »Ritz«, zwei Pastis mit Ananassaft kippt. Das scheint verbürgt, es ist aus den Abrechnungen des »Ritz« für diesen Abend zu entnehmen. Mehr trank Paul nicht.

Allerdings ist bis heute ungeklärt, wo sich Henri Paul in den drei Stunden zwischen dem Verlassen des Hotels um 19 Uhr und seiner Rückkehr gegen 22 Uhr aufgehalten hat. Es ist durchaus möglich, dass er in seiner Wohnung war. Die ich ebenfalls aufgesucht habe. Sie ist gerade mal fünf Gehminuten vom »Ritz« entfernt. Es ist eine eher trübe Absteige mit wenig bis nichts, was auf einen »Agenten« hinweist, der angeblich von zwei Geheimdiensten Geld bekam: abgewohnt die Möbel – dass hier eine voll eingerichtete Bar gestanden haben soll, ist barer Unsinn! Henri Paul trank laut Aussage seines Freundes und Tennispartners Claude Garrec hauptsächlich Cola Light. Paul wollte einerseits nicht zunehmen und andererseits seine Prüfung als Leichtflugzeug-Pilot nicht gefährden.

Als die Polizei das Apartment von Henri Paul durchsuchte, entdeckte sie keine »wohlgefüllte Bar«, wie es bis heute offiziell heißt. Die Beamten fanden nur eine fast volle Flasche Martini Blanc und eine leere Flasche Champagner. Mehr an Alkohol hat der von Untersuchungsrichter Hervé Stéphan als »Alkoholiker« bezeichnete »Todesfahrer« Henri Paul nicht gehortet. Es ist überhaupt eine kluge Erfindung, Henri Paul als »schweren Alkoholiker mit dem Hang zu Stimmungsaufhellern wie Prozac« zu bezeichnen, und stimmt mit dem Leben von Paul in etwa so überein, als würde man Karl Lagerfeld eine Gier nach Frauen unterstellen.

23.00 Uhr: Die beiden Bodyguards Trevor Rees-Jones und Kez Wingfield warten jetzt vor der Tür der Imperial-Suite. Sie lassen nur die Servierdame durch, die kurz vor 23 Uhr eine eisgekühlte Flasche Champagner der Marke »Bollinger« in die Suite bringt.

Dodi erhält auf seinem Handy einen Anruf, der ihn sehr nervös macht. Dodi spricht arabisch. Angeblich ist sein Onkel Adnan Kashoggi (ja, genau der!) am Telefon, der ihm (angeblich) sagt: »Sie haben es auf dich abgesehen! Du bist ihr Zielobjekt. Also pass gefälligst auf!«

Eine andere Quelle weiß, dass exakt um 23 Uhr ein hochrangiger saudi-arabischer Diplomat mit einer (wohl von ihm bestens bezahlten) Dame in seinem Londoner Apartment war, als auch er einen Anruf erhielt. Es gab eine kurze Konversation am Telefon auf Arabisch. Dann hängte der Informant ein, und der Diplomat murmelte zu unserer Informatin: »Sie versuchen, Dodi zu ermorden.«

99 Minuten später war er tatsächlich tot.

23.20 Uhr: Dodi will mit Diana zurück in das Fayed-Apartment an die Champs-Élysées – angeblich, um ihr den Ring zu schenken. Oder will er zu seinem Dreizimmerapartment in der Wohnanlage »Passy Kennedy«, in der er öfter »kleine Freundinnen« parkte? Ein Versteck, das selbst die Paparazzi nicht kennen, und auf das Untersuchungsrichter Hervé Stéphan später nicht eingeht. Genauso wenig, wie die attraktive Fahndungskommandantin Martine Montail dies gar nicht erwähnt. Warum? Typisch Frankreich! Weil hier diverse Politiker ihre »Geliebten« geparkt haben!

Als typisch hilfloser Sohn ruft Dodi nervös – um sein Leben fürchtend? – kurz vor Mitternacht seinen Vater Mohamed in England an. Das Gespräch ist kurz: »Ich fahre jetzt zurück zu unserem Apartment an der Champs-Élysées. Dort steht eine Flasche Champagner kalt – und den Ring habe ich auch!« Angeblich soll Mohamed Al-Fayed geantwortet haben: »Das ist zu gefährlich! Bitte bleibt, wo ihr seid. Ihr habt die beste Suite. Das ›Ritz‹ hat doch alles, was ein romantisches Paar braucht, inklusive den absolut besten Champagner.«

Dodi: »Ich werd's mir überlegen – und mit Diana darüber diskutieren.«

»Das waren die letzten Worte, die ich von meinem Sohn hörte«, sagt später Vater Al-Fayed.

23.30 Uhr: Henri Paul, der Sicherheitschef des »Ritz«, Dodis Fahrer Dourneau, die Leibwächter Rees-Jones und Wingfield planen ein Ablenkungsmanöver, um die Paparazzi zu verwirren. Zuerst geht Henri Paul durch die Drehtür des »Ritz« auf die Place Vendôme und ruft den Fotografen zu: »Das berühmte Paar kommt in 20, vielleicht schon in zehn oder fünf Minuten heraus.« Schon fährt ein Mercedes mit abgedunkelten Fenstern vor, der angeblich auf das illustre Paar wartet.

In Wahrheit haben die beiden Bodyguards den diensthabenden »Ritz»-Chef längst aufgefordert, einen schwarzen Mercedes 280 S mit dem Kennzeichen 688LTV75 an die Rückseite des Hotels zu bringen. Frederic Lucard, ein Angestellter von »Etoile Limousine«, die dem »Ritz« die Fahrzeuge zur Verfügung stellt und bei der das Hotel Hauptfinanzier ist, ist bereits mit einem Mercedes unterwegs. Zur Rückseite des Hotels in der Rue Cambon, einer Einbahnstraße, wo Diana und Dodi dann heimlich in den zweiten Mercedes flüchten können, um ungehindert (und ungesehen) wegfahren zu können.

Trevor Rees-Jones sieht zu diesem Zeitpunkt schon in der Rue Cambon nach, ob sich nicht dort auch Paparazzi gesammelt haben, aber er entdeckt lediglich einen kleinen, weißen dreitürigen Wagen, ein Auto also, bei dem es sich durchaus um den ominösen Fiat Uno handeln könnte, der uns später in der Geschichte auf seltsamste Weise begegnen wird.

Dabei gibt es eine unumstößliche Regel aller Sicherheitsdienste, die hier aber nicht beachtet wurde: Schick nie ein Fahrzeug alleine los, in dem die Zielperson sitzt! Es muss immer ein zweites Fahrzeug dabei sein – als Puffer.

Da stellt sich natürlich die Frage, warum genau diese Sicherheitslücke zugelassen wurde?

Nun bewegen wir uns – erstmals – in einem Graubereich des »Fall Diana«. Henri Paul, der Sicherheitschef des »Ritz« war überzeugt, dass sein »Trick« funktioniert: Er spricht vorne mit den Paparazzi, saust rückwärts ins Auto – und bringt seine Schutzbefohlenen in Sicherheit. Wäre Paul so betrunken gewesen, wie er dies angeblich war, hätte er damit erhebliche Probleme gehabt: Ich bin die Strecke im Hotel gerannt – und brauchte mehr als drei Minuten dazu!

Die Leibwächter Trevor Rees-Jones und Kez Wingfield haben gegen diesen leichtfertigen Plan protestiert. Sie wurden aber mundtot gemacht, da der Plan angeblich aus London – von der Fayed-Sicherheitszentrale – für gut befunden wurde. Das würde bedeuten, dass Vater Mohamed Al-Fayed alles abgesegnet hätte, doch das ist eher unwahrscheinlich. Meine Recherchen ergaben nämlich, dass es gar keine Telefonate mit der Park Lane in London, der Sicherheitszentrale von Al-Fayed, gab. Nicht aus dem »Ritz«. Nicht von einem in England oder Frankreich registrierten Handy.

Dodi ist nun mit der Situation völlig überfordert: Er muss entscheiden! Und es geht nicht um irgendein US-Model oder eine Schönheit wie Brooke Shields, die in Frankreich eh keiner kennt. Seine Freundin ist die berühmteste Frau der Welt, Prinzessin Diana. Abgeschirmt auf hoher See – das hat er eben so geschafft. Aber jetzt, hier in Paris mit Dutzenden von eiskalten Fotoprofis vor sich und einer Hundertschaft von Schaulustigen, wird es schon brenzlig.

Was macht ein ewiger Sohn, einer, der noch nie für seine Miete, geschweige denn seine Klamotten oder ein eigenes Auto arbeiten musste, dem alles im besten Sinne des Wortes nachgeworfen wurde? Er verliert nicht die Nerven, er verlässt sich auf andere. Auf andere, die schon eine Entscheidung treffen werden! In diesem Fall ist das Henri Paul. Der kleine Kobold mit den vielen Ideen, der witzige Sicherheitschef – ist ja auch ein Vertrauter von Papa!

Diana, an Szenen wie diese gewohnt, ist die Ruhe selbst. Warum auch nicht? Sie hat in ihrem Leben als Ehefrau von

Charles, als geschiedene Prinzessin von Wales viel brenzligere Situationen erlebt. Zum Beispiel als eine Horde von Studenten eine Galerie-Eröffnung so nachhaltig störte, dass sie auf den Speicher des Gebäudes Zuflucht finden musste. Oder bei den grausamen Spielchen der Londoner Paparazzi, die sie jeden Tag fragten: »Und wie viel Fett ist weg?«, als sie vom »Harbour«-Fitness-Club nach Hause in den Kensington-Palast fuhr.

Diana hat sich immer auf »ihre« Männer verlassen. Ein fataler Fehler. Schon bei ihrem Vater, erst recht bei Charles, gefolgt von Rittmeister James Hewitt und anderen, eher unerfreulichen Typen, die das Wort »Gentleman« bis heute nicht wirklich verdienen!

»Weichei« Dodi ergreift nicht die Initiative, greift nicht ein. Immerhin wollte er ursprünglich mit seinem Leibwächter Trevor Rees-Jones allein vorfahren. Ohne Diana! Warum? Hatte er da schon gehört oder gewusst, dass es in dieser schwülen Pariser Nacht um ihn – und nicht Diana – geht?

Es kommt leider noch übler: Der Mercedes, der vor dem »Ritz« steht, hat verdunkelte Scheiben. Der Mercedes, der hinter dem »Ritz« in der Rue Cambon steht, hat keine verdunkelten Scheiben. So entschließt sich das Paar gemeinsam, diesen Mercedes zu besteigen. Mit Dodis Bodyguard Trevor Rees-Jones, vorne neben dem kurzentschlossen einsteigenden Fahrer Henri Paul – dahinter Prinzessin Diana und Dodi.

Nun mag man sich fragen, woher ich das alles weiß? Als freundlicher »Manager aus der Schweiz« getarnt, checkte ich kurz nach Dianas Tod im »Ritz« ein und fand dank helfender Kraft einer wunderbaren Informantin ganz Erstaunliches. Zum Beispiel das weltweit gezeigte Video von Diana, Dodi und Henri Paul, bevor sie in den Todes-Mercedes steigen. Allerdings endet das Video an dieser Stelle eben nicht. Es zeigt einen weißen Fiat, der am Anfang noch leicht stotternd hinter dem Mercedes herdüst. Das Video muss im Besitz von Untersuchungsrichter Hervé Stéphan sowie des französischen und britischen Geheimdienstes sein. Nur er weiß, warum er später eine angeblich große Aktion startete, um diesen weißen Fiat Uno zu suchen. Diese Aktion ist eine schlichte Lüge: Stéphan wusste nach wenigen Tagen, wem der weiße Fiat Uno gehört und dass der Besitzer dieses Fahrzeugs in einen der bis heute ungeklärten Morde verwickelt war – in den des früheren französischen Ministers Pierre Bérégovoy.

Der Irrsinn dieser Nacht ist aber noch lange nicht zu Ende. Was macht der zweite Bodyguard Kez Wingfield? Er fährt gemütlich über die Champs-Élysées zum Fayed-Apartment in die Rue Arsène-Houssaye. Wingfield sieht die wunderbare Champs-Élysées vor sich, mit all den Lichtern, die die Welt so liebt.

0.19 Uhr: Frédéric Lucard übergibt Henri Paul die Autoschlüssel. Paul setzt sich ans Lenkrad. Diana und Dodi steigen in den schwarzen Mercedes. Sie links hinter den selbsternannten Chauffeur Henri Paul, er rechts hinter dem Leibwächter Trevor Rees-Jones. Diana und Dodi schnallen sich nicht an! Komisch! Oder nicht?

Am Steuer der (angeblich) betrunkene, (angeblich) mit Prozac vollgedröhnte Henri Paul. Auf dem Beifahrersitz: Trevor Rees-Jones – angeschnallt! Hinter den beiden: zwei Liebende – nicht angeschnallt. Und hinter allen: 15 Fotografen in Autos und Motorrädern.

War das so? Zeuge Mohammed Rehabouille hat das anders in Erinnerung: »Der Mercedes fuhr normal. Hinter ihnen war keine Meute von Fotografen auf Motorrädern und Autos!«

Es verwundert nicht, dass Rehabouille nie als Zeuge von Untersuchungsrichter Hervé Stéphan geladen wurde!

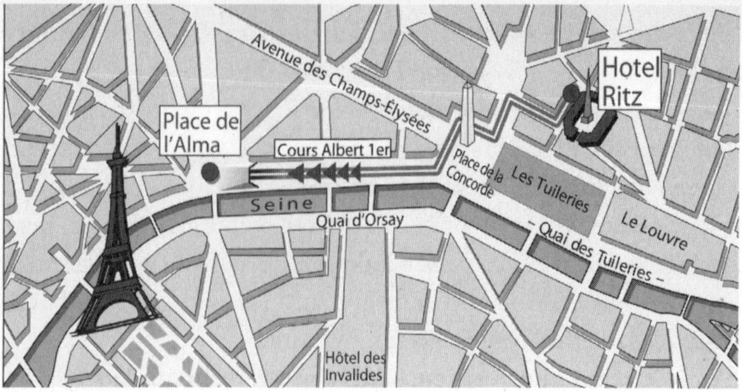

Die letzte Fahrt von Diana, Dodi Al-Fayed, Leibwächter Trevor Rees-Jones und Todesfahrer Henri Paul

0.20 Uhr: Der Mercedes fährt in die Rue Cambon, eine Einbahnstraße, Henri Paul lenkt ihn, verfolgt von mindestens sechs Paparazzi, in die Rue Rivoli. Eigentlich müsste Henri Paul jetzt nur die nächtlichen Champs-Élysées entlangfahren, dabei dreimal gestoppt von einer roten Ampel – und das berühmte Paar wäre ohne jede Probleme zurück in Dodis Apartment gekommen.

Aber nein: An der Ampel vor dem Hotel »Crillon« biegt Paul links ab – und nicht rechts Richtung Champs-Élysées. Warum? Wer hat den Routenwechsel angeordnet? War es Dodi? Diana jedenfalls war es mit Sicherheit nicht! Oder war es doch Henri Paul, der ein Ziel verfolgte, von dem seine drei Insassen gar nichts wussten? Und wie verhielt sich Bodyguard Trevor Rees-Jones in diesem Moment? Er war doch oft genug in Paris gewesen, um die Wege einigermaßen zu kennen.

Henri Paul steuert jetzt jedenfalls über die Place de la Concorde, am ägyptischen Obelisken vorbei, bis fast zur Seine. Dort ignoriert er bewusst eine rote Ampel und fädelt den Mercedes auf den Cours la Reine ein, eine wahre Schnellstraße.

Jetzt fährt das Quartett parallel zur Seine auf dieser Stadtautobahn – und Henri Paul gibt Gas. Nur ein weißer Fiat Uno, mit Sicherheit der, den Trevor Rees-Jones schon in der Rue Cambon gesehen hat, bleibt ihnen auf den Fersen. Die anderen Paparazzi fallen etwas zurück.

Der Radarkasten steht neben der gegenüberliegenden Fahrbahn Richtung Place de la Concorde und nicht in Richtung Place d'Alma. Die beiden Masten, auf denen in der Nacht von Dianas Tod die Videokameras thronten, die ja angeblich in dieser Nacht kaputt waren, sind heute verschwunden.

Die rasende Fahrt geht nun durch den Tunnel Cours Albert I. Spätestens bei der Ausfahrt Cours Albert I. hätte Paul abbiegen können, um sich durch die Avenue George V. wieder auf die Champs-Élysées zu »schleichen«. Geschlichen aber ist Henri Paul nicht. Warum nahm Henri Paul nicht die Ausfahrt Cours Albert I.? Diese Ausfahrt – so ein Zeuge – war durch einen querstehenden Motorradfahrer blockiert.

Es dauerte sechs Jahre – ich wiederhole: sechs Jahre –, bis es dem von Mohamed Al-Fayed eingesetzten eigenen Untersuchungsteam gelang, an die Aufnahmen der Überwachungskameras zu kommen. Und die zeigen, dass Paul hier eine Geschwindigkeit von 102 km/h fuhr. Wer langsamer fährt, wird hier übrigens schnell zum Verkehrsrisiko.

Zusammen mit BLICK-Fotograf Dominik Baumann fuhr ich 1997 mindestens 20 Mal durch den Tunnel. Immer nach Mitternacht – und es gelang uns nur zwei Mal, kurz bei Pfeiler Nr. 13 abzubremsen, sonst wären unweigerlich andere Autos in uns reingerast. Mit Fotograf Steven Glogger war ich 2006 wieder im Tunnel – und wieder war es unmöglich anzuhalten. Es ist eine Rennstrecke, und wer die Franzosen kennt, weiß, dass sie jeden Meter Straße ausnutzen, der auch nur zu etwas höherer Geschwindigkeit einlädt.

Nebenbei: Die »scharfe Kurve«, die es angeblich im Tunnel

Pont d'Alma gibt, ist nicht vorhanden. Es gibt dort keine Kurve! Es sind maximal drei Grad Abweichung vom Normal-Streckennetz!

Nun wird's spannend! Kurz vor der Einfahrt in den Tunnel unter der Place d'Alma stehen vor und nach dem Tunnel Überwachungskameras, die auf zwei hohen Stäben ruhen. Außerdem sorgt eine in der Decke über der Durchfahrt installierte Kamera für Überwachung.

Was wir sicher wissen:

1. Kurz bevor der schwarze Mercedes in den Tunnel mit seiner leicht abschüssigen Bahn fuhr, wurde er von einem Motorrad mit Beifahrer überholt. Wer dies war, ist bis heute ungeklärt – oder zumindest nur den Untersuchungsbehörden bekannt. Jedenfalls wurde das Paar auf dem Motorrad von der Polizei sicher identifiziert. Aber die Ergebnisse sind nie veröffentlicht worden.
2. Die Überwachungskamera in der Decke des Tunnels machte eine Aufnahme des Mercedes mit Henri Paul, der keinerlei Zeichen von Angst oder gar Überraschung erkennen lässt, und daneben der etwas angespannt sitzende, aber angegurtete Trevor Rees-Jones. Auf dem Rücksitz ein lachendes Paar: eine Blonde und ein dunkler Typ. Diana und Dodi.
Dass die Behörden heute behaupten, dass dieses Bild gestellt sei, weil die Kameras alle um 21.00 Uhr abgestellt wurden, darüber kann man sich nur wundern. Warum wurden die Kameras bereits um 21.00 Uhr abgestellt? Rechnete man da bereits mit der Fahrt von Diana und Dodi in den Tunnel? Auch hier wird gelogen, was das Zeug hält.
3. Seltsam ist auch, dass ein weiteres Foto in den Akten von Untersuchungsrichter Hervé Stéphan existiert. Es

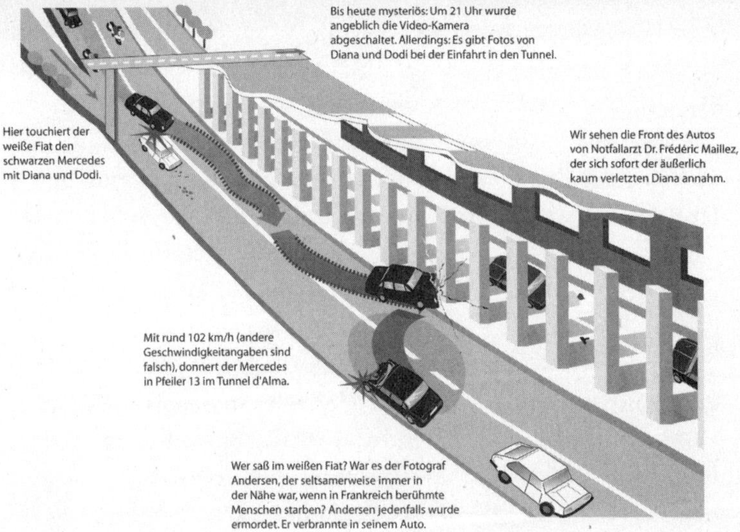

stammt nicht von der Überwachungskamera im Tunnel d'Alma, sondern wurde auf gleicher Höhe mit dem Mercedes aufgenommen. Es zeigt alle Insassen im Profil. Dieses Bild kann nur von zwei Menschen aufgenommen worden sein: entweder vom Beifahrer auf dem Motorrad oder von einem der auf dem Rücksitz harrenden Insassen des weißen Fiat Uno.

4. Im Augenblick des Unfalls muss der Fiat Uno, der auf der rechten Spur fuhr, nach links gezogen sein, um sich auf die Überholspur zu drängen, auf der sich der Mercedes befand.

5. Daraufhin war Henri Paul gezwungen, den schweren Mercedes abrupt nach links zu ziehen, um dem Fiat Uno auszuweichen. Dabei touchierte er die linke, hintere Stoßstange und das hintere, linke Rücklicht des Fiats mit dem rechten, vorderen Seitenspiegel und der rechten Beifahrertür des Mercedes.

0.25 Uhr: Der schwere Mercedes gerät an dieser, der tiefsten Stelle des Tunnels, an der die Schnellstraße eine winzig leichte Rechtskurve macht, ins Schleudern.

Nach Aussagen eines Zeugen dreht sich genau in diesem Moment der Beifahrer des Motorrads um und hält eine blitzlichthelle Leuchte in Richtung Fahrer-Windschutzscheibe.

Bruchteile einer Sekunde fast blind, steuert Paul den Mercedes ungebremst und frontal gegen Pfeiler Nr. 13 im Tunnel d'Alma.

Fahrer Henri Paul und Dodi Al-Fayed sind sofort tot. Bodyguard Trevor Rees-Jones wird bewusstlos, sein Gesicht verstümmelt. Diana – die ebenfalls nicht angeschnallt war – wird durch den Aufprall gegen die Rücklehne der Vordersitze geschleudert und hängt jetzt im Zwischenraum zwischen Rück- und Vordersitz.

Wie zwei unabhängig voneinander befragte Zeugen aussagten, sahen beide, wie ein Motorrad durch das Ende des Tunnels entschwand, ebenso der weiße Fiat Uno.

0.26 Uhr: Dr. Frédéric Maillez, selbst Notarzt und auf dem Heimweg von einem Fest, sieht von der anderen Straßenseite zufällig den Unfall – und meldet ihn sofort via Hilferuf »18« der Feuerwehr. Maillez stoppt, macht die Warnleuchten an, rennt sofort zur Unfallstelle.

Kurze Zeit später – exakt um 0.29.59 – geht ein zweiter Hilferuf unter der Rufnummer 112 an die Notfallzentrale der Polizei.

Beide melden einen schweren Unfall im Tunnel Pont d'Alma im 8. Pariser Arrondissement.

0.27 Uhr: Fotograf Romuald Rat öffnet die hintere Tür des Mercedes: Diana liegt auf dem Boden, eingeklemmt und noch am Leben. Dodi ist neben ihr – er ist tot. Fahrer Pauls Gesicht wurde durch das Lenkrad zerquetscht – auch er ist tot. Das Gesicht von Rees-Jones ist zerschmettert – er lebt.

0.31 Uhr: Die beiden Polizisten Lino Gagliadorne und Sebastian Dorzée, die auf dem Cours Albert I. patrouillieren, werden von Passanten auf den Unfall aufmerksam gemacht – und gehen zum Tunnel.

0.32 Uhr: Die ersten Feuerwehrautos mit den Nummern 94 und 100 treffen ein. Zuständig ist Sergant Xavier Gourmelon, der entscheidet, dass zunächst das Dach vom Wrack getrennt werden muss, um in den Innenraum zu gelangen.

Dr. Frédéric Maillez und zwei Feuerwehroffiziere, darunter Dominique Dalby, versuchen den Eingeschlossenen zu helfen. Zu diesem Zeitpunkt stehen bereits die Fotografen um das Autowrack herum, drängen die Helfer zur Seite, schießen wie wild Bilder.

Die beiden Polizisten Gagliadorne und Dorzée versuchen, die Fotografen abzudrängen, die wie Irre um das Wrack rennen, um nur die besten Bilder zu bekommen. Es sind die Fotografen Romuald Rat von der Agentur Gamma, Jacques Kangevin von der Agentur Sygma, Christian Martinez von der Agentur Angeli, Serge Arnal von der Agentur Stills, Nicolas Arsov von der Agentur Sipa und der freie Fotograf Laszlo Veres.

Mindestens drei Fotografen aber entkamen der Polizei: Serge Benhamou, David Ker und Fabrice de Chassery. Ker und Chassery brachten ihre Bilder sofort zur Fotoagentur LS Presse, geleitet von Laurent Sola.

Minuten später werden die Bilder bereits auf den Markt gebracht. Es ist ein schlauer Trick der Presse, keine eigenen Fotografen zu beauftragen, um die Drecksarbeit zu machen, sondern die wilden Gesellen namens Paparazzi. So können die jeweiligen Chefredakteure ihre Hände stets in Unschuld waschen, denn wie sollen sie schon gewusst haben, wie diese Bilder zustandekamen? Zumal die Bilder ja meist über Agenturen angeboten werden – mit dem kleinen Hinweis »no credits«, also keine Angaben über den Fotografen!

Dass sich dieses Geschäft lohnt, wissen alle Paparazzi: So zahlte das US-Boulevardmagazin »Globe« allein für die unscharfen, aus großer Weite aufgenommenen Bilder von Diana und Dodi auf der Jacht »Jonikal« 210 000 Dollar. Ingesamt dürfte der Fotograf Mario Brenna weltweit drei Millionen Dollar für das küssende Paar verdient haben.

Natürlich würden die Bilder mit dem Diana-Unfall weitaus höhere Summen einbringen: »Ich konnte verlangen, was ich wollte«, sagte später Laurent Sola. »Das ist das Gesetz von Angebot und Nachfrage.« Wobei er sich genau erinnert: »Diana sah hervorragend aus. Sie war sehr, sehr schön auf den Bildern, und niemand konnte auch nur ahnen, dass sie wenige Stunden später tot sein würde.«

0.35 Uhr: Die diensthabende Staatsanwältin Madame Maude Coujard trifft am Unfallort ein. Sie wird von ihrem Mann auf dessen BMW-Motorrad zum Tunnel d'Alma gefahren. Sie entscheidet, dass die Kriminalpolizei für den Fall zuständig ist. Deren Leiter ist Jean-Claude Mules, der wiederum die Beamtin Martine Monteil damit betraut. Ebenfalls zum Unfallort gerufen wird Untersuchungsrichter Hervé Stéphan.

0.45 Uhr: Der »Camion de Désicarcération« trifft am Unfallort ein, eine Art großer »Dosenöffner«, für den Armaud Forge zuständig ist. Scheinwerfer werden aufgestellt, und man beginnt, das Dach des Mercedes zu entfernen.

Dr. Jean-Marc Martino, ein Spezialist für Wiederbelebungsmaßnahmen übernimmt jetzt die Behandlung von Diana. Dr. Le Hote betreut Trevor Rees-Jones.

0.55 Uhr: Zum Ort des Unfalls rast ebenfalls Philippe Massoni, der Präfekt der Pariser Polizei. Er lag im Bett, las ein Buch und wollte einschlafen, als ihn der Anruf erreichte.

Per Geheimnummer ruft Massoni den französischen Innenminister Jean-Pierre Chevènement an. Der verbringt das Wochenende 50 Kilometer von Paris entfernt. Beide beschließen, dass Diana sofort und direkt ins Krankenhaus Salpêtrière gebracht werden muss, nur 6,2 Kilometer vom Unfallort entfernt. Dort ist alles für ihre medizinische Versorgung bereit.

Massoni ruft sofort den Notstand aus: Er beordert zwei Polizeibrigaden vor den Tunnel d'Alma, eine weitere vor das Krankenhaus Salpêtrière.

Was macht der französische Innenminister Jean-Pierre Chevènement in dieser Situation? Er ruft Nicole Baldet, die persönliche Sekretärin von Premierminister Lionel Jospin an – der natürlich an diesem Wochenende Ende August auch nicht in Paris ist, sondern im Hotel Rochefort in Charente-Maritime.

Auch Staatspräsident Jacques Chirac wird informiert. Im Élysée-Palast nimmt die diensthabende Stabsoffizierin Christina Albanel den Anruf entgegen – und beschließt, den Präsidenten erst am nächsten Morgen zu informieren.

Hier kommt ein interessanter Aspekt ins Spiel, der alles noch etwas dubioser macht. War Präsident Jacques Chirac überhaupt in dieser Nacht in seinem Bett im Élysée-Palast? Oder schlief nur seine Frau Bernadette dort? Wo aber war der Präsident? Seine Vertraute im Pariser Élysée-Palast, Christine Albanel, nahm zwar die Horrornachricht auf, meinte aber: Der Präsident der Republik kann erst morgens geweckt werden! Kein Wunder, pfiffen es damals doch die Journalisten von »Figaro«, »Le Monde«, »Paris Match« und »VSD« von allen Dächern. Wobei sie diese Indiskretion nie veröffentlichen würden, genauso wie im Fall Mitterrand, als sie warteten, bis Expräsident François Mitterrand seine uneheliche Tochter selbst vorstellte.

»Le Président Jacques« scheint damals eine recht liebevolle, natürlich ausschließlich auf beruflicher Basis gründende Beziehung zur Filmschauspielerin Claudia Cardinale gehabt zu haben. Jener Cardinale, die, selbst für Cineasten ungewöhnlich, fast alle Filmpreise in Frankreich gewann – stets verliehen von Jacques Chirac.

Zwischenzeitlich aber tobten in Paris politisch-diplomatische Kämpfe: Frankreichs Innenminister Jean-Pierre Chevènement informiert den britischen Botschafter in Frankreich, Sir Michael Jay, der sich auch erst nach einem nachhaltigen Weckruf meldet.

Sir Jay ließ sich schließlich über seine Geheimleitung erst mit seinem Premierminister Tony Blair verbinden, bevor er weitergeleitet wurde zur geheimen Telefonzentrale im Buckingham-Palast – um schließlich bei einem müden Robin Janvrin auf Schloss Balmoral zu landen, dem stellvertretenden Privatsekretär der Queen. Der das Gespräch sofort an Sir Robert Fellowes weiterleitet, dem ungeliebten Schwager von Prinzessin Diana.

Janvrin muss Dianas Exmann, Thronfolger Prinz Charles, wecken. Dann ging er zu Königin Elizabeth und Prinz Philip: »Diana ist noch am Leben!«

Charles reagiert hilflos und holt erst den Rat seiner Geliebten Camilla Parker Bowles ein, bevor er überhaupt fähig ist, die Situation zu erkennen. Camilla rät ihm: »Lass deine Kinder schlafen!« Dann ruft er Dianas Schwestern an: Lady Jane Fellowes und Lady Sarah McCorquodale.

Zur gleichen Zeit wird Professor Pierre Coriat, der Chef der Anästhesie-Abteilung vom Krankenhaus Pitié-Salpêtrière,

20 Kilometer von Paris entfernt in seinem Haus geweckt. Minuten später wird er mit einer Polizeieskorte durch das nächtliche Paris ins Spital gebracht. Kurze Zeit später trifft auch Professor Alain Pavie ein, einer der berühmtesten Herzchirurgen Frankreichs, auch Christian Cabrol und Professor Jean Pierre Benazet, der Chef der Unfallmedizin, warten im Krankenhaus auf die beiden Überlebenden des Unfalls: Lady Diana und Bodyguard Trevor Rees-Jones.

Die Identität der Opfer wurde dem Ärzteteam von Antoine Durrleman, dem Generaldirektor des Krankenhauses, mitgeteilt.

Wenn also irgendjemand das Leben von Diana hätte retten können, dann sicher das brillante Ärzteteam, das verzweifelt auf die Ankunft der Patientin wartete. Alles stand bereit: der Operationssaal, die Geräte, die Ärzte, die weltweit bekannten Spezialisten – alles. Nur: Diana wurde durch das nächtliche Paris nicht zügig gefahren, sondern sekunden-langsam bewegt.

1.25 Uhr: Ein britischer Botschaftssekretär informiert Mohamed Al-Fayed in dessen Landhaus in der Grafschaft Surrey, dass soeben sein Sohn Dodi von den französischen Behörden für tot erklärt worden sei.

Kurz später wird auch Henri Paul offiziell für tot erklärt.

1.30 Uhr: Diana ist aus dem Wrack geborgen. Sie wird auf die Trage neben das Wrack gehoben – und erleidet einen Herzstillstand. Dr. Martino gelingt es, sie wiederzubeleben.

Diana wird auf der Trage in den Notarztwagen gebracht, den Michel Massebeuf fährt. Dr. Martino behandelt hier die schwerverletzte Prinzessin weiter.

Dodi Al-Fayed und Henri Paul sind tot. Man deckt sie mit blauen Plastikfolien ab.

Nun kommt der Teil der Tragödie, den ich bis heute nicht begreifen kann! Es dauert drei Stunden, bis der Tod von Diana offiziell bekannt gegeben wird. Drei Stunden, in denen die Telefondrähte zwischen Paris, London und Balmoral heiß gelaufen sind. Das sind drei Stunden, die uns bis heute in einer Art vorgeführt werden, als würden sich die weltweit besten Ärzte verzweifelt um ein Leben kümmern, als würden zwei Staaten mit allen Mitteln versuchen, Leben zu erhalten.

Es sind Stunden, die uns zeigen: Politik, Macht und Arroganz finden immer ein Arrangement, siegen immer. Egal, ob im Mittelalter oder heute. Wobei die heutigen Mittel ein bisschen eleganter sind. Am Ende aber genauso zum Ziel führen: zum Tod des jeweils anderen!

Michel Massebeuf fährt die nur 5,8 Kilometer bis zum Krankenhaus Pitié-Salpêtrière im Schneckentempo, bleibt öfters stehen, um den Ärzten im Inneren die Möglichkeit zu geben, Dianas Zustand zu stabilisieren. So erreicht der Notarztwagen erst nach einer Stunde und 40 Minuten um 2.06 Uhr das Spital.

Im Klartext: Mein Navigationssystem »TomTom« von Hewlett-Packard berechnet für die Fahrt vom Tunnel d'Alma bis zum Krankenhaus Pitié-Salpêtrière eine Wegstrecke von 6,0 Kilometer und sieht eine Fahrzeit von elf Minuten vor. Tatsächlich brauchte ich für die insgesamt 6,2 Kilometer trotz nächtlichem Verkehr gerade einmal 18 Minuten!

Warum wurde Diana im Schneckentempo durch Paris gerollt, auf einer Strecke, für die jeder Notfallwagen höchstens 18 Minuten braucht? Warum fuhr Michel Massebeuf diesen Weg in sage und schreibe 100 Minuten? Eine Strecke von 6 Kilometern?

Was steckt hinter dieser »Schneckenfahrt« durch Paris? Vielleicht etwas für uns immer noch Unfassbares? Denn in dieser Zeit müssen Entscheidungen getroffen worden sein, die den ganzen späteren Verlauf der Nacht eher zur Farce machen.

2.12 Uhr: Diana trifft im Spital Pitié-Salpêtrière ein. Sie ist bewusstlos, wird künstlich beatmet, aber ihr Herz schlägt noch. Ebenfalls eingetroffen sind bereits Philippe Massoni, der Chef der Pariser Polizei, und Sir Michael Jay, der britische Botschafter. Seit fast zwei Stunden steht Professor Bruno Riou, der Chef der Intensivstation, mit seiner Mannschaft bereit. Sie warten bereits eineinhalb Stunden auf die Ankunft der Patienten!

2.16 Uhr: Der Prinzessin wird das Blut, das in den Brustkorb gelaufen war, abgesaugt. Dabei bleibt erneut Dianas Herz stehen. Professor Riou lässt den diensthabenden Chirurgen Manuel Daloman den Brustkorb öffnen: Er versucht es mit Herzmassage.

Jetzt übernimmt der Herzchirurg Professor Alain Pavie die Arbeit. Er stellt fest, dass Dianas Pulmonalvene – also die Verbindung von Herz und Lunge – auf einer Länge von 2,5 Zentimetern gerissen ist. Diesen Riss näht Pavie zu. Daneben erhält Diana die unglaubliche Menge von 150 Dosen Adrenalin-Injektionen zu je fünf Milliliter.

Warum allerdings keine Herz-Lungen-Maschine bereitgestellt wird, bleibt wie so vieles ein Rätsel.

3.00 Uhr: Dianas Herz setzt trotz Herzmassagen direkt mit der Hand und Elektroschocks nicht mehr ein.

4.05 Uhr: Prinzessin Diana (36) ist tot. Der römisch-katholische Priester Pater Clochard-Bossuet gibt ihr die letzte Ölung. Im Operationssaal herrscht Totenstille. Zwei Stunden kämpften die wohl besten Ärzte Frankreichs um das Leben der berühmtesten Frau der Welt – dann ließen Professor Riou und Professor Pavie den französischen Innenminister Jean-Pierre Chevènement zu sich rufen. »Wir haben alles versucht: Sie starb um 4.05 Uhr«, erklärt Professor Riou.

Chevènement informiert die Zentrale des Präsidenten (der nicht geweckt werden durfte, ja nicht geweckt werden konnte?), die Zentrale des Premierministers Jospin, der sich immer noch in Rochefort aufhielt, dann den britischen Premierminister Tony Blair, dessen Büro schließlich Prinz Charles auf Balmoral vom Tod seiner Exfrau unterrichtet.

4.20 Uhr: Dianas Körper, bekleidet nur mit dem Operationskittel, wird in die erste Etage des Krankenhauses gebracht. »Sie sah wunderschön aus. Sie war überhaupt nicht mit Blut beschmiert, ja, es war sehr schwer, sich vorzustellen, dass sie überhaupt verletzt war«, sagt ein Arzt, der sie auf ihrem allerletzten Weg begleitete. »Ihre Augen waren offen, und sie leuchteten. Es war, als würde sie still schlafen. Ja, es ging eine Schönheit von ihr aus, die ich nie vergessen werden.«

4.30 Uhr: Die beiden Ärzte Dominique Lécomte und André Lienhart geben den Tod den hohen Beamten und Politikern bekannt. Mit der Weisung, dass nichts an die Öffentlichkeit dringen darf.

Danach verfassen die beiden Professoren Riou und Pavie folgende Erklärung: »Die Princess of Wales wurde heute Nacht das Opfer eines Verkehrsunfalls aufgrund überhöhter Geschwindigkeit. Sie wurde sofort in einem Wagen der SAMU notärztlich behandelt, und es wurden Wiederbelebungsmaßnahmen ergriffen. Bei der Ankunft in der Klinik Pitié-Salpêtrière wurden massive Verletzungen und Blutergüsse im Brustraum festgestellt, und sie erlitt kurz darauf einen Herzstillstand.

Bei einer Notoperation des Brustkorbs wurde eine massive Verletzung der linken Pulmonalvene festgestellt.

Obwohl diese Wunde geschlossen werden konnte, konnte trotz zweistündiger interner und externer Herzmassagen der Herzschlag nicht wiederhergestellt werden. Der Tod trat um vier Uhr morgens ein.«

4.45 Uhr: Bei Laurent Sola laufen die Telefone heiß. Alle wollen Bilder der verletzten Diana, koste es, was es wolle!

5.26 Uhr: Die französische Presseagentur Agence France verbreitet eine Flash-Meldung: »Diana schwer verletzt!«

5.45 Uhr: Sir Michael Jay tritt zusammen mit den Professoren Riou und Pavie und dem französischen Innenminister Jean-Pierre Chevènement mit der Erklärung vom Tod Dianas, Prinzessin von Wales, an die Öffentlichkeit.

5.46 Uhr: Agence France bringt eine neue AFP-Flash-Nachricht: »Prinzessin Diana ist an den Folgen ihrer schweren Verletzungen, die sie bei einem Unfall in Paris erlitten hat, gestorben.«

6.00 Uhr: Prinz Charles weckt auf Schloss Balmoral seine beiden Söhne William und Harry, um ihnen zu sagen: »Mummy ist tot!«

Abschied von der Königin der Herzen

Ich erinnere mich noch genau: Es war Sonntag, der 31. August 1997, 6.00 Uhr morgens. Bei mir zu Hause, in einem Dorf vor den Toren Zürichs, klingelt das Telefon. Nicht ungewöhnlich für ein Mitglied der Chefredaktion der größten Tageszeitung der Schweiz.

Nur hatte ich an diesem Sonntag frei und will mit meiner Frau und meiner Tochter den angekündigten schönen Tag genießen, um am Vierwaldstättersee mit unserem Hund, Bobtail »Forti«, spazieren zu gehen und dann auf einer kleinen Alm mittags Bratwürste zu grillen.

Es kam aber ganz anders: Das Telefon klingelt wieder und wieder. Meine Frau stand müde auf, murmelte noch: »Hoffentlich ist nicht schon wieder was mit unserer Familie.« Ihr Vater war gestorben, und meinen Eltern ging es gesundheitlich mehr schlecht als recht. Üble Nachrichten erreichen uns häufig in der Nacht und bevorzugt an Wochenenden.

Als meine Frau wieder nach unten kam, war sie schneeweiß im Gesicht – und ich weiß bis heute noch, was ich sagte: »Wer ist gestorben?«

Sie murmelte leise: »Diana.«

»Wer?«

»Diana, deine Prinzessin.«

»Wer?«

»Geh nach oben: Der Nachtchef der Nachrichten ist dran: Prinzessin Diana ist gestorben – in Paris.«

Dass sie »deine Prinzessin« sagte, hat seinen Grund darin,

dass ich seit Jahrzehnten über das britische Königshaus berichte.

»Diana ist tot?« Ich war hellwach.

»Ja – geh nach oben, du musst sofort in die Redaktion.«

An die Geschehnisse danach erinnere ich mich, als würde ein Film vor meinen Augen ablaufen: Ich ließ mir kurz die Meldung bestätigen, stand schon unter der Dusche, raste nach Zürich, wo sich die Redaktion befindet.

Auf der Hinfahrt fuhr mir durch den Kopf: Nein, das kann nicht wahr sein ... Ich habe doch gerade Diana im »Byblos-Club« in St. Tropez gesehen, gerade erst in Genf beim Roten Kreuz, wo sie ein Interview gab, gerade erst war sie doch in New York – beim Essen, am Nachbartisch.

Bei uns Journalisten gewinnt schnell die Realität die Oberhand: Mit wem sprichst du sofort? Wen kennst du in Paris? Sofort dachte ich an alte Paparazzi-Freunde (ja, auch die gibt's!).

Die nächste Frage, die sich mir stellte, war: Wen kenne ich in London? Den feinen Ross Benson, mit dem ich kürzlich ein TV-Interview für meine Sendung gedreht hatte, und den mir immer etwas zu sehr auf Dianas Seite stehenden Richard Kay. Die alten Haudegen Nigel Dempster und James Whitaker, auch Andrew Morton, der mit seinem Buch »Diana – ihre wahre Geschichte« einen Welterfolg feierte. Wir druckten das Buch damals mit einen Interview mit Morton ab. Auch mit den Damen und Herren von den News-Desks des »Daily Mirror« und der »Sun« hatte ich beste Kontakte – auch zu Andrew Neill, dem scharfzüngigen Chefredakteur der »Sunday Times« stand ich schon vor der Kamera.

Zweiter Reflex: Sind die Informationen sicher? Und wenn Diana nur verletzt ist? Und wir einer dicken Ente aufsitzen? Was in unserem Medienzeitalter mit all den Bilderhändlern, News-Dealern und PR-Experten keine Seltenheit ist.

Dritter Reflex: Wenn dies wahr ist, wird sich die Welt ein bisschen verändern. Sie wird zumindest einige Tage stillstehen.

Und der Unfall in Frankreich? Mon dieu! Hier können wir keine offene Berichterstattung erwarten! 21 Jahre lang schaffte es die französische Presse, die uneheliche Tochter von Expräsident François Mitterrand zu verschweigen, auch vom Tod von Premierminister Pierre Bérégovoy am »Tag der Arbeit«, am 1. Mai 1993, weiß die Presse viel – und wird es doch nicht drucken. Angeblich beging der Familienvater bei einem Spaziergang mit seinem Hund Selbstmord. Es ist doch kein Geheimnis, dass in Frankreich die Uhren etwas anders ticken: Sehr eng sind die Beziehungen zwischen den wahrhaft Mächtigen und dem »Schwimmbad« oder »la piscine«, wie der Geheimdienst von Insidern auch genannt wird.

Nicht mal über die Nacht, in der Diana starb, dürfen französische und britische Kollegen wirklich die Wahrheit schreiben: Schlief Präsident Jacques Chirac in dieser Nacht wirklich in der Nähe seiner Frau Bernadette? Im Élysée-Palast? Oder war er »aushäusig«? Was viele französische Kollegen mutmaßen: Vielleicht hatte er ein spätes – natürlich offizielles! – Treffen bei einer Schauspielerin. Die zum Beispiel den Namen Claudia Cardinale tragen könnte.

Dichtung und Wahrheit liegen in Frankreich eng zusammen. Und Wahrheiten werden lieber vertuscht und Dichtungen hoch geehrt.

Vertuschen, Verheimlichen – das gehört zum Geschäft der Reichen und Mächtigen.

Dass Prinz Charles nicht völlig ahnungslos darüber war, dass seine geschiedene Frau Diana überwacht wurde, gehört zu den märchenhaften Fußnoten der Geschichte. Auch dass Dianas eigener Schwager, der mit ihrer Schwester Jane verheiratete Sir Robert Fellowes, als Privatsekretär der Königin etwas hätte wissen können – wer könnte dem aalglatten Manager der Macht das jemals nachweisen?

Gesichert ist immerhin, dass Diana einen eigenen Sicherheitsdienst beauftragte, ihr Heim im Kensington-Palast zu überprüfen. Dabei wurden – was Diana nicht verschwieg, obwohl es allen Beteiligten lieber gewesen wäre – gewisse »seltsame Einrichtungen« entdeckt.

Zudem dürfte uns heute allen klar sein, dass jedes per Telefon oder Handy geführte Gespräch von Diana von Geheimdiensten abgefangen wurde. Wenn es selbst der biederen Schweiz gelingt, ein Fax des ägyptischen Außenministeriums an ihre Botschaft in London abzufangen, mit Informationen über angebliche US-Gefängnisse in Osteuropa – dann glaubt wohl nur ein Idealist an das Gute, Schöne, Liebe in dieser Welt. Da half es auch nichts, dass Diana am Ende ihres Lebens fünf Handys bei sich führte!

Es war ein ruhiger Morgen, dieser 31. August 1997.

Vielleicht der ruhigste in meinem Leben als Journalist.

Und am Abend, kurz vor der absoluten »Deadline«, wie wir das so nennen, schrieb ich folgende Zeilen:

»Wir sind ärmer geworden. Wir haben eine ›Königin der Herzen‹ verloren. Wir haben ein Lächeln verloren, den wärmenden Blick, der auch unsere Herzen wärmte.
Diana, Prinzessin von Wales, war keine Heilige. Sie hat nichts Apostolisches verkündet. Sie machte nur das profan Unmenschliche auf Schritt und Tritt öffentlich.
Was alles musste sie erleiden – und doch lächelte sie!
Als Frau, als Sein-Suchende emanzipierte sie sich zwischen Gestern, Heute und Morgen.
Die Grammatik des schlechten Gewissens hat sie ruhelos buchstabiert, und sich als humane Fee leidenschaft-

lich offenbart. In ihrem Stolz, ihrer Verzweiflung, ihrer Trauer, ihrem Mitgefühl.
Heiter war ihre Lebensphilosophie. Sie liebte, wie sie selbst gerne geliebt worden wäre.
Bizarr-veraltete Autoritäten der Monarchie hat sie mit ihrer freundlichen, vielleicht gar naiven Art abgeschüttelt – und ihre beiden Söhne William und Harry zu Menschen des 21. Jahrhunderts erzogen.
Diana – sie liebte die Menschen. Sie liebte die Reichen, die Schönen, die Erfolgreichen. Sie liebte aber auch die Armen, besuchte Obdachlose, Aids-Infizierte, Opfer von Landminen.
Sie teilte mit reich und arm ihre Freude am Leben. Sie gab Mut, auch wenn sie mutlos war. Sie half, auch wenn sie selbst Hilfe suchte.
Ihr Lächeln und ihre Augen verzauberten, brachten Glanz in einer kalten, seelenlos gewordenen Welt.
Diana verbarg, verheimlichte nichts. Auch nicht ihre letzte Liebe Dodi Al-Fayed. Ein Mann, der sie liebte und als Frau begehrte. Ein Mann, der sie als seine ›Königin des Herzens‹ glücklich machen wollte.
Good-bye, Diana.«

Anhang

Quellen

A book of remembrance Diana Princess of Wales 1961–1997, 1997, Courage Books, London

A Dress for Diana, David and Elizabeth Emanuel, 2006, Pavilion, London

A Princess for Wales, Commemorative Collectors Society, London

A Royal Duty, Paul Burrell, 2003, G. P. Putnam's Sons, New York

A week in the Life of the Royal Family, Anthony Holden, 1983, Weidenfeld and Nicolson Ltd., London

Althorp The Story of an English House, Charles Spencer, 1998, Viking, London

Blood Royal The Story of the Spencers and the Royals, John Pearson, 2000, Harper Collins, London

Catherine Walker, 1998, Harper Collins, London

Charisma, Helmut-Maria Glogger, 2000, Z-Edition, Zürich

Charles and Diana A 10th anniversary celebration, 1991 Book Connections Limited, Cambridge

Charles and Diana A family Album, Tim Graham, 1991, Michael O'Mara Books Ltd., London

Charles Die Biographie, Anthony Holden, 1990, Ullstein Verlag, Frankfurt am Main

Charles The Untold Story, Ross Benson, 1993, Victor Gollancz, London

Charles Victim or Villain?, Penny Junor, 1998, Harper Collins Publishers, London

Christie's Catalogue Dress auction, June 1997, New York

Das Geheime Leben der Windsors, Helmut-Maria Glogger, 2006, Knaur, München

Death of A Princess, Thomas Sacton and Scott McLeod, 1998, St. Martin's Press, New York

Der Tag, an dem Diana starb, Christopher Andersen, 1998, Goldmann Verlag, München
Diana, Sarah Bradford, 2006, Penguin Viking, London
Diana Ihr Leben, 1961–1997, Blick-Verlag, Zürich
Diana Myth and Reality, Ted Harrison, 2006, Hodder & Stoughton, London
Diana A life and a legacy, Anthony Holden,1997, Ebury Press, London
Diana A Princess and her troubled Marriage, Nicholas Davies, 1992, Birch Lane Press, New York
Diana A Princess Remembered, Glenn Harvey, 2006, Southbank Publishing, London
Diana A Tribute to the People's Princess, Peter Donelly, 1997, Bramley Books, Surrey
Diana and Dodi, René Delorm, 1998, Simon & Schuster, London
Diana closely guarded secret, Ken Wharfe, 2002, Michael O'Mara Books Ltd., London
Diana Die geheimen Jahre, Simone Simmons, 1998, Marion von Schröder Verlag, München
Diana Ein Leben im goldenen Käfig, Lady Colin Campbell, 1992, Knaur, München
Diana Her True Story in her own words, Andrew Morton, 1997, Michael O'Mara Books Ltd., London
Diana Her Last Year, Donald Spoto, 1997, Harmony Books, New York
Diana Ihr neues Leben, Andrew Morton, 1994, Hestia Verlag KG, Rastatt
Diana Ihr Stil, ihre Kleider, ihre Designer, Georgina Howell, 1998, Droemer, München
Diana Princess of Wales 1961–1997, A Tribute in Photographs, Michael O'Mara Books Ltd., London
Diana Princess of Wales a Tribute, 1997, Weidenfeld and Nicolson, London
Diana, The Book of Fashion, Jane Owen, 1983, Colour Library Books, Guildford
Diana, Ein Leben voller Licht und Schatten, Vorwort Barbara Cartland, 1998, Bastei Lübbe, Bergisch Gladbach

Diana Secret and Lies, Nicholas Davies, 2003, AMI Books Inc., USA
Diana Sie suchte die Liebe, Andrew Morton, 2004, Droemer Verlag, München
Diana The last 24 hours, Allan Silverman, 1998, The Glitter Books, London
Diana The last word, Simone Simmons with Ingrid Seward, 2005, Orion Books, London
Diana The Life of a troubled Princess, Sally Bedell Smith, 1999, Aurum Press Ltd., London
Diana The Portrait, Introduction Lady Sarah McCorquodale, 2004, Princess of Wales Memorial Fund
Diana The symbol of love, Adeem Hashmi, 1998, Zahid Bashir Press, Lahore
Diana The untold Story, Richard Kay, 1998, Macmillan Publishers Ltd., London
Diana Tod einer Göttin, David Cohen, 2004, Knaur Taschenbuch Verlag, München
Diana unseen archives, 2003, Parragon Publishing, Bath
Diana v. Charles, James Whitaker, 1993, Penguin Group, London
Diana, Sally Moore, 1993, Bastei Lübbe, Bergisch Gladbach
Diana, Julie Burchill, 1998, Weidenfeld and Nicolson, London
Diana Princess of Wales, Mario Testino at Kensington Palace, 2005, Taschen GmbH, Köln
Diana The Killing of a Princess, Nicholas Davies, 2006, Pen Press Publishers Ltd., Brighton
Diana, The Secrets of her Style, Diane Clehane, 1998, GT Publishing Corporation, New York
Diana's Diary, An Intimate Portrait, Andrew Morton, 1990, Michael O'Mara Books Ltd., London
Dictionary of British Kings and Queens, 1995, Brockhampton Press
Die Royals, Kitty Kelly, 1997, Marion von Schröder Verlag, Hamburg
Die Windsors, Daniel Spoto, 1996, Heyne Verlag, München
Dressing Diana, Tim Graham, 1998, Weidenfeld and Nicolson, London

Earl Spencer Saint or Sinner? Richard Barber, 1999, André Deutsch Ltd., London
Elizabeth and Philip The Untold Story, Charles Higham and Ray Moseley, 1992, Pan Books Ltd., London
Fall of the House of Windsor, Nigel Blundell and Susan Blackhall, 1992, Blake Paperbacks Ltd., London
Fergie Her Secret Life, Alan Starckie, 1996, Michael O'Mara Books Ltd., London
Frances The Remarkable Story of Princess Diana's Mother, Max Riddington, Gavan Naden, 2003, Michael O'Mara Books Ltd., London
HRH Prince Charles, Ian A. Morrison, 1981, Ladybird Books, Loughborough
In the Royal Manner, Paul Burell, 1999, Warner Books, USA
Inside Kensington Palace, Andrew Morton, 1987, Book Club Associates, London
Lady Diana, Tom Levine, 1999, Fischer Taschenbuch GmbH, Frankfurt am Main
Look like a Princess, Clayton Howard, 1992, Anaya Publishers Limited, London
Love and War, James Hewitt, 1999, Blake Publishing Ltd., London
Diana Portrait of a Princess, Jayne Fincher with Judy Wade, 1998, Callaway Evergreen
Portraits of a Princess, Travels with Diana, Patrick Jephson, Kent Gavin, 2004, Sidgwick & Jackson, London
Princess Diana Her Life Story 1961–1997, Richard Buskin, 1997, Publications International Ltd., USA
Princess Diana's Fashion Collection 1985, David Levenson, 1985, Coombe Books, England
Princess in Love The true story of a royal love affair, fully updated, Anna Pasternak, 1996, Simon and Schuster Ltd., London
Princess The Ultimate Biography, Ann Morrow, 1992, Chapmans Publishers Ltd., London
Remembering Diana The Royal visit to Nova Scotia, Eric Hayes and David Nichols, 1997, Formac Publishing Company, Halifax
Requiem Diana, Princess of Wales 1961–1997, Memories and Tributes edited by Brian MacArthur, 1997, Pavilion Books Ltd., London

Royal Fashion & Beauty Secrets, An intimate look at how Princess Diana achieves her radiance, style and grace – revealed for women everywhere, Ann Chubb,1992, Villard Books, New York
Royal Palaces, Olwen Hedley, 1982, Pitkin Pictorials
Royalty in Vogue, Josephine Ross, 1989, Chatto & Windus Ltd., London
Shadows of a Princess: Diana, Princess of Wales 1987–1996, An Intimate Account by Her Private Secretary, P. D. Jephson, 2000, Harper Collins Publishers, London
The Assassination of Princess Diana, Noel Botham, 2004, John Blake Publishing, London
The Bodyguards Story Diana, Trevor Rees-Jones, with Moira Johnston, 2000, Little, Brown & Company, London
The Definite Diana, An A-Z Guide, Sally Moore, 1991, Sidgwick & Jackson Limited, London
The Diana I knew, Mary Robertson, 1998, Judy Piatkus Limited, London
The Firm, Penny Junor, 2005, Harper Collins Publishers, London
The Housekeeper's Diary, Wendy Berry, 1995, Barricade Books Inc., New York
The Palace Diaries, Sarah Goodall and Nicholas Monson, 2006, Mainstream Publishing Company, Edinburgh
The Prince of Wales A Biography, Jonathan Dimbleby, 1994, Little, Brown and Company, London
The Princess who changed the World, Nicholas Davies, 1997, Blake Publishing Ltd., London
The Private lives of Britain's Royal women, Unity Hall, 1991, Michael O'Mara Books Ltd., London
The Queen and Di (Novel), Sue Towsend, 1993, Mandarin Paperbacks, London
The Queen and Di, Ingrid Seward, 2000, Harper Collins Publishers, London
The Real Diana, Lady Colin Campbell, 2004, Bliss Arcadia Books, London
The Royal Wedding (Charles and Diana), Official Programme, 1981, The Royal Jubilee Trust
The Spencer Family, Charles Spencer, 1999, Viking, London (signed)

The Spencer's of Althorp, Georgina Battiscombe, 1984, Constable and Company Ltd., London
The Story of Diana, David Levenson and Trevor Hall, 1985, Crescent Books, New York
The Tribute to Diana, Princess of Wales, by Charles Spencer, 6th September 1997, signed
The Way We Were Remembering Diana, Paul Burrell, 2006, Harper Collins Entertainment, London
The Windsor Style, Suzy Menkes, 1987, Grafton Books, London
Who killed Diana?, Peter Hounam, Derek McAdam, 1998, Vision Paperbacks, London
William and Harry, Ingrid Seward, 2003, Headline Book Publishing, London
World Famous Royal Scandals, Rowan Wilson, 2004, Magpie Books

Dank

Ganz herzlich möchte ich mich bei Frau Monika Heinz bedanken. Die Schweizer Royal-Expertin hat dieses Buch kritisch und kompetent durchgesehen.

Außerdem noch ein herzliches Dankeschön an Steven Glogger für das Foto von Althorp, dem Land- und Familienbesitz der Spencers, im ersten Bildteil sowie das Foto des Kensington-Palastes im dritten Bildteil.

Dank auch dem Schweizer Ringier-Text- und Bildarchiv und dessen Fachkräften.

Bildnachweis

Sämtliche Fotos und Abbildungen im Buch sowie auf dem Cover wurden vom RDZ Ringier-Bild-Archiv zur Verfügung gestellt.

Helmut-Maria Glogger

Das geheime Leben der Windsors

Die ganze Wahrheit über das königliche Tollhaus

Mit viel Sympathie und einzigartigem Hintergrundwissen berichtet Helmut-Maria Glogger unter anderem über:

- Queen Mum. Sie wurde nicht ehelich geboren, sondern erst acht Wochen später als »königliches Geblüt« anerkannt.
- »Ich will dein Tampon sein«: Die lange Originalversion des berühmt-berüchtigten Telefongesprächs zwischen Charles und Camilla. Ungeschnitten.

Ein Buch, das die letzten Wahrheiten enthüllt, ohne sich über die Windsors zu erheben, denn schließlich: Was sonst sind sie als liebe alte Bekannte mit all ihren guten und schlechten Seiten?

Knaur Taschenbuch Verlag